宜街的治理
街居传统中的社区

Governance of Yijie：
Communities in the Street and Neighborhood Committee System

侯利文 著

社会科学文献出版社
SOCIAL SCIENCES ACADEMIC PRESS (CHINA)

图书在版编目（CIP）数据

宜街的治理：街居传统中的社区／侯利文著．－－
北京：社会科学文献出版社，2024.5
（中国社会科学博士后文库）
ISBN 978 - 7 - 5228 - 1665 - 4

Ⅰ.①宜…　Ⅱ.①侯…　Ⅲ.①城市 - 居民委员会 - 工
作 - 研究 - 中国　Ⅳ.①D638

中国国家版本馆 CIP 数据核字（2023）第 060667 号

中国社会科学博士后文库
宜街的治理
　　——街居传统中的社区

著　　者／侯利文

出 版 人／冀祥德
责任编辑／胡庆英
文稿编辑／杨　莉
责任印制／王京美

出　　版／社会科学文献出版社·群学分社（010）59367002
　　　　　地址：北京市北三环中路甲 29 号院华龙大厦　邮编：100029
　　　　　网址：www. ssap. com. cn
发　　行／社会科学文献出版社（010）59367028
印　　装／三河市龙林印务有限公司

规　　格／开本：787mm × 1092mm　1/16
　　　　　印张：18　字数：302 千字
版　　次／2024 年 5 月第 1 版　2024 年 5 月第 1 次印刷
书　　号／ISBN 978 - 7 - 5228 - 1665 - 4
定　　价／128.00 元

读者服务电话：4008918866

第十批《中国社会科学博士后文库》编委会及编辑部成员名单

（一）编委会

主　任：赵　芮

副主任：柯文俊　胡　滨　沈水生

秘书长：王　霄

成　员（按姓氏笔划排序）：

卜宪群	丁国旗	王立胜	王利民	史　丹
冯仲平	邢广程	刘　健	刘玉宏	孙壮志
李正华	李向阳	李雪松	李新烽	杨世伟
杨伯江	杨艳秋	何德旭	辛向阳	张　翼
张永生	张宇燕	张伯江	张政文	张冠梓
张晓晶	陈光金	陈星灿	金民卿	郑筱筠
赵天晓	赵剑英	胡正荣	都　阳	莫纪宏
柴　瑜	倪　峰	程　巍	樊建新	冀祥德
魏后凯				

（二）编辑部

主　任：李洪雷

副主任：赫　更　葛吉艳　王若阳

成　员（按姓氏笔划排序）：

杨　振	宋　娜	赵　悦	胡　奇	侯聪睿
姚冬梅	贾　佳	柴　颖	梅　玫	焦永明
黎　元				

《中国社会科学博士后文库》
出版说明

为繁荣发展中国哲学社会科学博士后事业，2012 年，中国社会科学院和全国博士后管理委员会共同设立《中国社会科学博士后文库》（以下简称《文库》），旨在集中推出选题立意高、成果质量好、真正反映当前我国哲学社会科学领域博士后研究最高水准的创新成果。

《文库》坚持创新导向，每年面向全国征集和评选代表哲学社会科学领域博士后最高学术水平的学术著作。凡入选《文库》成果，由中国社会科学院和全国博士后管理委员会全额资助出版；入选者同时获得全国博士后管理委员会颁发的"优秀博士后学术成果"证书。

作为高端学术平台，《文库》将坚持发挥优秀博士后科研成果和优秀博士后人才的引领示范作用，鼓励和支持广大博士后推出更多精品力作。

《中国社会科学博士后文库》编委会

摘　要

　　本书选择了一个现实中的困厄问题，也是理论上的难点问题——居委会行政化作为研究的主题。尝试做出这样的一种努力：一方面，从社会学理论的角度对以往国家与社会关系的理论与经验研究展开系统性梳理、批判性反思以及创造性重构，以厘清国家与社会关系在中国基层场域中的现实展演，尝试建构一种新的国家与社会关系的分析范式——国家中的社会；另一方面，提出"结构－主体－关系"作为观察、分析与理解的三维视角，深入考察基层社区场域中以居委会为轴心的互动实践过程，以期解释居委会行政化的历史由来、行动逻辑与改革困厄，以及现实中居委会去行政化的改革之殇，发现居委会现实运行中被既有体制所吸纳与控制过程中所隐藏的"被动行政化"逻辑，析出作为对基层政府拟制与延续的居委会行为惯习中所嵌含的"主动行政化"面相。

　　本书以时空为经纬，从居委会的历时变迁、结构运作与现时互动所编织的"真实网"出发，创造性地运用"结构－主体－关系"三维分析框架、行动者理性决策的概念工具以及不带预设的描述性话语，以基层社区所存在的"多元主体"互构协变的关系实践为表述场域，通过分析长时段、多次别的实证调查所取得的经验资料、文献档案以及政策法律文本，对居委会的现实状貌进行丰富描摹与深入研析，对社区治理实践中不同主体、不同界面、不同领域的互动逻辑、策略构成以及行为选择进行深描，以回答以下问题：居委会的自治属性是如何行政化的，这一过程中居委会如何发展出对行政体制逻辑与惯习的"拟制与延续",进而造成居委会的困境。

本书聚焦居委会的行政化问题,以发生在历史中、现实社区场域以及政策法律文本中的居委会的运作实践与改革案例为文本,通过追踪和辨析基层社区场域中存在的"行政"力量,以及在此影响下居委会的角色扮演、行为选择以及互动策略,发现"居委会去行政化的悖论"。研究发现,居委会行政化是历史积淀、现实情势以及制度建构的非预期结果,是在基层场域中多元主体理性权衡、策略博弈基础上形成的,是一个制度化的过程,存在"三重面相"。首先,居委会不是偶然出现的,也不是天生就有的,缺乏政治、文化、历史等诸多社会因素的捭阖互动与历史性流变,居委会的产生将是不可想象的;其次,国家治理能力在建设过程中通过吸纳与统合的逻辑,实现了行政权力在基层社区的生产与再生产,这是居委会被动行政化的过程;最后,社区治理与互动过程中居委会通过拟制与延续的策略,主导了基层社区的治理秩序与关系实践,体现了居委会主动行政化的策略过程。

本书章节安排如下。本书除导论外,由五章展开论述。主体内容分为三部分。第一部分是理论研究,主要涉及第二章的研究内容,旨在对国家与社会理论视角的研究进行系统梳理和反思重构,继而从"结构-主体-关系"三个维度建构国家与社会的分析框架。第二部分为历史研究,对应第三章的研究内容,主要通过文献档案资料以及不同时期法律文本的定性分析梳理居委会的历史由来以及不同时期国家与社会关系在居委会平台上的流变。第三部分为经验研究部分,包括第四章和第五章的内容。经验研究由彼此独立但存在密切关联的三个主题构成,该部分以以居委会为轴心的基层社区空间中的互动实践为依托,通过一系列"结构与制度"和"过程-事件"的深描与细研,展现居委会行政化的过程及其全方位表征。第四部分为提升回应部分,主要涉及第六章的内容,通过对居委会行政化议题的再认识、再评判、再提炼,对本书的关键论点——居委会去行政化的悖论,做出简要的总结与归纳,提炼国家与社会关系在居委会平台上所呈现的"国家中的社会"，继而进行居委会改革再出发与服务转向的社会想象。

关键词：居委会　被动行政化　主动行政化　去行政化

Abstract

This book chooses a practical problem, which is also a difficult problem in theory, as the theme of this study——the administration of the neighborhood committees. The study tries to make such an effort: on the one hand, system carding, critical reflection and creative recons-truction on the theory and experience of the relationship between the state and society in the past, from the perspective of sociological, to clarify the relationship between the state and society in the grassroots field in China, and put forward a new approach of analysis of relation between state and society——society in state; On the other hand, the author puts forward the "structure-subject-relationship" three-dimensional as the observation, analysis and understanding of the perspective, in-depth study of grass-roots community in the neighborhood as the axis of the interactive practice process, with a view to explain the history origin, action logic and reform hardship of the neighborhood administration, as well as the reality of the paradox of neighborhood committees to administrative, found that the reality of the neighborhood committee is the existing system of absorption and control of the process of hidden "passive administrative" logic, as the grass-roots government to prepare and continue the neighborhood behavior habitual embedded in the "active administrative" oriented.

The book takes time and space as the latitude and longitude, starting from the vicissitudes of the neighborhood, the operation of the structure and the "real net" weaving in the present interaction, creatively use the "society in state" analysis framework, the rational decision-making of the actors as conceptual tools and descriptive discourse to the grass-roots community exists in the "multi-subject" co-evolution of the relationship between the practice of the field, through a long period of time, many other empirical research obtained by the experience of information, documents and policies and legal texts. The author analyzes the reality of the neighborhood, and analyzes the interaction logic, the strategy composition and the behavior choice of the different subject, the different interface and the different fields in the practice of community governance to answer: how does the neighborhood committe become administratively oriented, and how the neighborhood committee develops a continuation of the logical habit of the administrative system in this process, which in turn creates the dilemma of the neighborhood committee.

The book focuses on the neighborhood committee administration issues, in order to occur in the history, the reality of the community field and the policy of the text of the neighborhood in the operation of the practice and reform cases for the text, through tracking and analyze the power of "state" in the grassroots community field, as well as the neighborhood role-playing, behavior choice and interactive strategies under those influence, put forward the " the retrogression of neighborhood to administrative" judgment. Studies have found that the neighborhood administration is the unintended consequence of the historical accumulation, the realistic situation and the unexpected consequences of institutional construction. It is the "conspiracy" on the basis of the strategy of the pluralistic rationality and the strategy game in the grassroots field. It is a process of institutionalization, and has three faces. First of all, the neighborhood is not accidental, nor is there a natural, lack of political, cultural, historical and other social factors of the interaction and historical changes, the neighborhood will be unimaginable; Second, the state penetration capability building realizes the executive power's production and reproduction in the grassroots community, through the logic of absorption and control, that is the process of passive administrative of the neighborhood;

Third, the neighborhood committee leads the grassroots community governance order and the relationship between practice in the process of community governance and interaction, through the fictitious and continuation of the administrative power, that is the process of active administrative of the neighborhood.

The chapters of this book are arranged as follows: in addition to the introduction, this article consists of five chapters. The main content is divided into three parts. The first part is the theoretical research, mainly related to the second chapter of the research content, aimed at the national and social theory perspective systematically combed and rethought, and then from the "structure-subject-relationship" three dimensions to construct the analysis framework of state and society.

The second part is the historical research, corresponding to the third chapter of the study, mainly through the literature and archives and different periods of legal text of the qualitative analysis to comb the historical origins of the neighborhood and the different periods of state and society relations changes in the neighborhood platform.

The third part is the empirical research section, from the fourth chapter to the fifth chapter. The empirical study is composed of three themes that are independent but closely related to each other. The development of this part is based on the interactive practice in the grassroots community space with the neighborhood as the center. Through a series of "structure and system" and "process-event" deep trace and fine grind, the study show the process of neighborhood administration and its all-round characterization.

The fourth part is to enhance the response, mainly including the contents of the sixth chapter, through the re-understanding, re-evaluation, and re-comprehend of the issue of neighborhood administration, the study make a brief summary and induction of the key point of this book——the paradox of neighborhood committees to administrative, extract "society in state" as the relationship between state and society in the neighborhood platform, and then carry out the imagination of service reform in neighborhood committee.

Keywords: Neighborhood Committee; Active Administration; Passive Administration; De-administration

目　录

第一章　导论 ……………………………………………………… 1

　　第一节　问题的提出 …………………………………………… 1

　　第二节　文献综述与研究现状 ………………………………… 4

　　第三节　理论上的思辨与研究视角的选择 …………………… 29

　　第四节　研究目的与意义 ……………………………………… 32

　　第五节　研究设计 ……………………………………………… 33

第二章　"结构－主体－关系"视域下的国家与社会：
　　　　　一个观察的视角 ………………………………………… 43

　　第一节　国家与社会范式的历史嬗变 ………………………… 44

　　第二节　当代国家与社会关系的新动向：治理理念的兴起
　　　　　　与互动说的延续 ……………………………………… 51

　　第三节　结构－主体－关系：国家与社会关系的分析维度 ……… 63

　　第四节　迈向国家与社会的整合性分析范式 ………………… 67

第三章　转型时期国家与社会：以社区居民委员会为主体的
　　　　　历史洞视 ………………………………………………… 71

　　第一节　国家的逻辑：从保甲制到居民委员会 ……………… 72

　　第二节　革命的逻辑：从居民委员会到革命委员会 ………… 86

　　第三节　改革的逻辑：从街居制到社区制 …………………… 96

　　第四节　国家政权建设与居委会行政化的制度过程…………… 106

第四章　吸纳与统合：居委会与街道关系实践中的
　　　　被动行政化 ……………………………………………… 110

第一节　结构位势：居委会在科层结构中的序贯层级 ………… 111
第二节　体制吸纳、国家统合与居委会的被动行政化 ………… 118
第三节　行政传导、压力型体制与居委会的被动行政化 ……… 137
第四节　吸纳与统合：压力型体制下居委会行政化的生成 …… 161

第五章　拟制与延续：居委会在社区治理实践中的主动行政化
　　　　………………………………………………………………… 164

第一节　居委会行政化论争：作为研究议题的再提出 ………… 164
第二节　组织拟制：社区场域中居委会的运作架构 …………… 171
第三节　服务吸纳、内生的互动实践与居委会的主动行政化 … 189
第四节　资源汲取、跨越边界的互动与居委会的主动行政化 … 207
第五节　科层为体，自治为用：居委会主动行政化的一个初步解释
　　　　………………………………………………………………… 218

第六章　结论与讨论 ………………………………………………… 222

第一节　居委会行政化的三重面相 ……………………………… 222
第二节　相关讨论 ………………………………………………… 225

参考文献 …………………………………………………………… 235

附　录 ……………………………………………………………… 248

后　记 ……………………………………………………………… 264

Contents

Chapter Ⅰ   Introduction   / 1

      Section 1   The Question   / 1
      Section 2   Literature Review and Research Status   / 4
      Section 3   Theoretical Contemplation and the Choices of
                Perspective   / 29
      Section 4   Research Purpose and Significance   / 32
      Section 5   Research Design   / 33

Chapter Ⅱ   State and Society from the Perspective of "Structure-
Subject-Relationship": A Perspective for Observation   / 43

      Section 1   The Historical Evolution of the State and
                Society Paradigm   / 44
      Section 2   The New Trends in Contemporary Relations
                between State and Society: The Rise of
                Governance Theory and the Continuation
                of Interactionism   / 51
      Section 3   Structure-Subject-Relationship: An Analytical
                Dimension of the Relationship between State
                and Society   / 63
      Section 4   Towards An Integrated Analysis Paradigm of
                State and Society   / 67

Chapter Ⅲ   State and Society in Transition Period: Historical Review
             of Neighborhood Committees as the Main Body   / 71

             Section 1   The Logic of State: From Bao Jia System to
                          Neighborhood Committees   / 72
             Section 2   The Logic of the Revolution: From the
                          Neighborhood Committees to the
                          Revolutionary Committees   / 86
             Section 3   The Logic of Reform: From Street System to
                          Community System   / 96
             Section 4   The Institutional Process of State Power Building
                          and Neighborhood Committees Administration

                                                                  / 106

Chapter Ⅳ   Absorption and Integration: Passive Administration in the
             Practice of the Relationship between Neighborhood
             Committees and Street   / 110
             Section 1   Structural Position: The Sequential Hierarchy
                          of Neighborhood Committees in the
                          Bureaucratic Structure   / 111
             Section 2   Institutional Absorption, National Penetration
                          and Passive Administration of Neighborhood
                          Committees   / 118
             Section 3   Administrative Transmission, Pressure-based
                          System and Passive Administration of
                          Neighborhood Committees   / 137
             Section 4   Absorption and Integration: The Administrative
                          Formation of Neighborhood Committees under
                          the Pressure-type system   / 161

Chapter Ⅴ   Drafting and Continuation: The Active Administration of
             Neighborhood Committees in the Practice of Community
             Governance   / 164
             Section 1   Active Administration of Neighborhood Committees:
                          As a Research Topic   / 164

Section 2 Organizational Drafting: The Operational Structure
of Neighborhood Committees in the Community
/ 171

Section 3 Service Absorption, Endogenous Interactive
Practice and Active Administration of
Neighborhood Committees / 189

Section 4 Resource Extraction, Cross-border Interaction
and Active Administration of Neighborhood
Committees / 207

Section 5 The Bureaucratized Autonomy System: A
Preliminary Explanation for the Active
Administrativeization of Neighborhood
Committees / 218

Chapter VI Conclusion and Discussion / 222

Section 1 The Triple Faces of Administrctiveization of
Neighborhood Committees / 222

Section 2 Related discussion / 225

References / 235

Appendices / 248

Postscript / 264

第一章 导论

第一节 问题的提出

社会问题，是特定时代中产生的、与社会相互关联的，可能会引起人们思想上迷惘或认识上混乱的现象。概而言之，问题可以分为两个大类。一是理论上的难题，吸引了众多学者研究，但尚未给出明确回答并未得到一定程度的"公认"的议题，可以称之为问题。比如，社会是什么？其内涵、外延若何？二是实践中的难题，引起了实践中的困厄和人们前赴后继的探索，但人们在面对这一现象时仍不知做何解释，不知该如何去做，也可认为是问题。比如，政府职能转变的问题，怎么转，转向哪里，等等。而且这两类问题通常情况下是联结在一起的，相互影响、相互建构。正是实践中的问题，引起了理论上的思考（当然也存在纯粹思想上的问题），理论上的思考解答了现实中的问题，进而形成了人们认识的万千世界。反之，理论上的问题，也会随着实践的尝试与推进提供认识上的灵感。

本书选择的研究问题具备以下特征。其一，因社会转型而生成，时代难题；其二，因理论上的迷思而深化，学理困惑；其三，因实践中的迷茫而发酵，实践困局。无疑，居委会及其行政化议题兼具上述三个特征，可以作为研究主题进行深入研究。居委会是在新中国成立后陆续成立的，又因社会管理体制的变迁而成为社会的重要关切对象，被寄希望于成为代替"单位"实现新时期社会有效整合的重要载体。居委会不仅因为所处的结构性位置而成为"国家与社会"互动博弈的最佳观测站，也因为"行政与自治"的双重属性而时刻处于张力之中，还因为在实践中不断进行的街居体制改革而进入了政策实践议程。凡此种种，"居委会及其行政化的议题"开始进入笔者的研究视野。

此外，居委会之所以能够引起笔者的研究兴趣，进而将其确定为本书的研究对象，也更多的是基于以下的学理思考。

其一，名实分离。这可以从以下几个方面来理解。第一，法律定位上的"名"与实际运作中的"实"的分离。从法律文本的角度看，居民委员会被定位为基层群众性自治组织。如《中华人民共和国宪法》第三章第111条明文规定："城市和农村按居民居住地区设立的居民委员会或者村民委员会是基层群众性自治组织。"此外，1989年12月26日通过的《中华人民共和国城市居民委员会组织法》（以下简称《居委会组织法》）也规定："居民委员会是居民自我管理、自我教育、自我服务的基层群众性自治组织。"《民政部关于在全国推进城市社区建设的意见》（中办发〔2000〕23号文件）指出："社区居民委员会的根本性质是党领导下的社区居民实行自我管理、自我教育、自我服务、自我监督的群众性自治组织。"《关于加强和改进城市社区居民委员会建设工作的意见》（中办发〔2010〕27号文件）开篇即提出："我国城市社区居民委员会是居民自我管理、自我教育、自我服务的基层群众性自治组织。"可见，居民委员会作为基层群众性自治组织的法律定位是明确无疑的。但居民委员会在实际运作中因承担了街道办事处以及各条线部门的大量行政性事务工作而成为"政府的腿"，很多学者提出了"居委会高度行政化"[①]的命题。为什么有清晰的法律定位，在实践中还是出现了如此大的偏差？这是促使笔者进行相关思考的原因之一。无疑，学者们发现了这一"真问题"，并进行了富有创造力的论述，但是已有的解释难以完满解答笔者的困惑。第二，应然角色与实然角色的矛盾。人们基于法律上的定位和学理上的研究，赋予了居民委员会"自治"的希冀和改革的"预期"，并将其作为实践中预设的标准来研判居民委员会的实际角色扮演情况。同样的结果出现在人们的脑

---

① 王邦佐等编著《居委会与社区治理——城市社区居民委员会组织研究》，上海人民出版社2003年版；向德平：《社区组织行政化：表现、原因及对策分析》，《学海》2006年第3期；潘小娟：《社区行政化问题探究》，《国家行政学院学报》2007年第1期；王汉生、吴莹：《基层社会中"看得见"与"看不见"的国家——发生在一个商品房小区中的几个"故事"》，《社会学研究》2011年第1期。

海中，并且"规引"着三十多年来居委会的改革实践。试图弥合这一差距，是居委会走向"自治"的应然。但丰富多样的改革实践，一再刺激着人们的敏感神经。应然角色与实然角色的矛盾成为人们认识和理解居委会的思想缘起。当然，笔者也深陷其中。第三，学术研究中的"名"与实践中的"实"存在游移与错位。一般而言，学术研究要具备对社会现实的批判精神，时刻保持敏感性，不断进行反思，敢于打破常规和惯习。正如马克思所言，"问题在于改变世界"①。但是，学术研究通常也会表现为对社会现实、既定"权威"与意识形态的辩护，面临"学术与政治"的问题。在这一张力之中，基于对法律文本和"权威"研究（居委会要去行政化）的认同，学术研究走向了对"所批判现实的辩护"。

其二，理解上的分殊。不同的人，带着不同的视野，从不同的角度（通常是对利益的考量）来看待同一个现象，必然出现的结果就是"仁者见仁，智者见智"。正如基层政府工作人员看待居委会的方式与居民看待它的方式不同一样，居委会工作人员看待居委会的方式也与其他组织（物业公司、业委会等）工作人员看待它的方式大不相同，这些不同的认知汇聚于基层社区场域中，难免会出现混乱和矛盾。问题是这些混乱和矛盾也正是居委会的"真实"构成，从而启示我们要获得对居委会的认知，首先需要确定"认识的维度"，这是比"观点"更为重要的方面。但遗憾的是法律中的"规定与定位"存在前后矛盾，这无疑又加重了人们认知上的分殊和达成"共识"的困难。《居委会组织法》一方面明确地把居委会作为群众性自治组织来定位，另一方面又在居委会的工作目的、工作任务、资金来源、办公经费及职工工资等规定上赋予了其可能行政化的充分空间。另外，《居委会组织法》界定了居委会职责是处理社区内部与居民生活相关的福利性和自治性事务，但是也指出，当涉及国家政策和行政事务时，居委会有协助政府办理的义务。问题是，这一"协助"在实际中经常变异为"主导"。这些模棱两可的论述与表达为人们的不同理解提供了借口。实际上，政府立场下的各种认知和改革、学术角度下的各种批判和期望以及基层社区场域中的各种身份与互动合力勾勒了一幅关于居委会的"真实"图景。这一"真实"的多维度性、模糊性以及矛盾性在各方的不同关注与建构中，进一步加深了人们理解上的鸿沟以及达成共识的困难。

---

① 《马克思恩格斯选集》第1卷，人民出版社1995年版，第57页。

其三，实际的发展方向与改革目标的背离。在理论研究和法律定位的导向下，居委会的改革目标无疑是走向"自治组织"的未来，但梳理与研判三十多年来的居委会改革实践发现，自治的属性仍然"遥遥无期"，反而"行政化"不断再生与强化。尤其是近年来居委会改革实践中呈现的"居站分离"与"议行分设"也尚未达到理想的改革预期（详见下文文献综述部分的梳理）。居委会被社会所建构的"自治属性"与其实际上"行政属性"的张力，在现实中造成了"居委会去行政化"的"治乱循环"。其治，指向居委会的去行政化改革以及自治属性的回归；其乱，则指向居委会在去行政化改革过程中行政化属性的不断强化与再生产。居委会整体上呈现为行政性与自治性兼而有之，并且在现实一轮又一轮的改革中陷入了"去行政化的悖论"。即一方面是居委会自治属性回归的遥遥无期，另一方面则是居委会行政化的不断强化以及再生产。

实际上，居委会已高度行政化，并且该论断已被经验世界进行实体建构，演化成了理论批判的抽象资源，居委会要进行去行政化的改革，这是已有研究存在的共识。但是为什么在高度共识的背后存在上述诸多差异？带着这些疑问，本书基于处于"结构洞"位置的居委会主体，在历史脉络和社区场域中借助基层治理实践中发生的"故事"来探究居委会的"结构势位"与"行动逻辑"，以全面认识和理解"居委会的行政化"。

第二节　文献综述与研究现状

居委会，是历史长河中特定背景下形成的组织形式。经过半个多世纪的发展与演化、改革与探索，在基层社区空间中发挥着重要的整合与组织功能，一直是基层社区中最为重要的组织形式。其产生、变异、改革与存续的历史脉络，其性质、功能、现状与走向的理论争鸣，始终存在几多张力、些许悖论，也因此引发了众多领域学者的研究与思虑。综合来看，以居委会为中心的研究，主要包括两大领域。其一，以居委会为研究对象，围绕居委会行政化议题而展开，其论述的谱系结构遵循"结构－功能"的范式，以"居委会行政化的归因—居委会行政化的后果—居委会去行政化的对策"为逻辑线索。其二，以"国家－社会"关系为理论视角，围绕社区场域中的治理实践而进行，其研究的表述框架沿着"国家中心论—社会中心说—社会中的国家"的理路。因此，本书的文献梳理也是围绕这两大领域的几大议题而展开的。

一 居委会行政化的相关研究

此议题下的研究成果颇为丰富，学者们围绕着居委会行政化的原因、居委会行政化的表现、居委会行政化的后果以及改革措施等维度进行了创造性的论述，详列如下。

1. 居委会的发生学研究

居委会的发生学研究主要指涉新中国成立初期居民委员会的产生研究以及居委会的历史流变研究，以郭圣莉的研究为代表。郭圣莉在其博士学位论文《城市社会重构与新生国家政权建设——建国初期上海国家政权建设分析》中，通过对1945年至1956年的上海档案馆及上海民政局档案室涉及新中国成立前后的民政档案、社会局档案以及社团档案等原始档案资料的考察，综合运用社会史与比较研究的方法，对新中国成立初期上海旧慈善团体、同乡会等社会团体的消亡以及居委会的创建进行了历时分析，再现了新中国成立初期在一个异质性程度极高的城市空间中新中国国家政权如何进行建设，如何形成、发展并建构起与自身相适应的社会基础的历史过程。[①] 她认为，居委会是国家政权建设的产物，借助阶级净化机制，国家很快在城市基层社会空间中构造了作为国家代理人的居民委员会。而处于国家与社会之间的居委会，就具有了两个方面的功能。一方面，作为城市行政体系链条的基层承担了行政命令与国家意志的下达任务，成为国家对社会进行改造以及政权建设的重要依凭；另一方面，作为群众性自治组织，居委会也承担了大量从社会体系中转移而来的、不能通过单位制完成的社会性事务。[②] 由此居委会与国家政权的巩固相得益彰，成为新中国在基层整合社会的重要组织载体。

之后，郭圣莉等沿着一贯的历史档案资料与口述史的梳理与分析进

---

① 郭圣莉：《城市社会重构与新生国家政权建设——建国初期上海国家政权建设分析》，博士学位论文，复旦大学，2005年，第4页。

② 郭圣莉：《城市社会重构与新生国家政权建设——建国初期上海国家政权建设分析》，博士学位论文，复旦大学，2005年，第4页。

路，分阶段、分时期地对上海城市居民委员会的历史发展和变迁进行了
"知识考古"，鲜活地呈现了居民委员会在改革以前的历史命运和曲折发
展过程，为我们研究居委会这一组织载体提供了重要的学术参考和渠道。
相关成果有：《建国初期上海市居民委员会创建的历史考察》①、《1952—
1957：上海市居民委员会调整与完善的历史考察》②、《1958—1966：居民
委员会功能的变异与恢复——以上海市为例的历史考察与分析》③ 以及
《从里委会到革委会——"文革"十年中居委会的考察与思考》④ 等。此
外，桂勇、崔之余在《行政化进程中的城市居委会体制变迁——对上海
市的个案研究》一文中将新中国成立以来城市居委会的体制变迁划分为
前后相继的五个阶段：1949～1958 年"创立与早期发展阶段"，1958～
1966 年"曲折发展阶段"，1966～1976 年"发展停滞阶段"，1976～1996
年"恢复与发展阶段"，以及 1996 年以来的"社区建设下的居委会行政
化阶段"。⑤

　　2. 居委会行政化的归因

　　已有研究对这一问题的关注最多。有学者从与居委会相关的主体出发
进行归因认为，首先政府的过多干预是导致社区居委会行政化的重要原
因，其中又包括认知因素、习惯因素和利益因素等方面；其次是社区居委
会自身的原因，主要指涉社区居委会在行为逻辑上的主观行政化倾向⑥；
再次就是社区居民的参与行为与参与意识的阙如而引发的行政化。⑦ 也有
学者从居委会的历史渊源、环境因素、内在驱动等维度分析其行政化的原

---

① 郭圣莉、高民政：《建国初期上海市居民委员会创建的历史考察》，《上海行政学院学报》2001 年
　 第 4 期。
② 郭圣莉、高民政：《1952—1957：上海市居民委员会调整与完善的历史考察》，《上海行政学院学
　 报》2002 年第 2 期。
③ 郭圣莉、高民政：《1958—1966：居民委员会功能的变异与恢复——以上海市为例的历史考察与
　 分析》，《上海社会科学院学术季刊》2002 年第 3 期。
④ 郭圣莉、王一依：《从里委会到革委会——"文革"十年中居委会的考察与思考》，《广州大学学
　 报》（社会科学版）2004 年第 7 期。
⑤ 桂勇、崔之余：《行政化进程中的城市居委会体制变迁——对上海市的个案研究》，《华中理工大
　 学学报》（社会科学版）2000 年第 3 期。
⑥ 社区居委会的主观行政化倾向，这是一个重要的研究维度，但是政府在居委会行政化过程中的
　 "显作用"导致了学术界对居委会作为行为主体所具有的行为倾向缺乏应有的敏感性，相关研究
　 不足。而这也是本书的一个重要论断，即居委会的行政化不仅是政府主导的过程，也是居委会自
　 身积极实践的结果。
⑦ 向德平：《社区组织行政化：表现、原因及对策分析》，《学海》2006 年第 3 期。

因及其不断强化的过程。① 总体上看，现有的研究针对居委会行政化的归因可分为三种取向：体制变革的路径依赖取向、社会性因素阙如的现时取向、政策法规不明晰的文本取向。

第一，体制变革的路径依赖取向。在关于居委会行政化的研究中，路径依赖的取向代表着一种重要的研究方向和进路。路径依赖理论由制度经济学家诺思提出，其内涵主要指涉现存的制度、人们的行为，都会具有一种类似物理学中"惯性"的力量，即一旦采取了某种制度，实施了某种行为，进入了某种特定的路径，该制度或行为就会进入"锁定状态"，对制度以后的运行以及人们以后的行为将产生重要的影响。通俗一点讲，就是"你从哪里来，决定了你将要到哪里去"，用诺思的话说，"历史是至关重要的，人们过去做出的选择决定了他们现在可能的选择"②。顾名思义，该取向的研究者认为居委会运行所嵌入的行政管理体制以及政府的运作逻辑主导了居委会的行政化。城市管理体制的管控思维和全能政府（强政府）是引起居委会行政化的根本原因。因此，行政管理体制的诸多因素、特征、机制以及政府的干预成为该取向研究者关注的焦点。比如，王邦佐等的研究指出，在计划经济体制背景下产生的居委会，实际上是党和国家组织社会和管理社会的有效载体。居委会实际上成为国家的一级行政机构，而且时至今日传统体制的惯性依然深刻影响着居委会的实际运作。③桂勇、崔之余提出，居委会及其行政化本质上是对社会转型背景下旧有的基层行政管理体制（单位制）的一种替代性选择。④ 也有一些研究指出，与计划经济体制相伴而生的权威主义行政体制是居委会行政化的根本原因。而权威主义行政体制则以中央政府的"无限理性"为假定，并且存在巨大的体制运行惯性。事实上，行政体制的惯性运行以及"总体性社会"下民间资源的缺乏就决定了社区空间行政化和社区居委会的命运。⑤

① 张江：《居委会行政化：根源、动力与强化因素分析》，《法制与社会》2007 年第 6 期。
② 〔美〕道格拉斯·C. 诺思：《经济史中的结构与变迁》，陈郁、罗华平等译，上海三联书店、上海人民出版社 1994 年版，第 1—2 页。
③ 王邦佐等编著《居委会与社区治理——城市社区居民委员会组织研究》，上海人民出版社 2003 年版，第 291—292 页。
④ 桂勇、崔之余：《行政化进程中的城市居委会体制变迁——对上海市的个案研究》，《华中理工大学学报》（社会科学版）2000 年第 3 期。
⑤ 卢爱国、陈伟东：《社区行政化的反思：现实与选择》，《内蒙古社会科学》（汉文版）2008 年第 2 期。

韦俊华从政府定位、居委会权力归属、职能扩展等多个角度对居委会的行政化进行了分析。最终认为，居委会的行政化倾向是"强国家－弱社会"治理模式下制度发展的必然趋势。① 复旦大学课题组研究指出，居委会的行政化是各个条线部门的官僚化、机关化以及各种与《居委会组织法》相抵触的行政法规对居委会进行行政命令和行政挤压等多重因素导致的复合结果。②

此外，特定的制度背景也形塑与约束了居委会的行政化运行。尤其是20世纪90年代以来，随着单位制的解体，为确保基层社会的稳定以及国家对基层社会的有效控制，政府自上而下地推进了社区建设的过程。随着城市管理重心的不断下移，各种从单位分离出来的职能和需求一下子沉到了社区层面。为了应对这一现实问题，街居制在此过程中得到了强化，街道办事处被赋予了更多的权能，居委会在政府行政管理体制中的地位也得到了提高。③ 居委会建设开始受到重视，居委会硬件建设经费逐年增加，居委会工作人员数量增加。但是政府的过度介入和干预，也使居委会存在行政色彩浓厚、依附性较强、自治能力较弱的状况。④

第二，社会性因素阙如的现时取向。此一取向的研究主要探讨政府体制性因素之外的社会性因素在居委会行政化过程中的作用。社会性因素阙如，指民间社会中居民、社区、社会组织等方面因素可能对居委会产生影响，正是这些因素的缺失或不足导致或是促进了居委会的行政化。比如，向德平从居民参与的角度，认为居民参与不足在很大程度上促进了居委会的行政化。一是，单位意识的惯性形塑了有些居民的"等、靠、要"心理预期，进而造成了居民对社区公共事务的认识偏差以及参与意识的淡薄；二是，居民参与期望和参与现实之间存在的巨大落差，制约着居民的社区参与行为；三是，居民社区参与的条件不足，包括一定的时间、知识、能力以及一定的经济基础等。这些因素最终都会影响到居民的社区参与。⑤

---

① 韦俊华：《居委会行政化倾向的原因分析》，《中山大学研究生学刊》（社会科学版）2007年第4期。
② 复旦大学课题组：《上海居委会等社会基层组织权责问题调研》，《科学发展》2014年第12期。
③ 桂勇、崔之余：《行政化进程中的城市居委会体制变迁——对上海市的个案研究》，《华中理工大学学报》（社会科学版）2000年第3期。
④ 向德平：《社区组织行政化：表现、原因及对策分析》，《学海》2006年第3期。
⑤ 向德平：《社区组织行政化：表现、原因及对策分析》，《学海》2006年第3期。

　　城市居民长期以来形成的单位意识以及对政府的依赖心理也是居委会行政化的重要诱因之一。单位制的巨大文化惯性以及政府对基层社会生活问题的"大包大揽"（全能政府，其实是政府的严重"越位"）在某种程度上也使民众的单位意识得到了强化，由此形成了居民对政府的高度依赖。有学者认为社区的行政化，既有因政府全能而难以充分实行自我管理的一面，也有因缺乏传统和能力而不能自我管理的一面，还有因有全能政府可依赖而不想自我管理的一面。改革开放以来，市场领域中个人对政府的依赖日渐减轻，但社会生活中，相当一部分人对政府的依赖日渐加重。居民视政府为理所当然的资源与服务提供者，却很少意识到与重视自己应该履行的社会责任与义务。这种情况带来的结果是：一方面居民越来越依赖政府资源；另一方面居民自我组织、自己解决问题的能力未见提高。① 向德平的研究也发现，政府对社区的过多干预造成了社区居民对政府的强烈依赖，进而导致居民参与与自治意识的淡薄。事实上，自社区居委会诞生之日，政府的相关条线部门以及街道办事处就成为居委会的直接上级。而社区居民也倾向于将居委会看作一级政府组织，在遇到困难与问题时都会去找社区居委会寻求帮助。②

　　除了以上的民间资源之外，社区自组织、中介组织以及专业社会服务机构的缺乏也是居委会负担过重的重要原因。单位制解体，则客观上要求基层社区中有对应的组织或载体可以承接单位转移出来的社会职能，进而保持转型社会的稳定。同时，随着社区异质性的增强以及居民需求的多样化，更需要有多元化的社会组织来提供社区服务。现阶段基层社区中社会组织严重缺乏的情况，必然会导致居委会所承担的职能越来越多，居委会面临"单位化"的陷阱。张鸣宇、汪智汉的研究发现，在目前的情况下居委会实际上扮演了三重角色：政府从事基层社会管理的代理人，居民向上表达民意诉求的代言人，以及社会服务的提供者。由此，居委会呈现全能化、行政化的倾向。③

　　第三，政策法规不明晰的文本取向。持这一取向的研究者从政策法规的角度入手，通过对具体的法律法规、政策文本的分析，试图从中找

---

① 顾骏：《"行政社区"的困境及其突破》，《北京行政学院学报》2001年第1期。
② 向德平：《社区组织行政化：表现、原因及对策分析》，《学海》2006年第3期。
③ 张鸣宇、汪智汉：《转型时期居委会的三重角色——以武汉市C社区为例》，《社会主义研究》2005年第4期。

寻居委会行政化的根源。学者们认为主体责任分工的模糊，成文制度的缺陷，法律定位的不清晰、矛盾等制度法规的空隙是居委会行政化的重要原因。有研究认为，社区体制中的责任分工不明确、政社不分是居委会行政化的重要原因。比如，政府包揽太多的事务，既要从事行政管理又要做公共服务，既做"裁判员"又做"运动员"。① 社区居委会既要协助政府从事行政管理工作，又要协助其提供社区公共服务，还要从事社区居民组织工作。

也有研究者认为，相关法律制度欠缺、表述矛盾等使街道办事处能够对居委会实施制度"侵权"。② 这里主要指的是《居委会组织法》规定的居委会行为模式蕴含着产生角色冲突的潜在可能性。比如它规定居委会可以"向人民政府或者它的派出机关反映居民的意见、要求和提出建议""向居民会议负责并报告工作"等。据此，居委会作为基层群众性自治组织，具有代表和反映居民的利益并向政府提出居民的诉求的义务。但该法同时规定，"居民委员会协助不设区的市、市辖区的人民政府或者它的派出机关开展工作"。

3. 居委会行政化的后果以及去行政化的对策研究

概而言之，学者们主要从两个维度来说明居委会行政化造成的影响。其一，居委会的行政化必然会使居委会成为政府的"脚"，自治性受到削弱。比如，桂勇、崔之余的研究指出，居委会行政化的表现就是其行政管理职能的上升以及其应该履行的自治功能的萎缩、对基层社会代表性的缺失等。其结果就是居委会的主要工作围绕街道办事处而展开。③ 其二，居委会的行政化不利于居民自治意识的培育，进而造成社区公共性发育的迟滞。卢爱国、陈伟东认为，居委会的高度行政化也导致各类社区组织的缺乏，居民参与渠道的阙如、参与能力的低水平，以及参与意识的发育迟缓等。④

---

① 卢爱国、陈伟东：《社区行政化的反思：现实与选择》，《内蒙古社会科学》（汉文版）2008 年第 2 期。
② 石发勇：《城市社区民主建设与制度性约束——上海市居委会改革个案研究》，《社会》2005 年第 2 期。
③ 桂勇、崔之余：《行政化进程中的城市居委会体制变迁——对上海市的个案研究》，《华中理工大学学报》（社会科学版）2000 年第 3 期。
④ 卢爱国、陈伟东：《社区行政化的反思：现实与选择》，《内蒙古社会科学》（汉文版）2008 年第 2 期。

就居委会去行政化的对策而言，学者们多是围绕居委会行政化的归因进行对策分析，相关的论述主要围绕政府职能转变，多策并举提升居委会的自治能力，培育社会组织等社会空间有序、规范承接社区多样化的服务等方面展开。向德平的研究具有一定的代表性，他认为居委会的去行政化要从以下几个方面进行。（1）理顺政府与居委会的关系，深入推进政府职能的转变。（2）优化居委会自治环境，扩大基层民主，培育社区自治功能。（3）建立健全居委会组织体系、管理体系、服务体系等，提升居委会自治功能。（4）搭建共同利益平台，不断拓展社区参与的广度和深度。（5）通过整合现有社区服务网点、与社会单位联合组建社区服务中介组织、引进社区服务中介组织等方式积极培育社区中介组织，推动社区自治。（6）加强对社区工作者理论知识和实际工作能力的培训，提高社区自治能力。①

有学者在对居委会行政化路径依赖分析的基础上，把解决居委会行政化问题的落脚点放在了城市行政管理体制的改革以及政府职能转变上。比如，相当一部分研究者提出要实现城市基层社会管理体制从"单位制"向"社区制"变革的设想。② 还有一些研究者则建议推进政府职能转变，缩减政府在社区的权力，重新定位居委会的角色和功能。其中卢爱国、陈伟东就主要从公共服务体制改革的角度，提出解决居委会行政化的根本途径是通过引入新公共管理和新公共服务的理念，构建社区事务的分类治理体系，推进城市公共管理和公共服务体制综合配套改革，进一步缩减政府在社区的权力，回归社区自治。③ 也有学者主张要重新界定相关职能部门与居委会各自的职责，进而厘清与理顺街道办事处和居委会的关系边界，实现两者向指导与协助、监督与服务的关系转变。④

针对因相关法律、法规的缺失而造成的居委会行政化问题，一些学者认为，首先，应该对社区居委会承担的工作进行认真、全面而细致的梳理

---

① 向德平：《社区组织行政化：表现、原因及对策分析》，《学海》2006年第3期。

② 具体可参见项飚、宋秀卿《社区建设和我国城市社会的重构》，《战略与管理》1997年第6期；华伟《单位制向社区制的回归——中国城市基层管理体制50年变迁》，《战略与管理》2000年第1期；何海兵《我国城市基层社会管理体制的变迁：从单位制、街居制到社区制》，《管理世界》2003年第6期。

③ 卢爱国、陈伟东：《社区行政化的反思：现实与选择》《内蒙古社会科学》（汉文版）2008年第2期。

④ 王邦佐等编著：《居委会与社区治理——城市社区居民委员会组织研究》，上海人民出版社2003年版，第284页。

与界定，从制度上规定居委会到底应该做什么以及不能做什么，实行"清单制"；其次，在明确社区居委会职责的基础上，严格实行行政事务的社区"准入制"；再次，要修改或重新制定出台《居委会组织法》，特别要将1989年《居委会组织法》中容易造成居委会角色混乱或在实际工作中难以执行的条文剔除；最后，要明确社区居委会的角色定位与权责义务，从源头上切断社区居委会行政化的可能。①

此外，也有学者从社会空间出发，从"增量"的角度提出了居委会去行政化的改革路径。卢爱国、陈伟东提出，要积极引入新公共管理和新公共服务理念，在政府的支持下孵化一批专业性的社会服务组织。② 也有学者主张，在城市基层社会管理中引入市场机制和居民自治机制，政府为自治创造积极条件，让居民学会如何自治；③ 同时大力培育各类社区社会组织，推动社区自治发展等。④

4. 实践中的"街－居"关系改革研究⑤

随着改革的不断深入，城市社区的管理形态发生了转型，从形式上看就是单位制日渐让位于社区制，但社区制在发展中也已暴露内生的行政整合过度与社区自治能力不足这一影响城市基层社会秩序建构的弊病。为了消除这一弊病，各地积极探索，从强化基层社会治理能力和基层社区的去行政化两条路径开展社区治理创新的实验。第一种路径预设，区街权能过剩，基层社会治理组织（社区居委会）能力不足，无法承担单位组织转移出来的社会任务。在此理念预设下，该路径主张国家权力下沉，放权到居委会等社区组织之中就成为必然，其本质是通过体制内部的权力优化重组以推进社会治理的尝试。第二种路径认为，基层社区自治能力缺乏是国家权力过度干预造成的。秉承此种假设，该路径主张培育基层社会自治力量，最终实现基层社会的自我管理。两种路径在实践中具体表现为"网格化"管理和"居站分离"改革。

① 吴永红：《非对称性依赖结构下的居委会及其行动策略——上海市L街道居委会减负的个案研究》，博士学位论文，上海大学，2009年，第8—10页。
② 卢爱国、陈伟东：《社区行政化的反思：现实与选择》《内蒙古社会科学》（汉文版）2008年第2期。
③ 顾骏：《"行政社区"的困境及其突破》，《北京行政学院学报》2001年第1期。
④ 向德平：《社区组织行政化：表现、原因与对策分析》，《学海》2006年第3期。
⑤ 此部分的梳理，主要来自笔者已发表的一篇论文，具体可参见侯利文、张宝锋《网格化与居站分离：逻辑、困局与反思》，《学术论坛》2014年第12期。需要说明的是，此部分的文献综述重在学理上的综合分析而非已有研究成果的简单介绍。

　　"网格化"在城市社区管理体系中的具体实践表现为：第一，以街道、社区等基层管理单元为基础，通过标准化的方式划分出城市社会管理的若干网格；第二，以信息技术为依托，加强不同网格之间的交流联系和信息沟通，建立信息资源共通、共享、共用的整合与联动平台；第三，建立统一的资源调度和协调机制，克服"条块分割"，以制度化方式整合各部门原先分散的管理和资源，以实现管理的高效化、科学化与协同性；第四，保持网格系统的兼容性和开放性，通过不同网格之间的相互兼容来实现"多网合一"和动态化管理。①

　　从"网格化"的具体做法来看，其显著的优势在于：第一，行政权力的下沉使政权力量和社会个体在更微观的层面上实现了联结，有助于提高行政管理的绩效，使行政权力纵向到底，变过去"上面千条线，基层一根针"为"上面千条线，基层一张网"，这一载体可以使党的声音和政府的服务延伸至整个社会的基层，以"服务"代替原来的"管控"，有效消除社会管理的"盲区"；第二，网格管理人员通过定时巡视和排查，及时掌握群众诉求与动态，使社情民意信息的掌控由"被动接受"变为"主动收集"，从而使信息的"收集—反馈"间隔时间大大缩短，网格管理人员可以在第一时间介入与解决问题，以优质高效的服务赢得民心，以未雨绸缪的行动堵住日后可能引起危机爆发的漏洞，夯实党执政的群众基础，提高党执政的合法性；第三，网格化突破了一般性管理和服务的范畴，它在"两级政府、三级管理"结构之下，增加"网格"这一新的层级（先不论"网格"的性质如何），变为四级责任体系，即"两级政府、三级管理、四级网络"，导致基层社会管理体制发生了改革，在一定程度上有利于形成新的社会管理格局。

　　"居站分离"的主要做法则是在基层社区场域中，在社区居委会之外，另设一个组织架构——社区工作站，并由其来具体承接街道下放的各项行政性事务，直接对街道办事处以及各级政府职能部门负责，而社区居委会则承接各种与居民自我组织、自我治理相关的事务。两者各自独立运行、相互协调配合，实现社区共治的目标。不同城市也都根据自身的实际情况，在"居站分离"实践中进行了多种形式的尝试和创新，发展出"一站多居""一站一居""一口式居站分离"等多种变化形式。这些不

---

① 郑士源、徐辉、王浣尘：《网格及网格化管理综述》，《系统工程》2005 年第 3 期。

同的形式概括起来主要表现为两种走向。第一种走向是社区工作站日益行政化。第二种走向是准市场化，即政府通过购买服务的方式与社会组织（社区工作站）之间形成新型的契约关系，进而为城市基层社会治理去行政化改革奠定基础。需要注意的是，在此种"居站分离"改革路向中，社区工作站并不是街道办事处职能的延伸，也不是简单承接由居委会剥离出来的行政职能，而是作为独立的民办非营利机构与社区党支部、居委会共同参与社区治理，居站之间的关系也不再是相互替代的，而是相互合作、相互补充的。① 从各地的改革经验来看，准市场化路向较容易得到基层社会管理参与者的配合，相反，第一种走向则容易招致居委会成员的抵制，影响"居站分离"改革的实际效果。

"居站分离"的改革，初步理顺了社区治理主体之间的关系，使社区组织回到了互动协作的良性轨道，具有显著的优势。其一，"居站分离"有利于居委会实现减负。通过社区居委会的改革和社区工作站的新设，把那些不属于居委会职责范围内的行政性工作进行剥离，转移到社区工作站，从而让社区居委会从行政性事务中脱离出来，有能力和有精力进行社区自治的管理与服务，进而增强其自治功能。"居站分离"后居委会直接对社区居民负责，实现了身份的转变，即从政府的"腿"转变为社区居民的"头"，进而有可能解决长期以来困扰基层的社区居委会行政化倾向的问题。其二，"居站分离"推进的"议行分设"有助于实现社区治理结构的优化和社区服务工作的专业化、职业化。一方面，由居民选举产生的社区居委会成为社区的议事机构，其功能在于聚焦社区公共事务、凝聚社区居民共识、推动社区自治。另一方面，社区工作站则作为专业的执行机构而存在。其工作人员是面向社会公开招聘的，由专业化、职业化的社会工作者组成，其使命就在于向社区居民提供专业化、职业化的公共服务。其三，"居站分离"有利于扩大基层民主。通过居站分离与职能分工，一方面，政府将各项工作交由专业服务机构，即社区工作站来负责，有利于真正实现工作重心下移；另一方面，社区事务性、行政性工作从居委会剥离后，居委会就有更多的时间和精力致力于社区自治方面的事务，基层民主自治功能得

---

① 王星：《"居站分离"实践与城市基层社会管理创新》，《学海》2012年第3期。

以强化。①

虽然"网格化"管理与"居站分离"改革，完善了基层社会治理体制，在一定程度上推进了社会治理创新进程。但是随着网格化的技术性倾向以及居站分离的体制障碍的凸显，这两种路向都遭遇了现实中的困局与发展中的悖论。

从实践来看，弱化了社区自组织治理系统的生成，不利于社区的自治。总体来讲，"网格化"管理在回应基层社会的多元化、复杂性的矛盾与问题、需求与服务等方面具有高效、快捷的优势，但它的思想理念基本上还是全面掌控基层秩序，制度设计基本上也是循着科层化行政权力在基层的铺展与细致的逻辑构建而成的，是在未触动原有"街道 - 居委会"体制的前提下通过在社区之下细化出的微小单位——"网格"实现的一次行政资源和服务资源的再次整合。这就决定了基层社会权力结构因缺乏社区实质性参与力量和主体，呈现"垂直结构"有余而"平面结构"不足的困局。在行政压力下，社区自治的力量被挤压、社会联结被弱化，社区场域中的关系实践缺乏活力和弹性，基层社会韧性不足，这就可能弱化社会应对复杂、不确定风险的能力。同时在社会管理中行政责任、任务下沉得多，服务资源、权限下沉得少，权责不对等，这就决定了网格化难以改变政府条线部门的科层结构和权威资源的强势地位，难以带来公共服务治理应然的政府条线部门的权责在宏观意义上的横向整合与联动。

"居站分离"的改革在实践中也存在难以克服的问题。"居站分离"从社区居委会的"行政化""内卷化"积弊出发，意在通过社区居委会去行政化的减负，实现居委会自治地位的提升。但从上述"居站分离"的走向来看，第一种走向中，社区工作站接替社区居委会成了街道办事处的下属机构，负责社区自治事务的居委会在现有制度情景下既无充足资源，又无法获得居民充分认同。不仅社区自治无法实现，就连自身也出现认同危机。第二种走向下，虽然有可能通过政府购买服务、社区工作站提供服务的方式在政府与社会组织之间形成新型的契约合作关系，建构"政府推动，民间运作"的基层社会服务体系，但是在既有的"国家与社会"关系以及"专业化社工机构发展滞后的情况下，理论设计上的'居站分

---

① 李璐：《制度与价值：解读社区组织管理创新的两个视角》，《云南行政学院学报》2010 年第 2 期。

离'模式在实践中因结构性制约以及社会力量的缺失而难以展开。此外，居委会在由权责型参与者转变为生计型参与者①的过程中，因角色转换而引发的相关利益冲突不断"，②这些都导致了"居站分离"效果有限。因此，从"居站分离"的实际运行情况来看，其制度设计基本上也因循科层化行政权力在基层的铺展与转嫁而展开，是以街道办事处为导向而进行的形式创新，并未深度触及社会体制本身，故其也没有克服传统的城市基层社区行政化垂直整合所产生的体制障碍，存在难以克服的结构性缺陷。

综上，通过对居委会行政议题以及街－居体制现实中改革的文献梳理与理论分析，本书提出以下假设：居委会行政化是一个制度化的过程。居委会的行政化是历史积淀、现实情势以及制度建构的非预期后果，是在基层场域中多元主体理性权衡、策略博弈的基础上形成的，也是居委会在积极实践、策略行动基础上的主动作为。因此，单纯从某一个维度分析决不能窥见居委会行政化的全貌，而这正是本书以居委会为中心载体，从宏观国家与社会视域、中观组织结构生态以及微观居委会行动实践方面进行研究的学术缘由。进一步，在宏观层面上的国家与社会关系以及中观层面上的政社关系尚未理顺与归位之前，诉诸单方面的、"自上而下"的居委会去行政化改革必然导致低效、无效甚至是负效的改革困局出现，笔者将其概括为"居委会去行政化的悖论"。

二 "国家－社会"框架下的城市社区治理研究③

"在最现实的生活层面上，国家与社会相遇了"④，其中国家试图通过治理将行政权力下沉到基层社会，完成职能转变；而社会则希冀表达利益诉求或是谋求自我服务，实现社会自治。从这一意义上看，城市基层治理

---

① 这里主要借鉴王星的提法。王星所指的生计型参与者是指利益直接嵌入基层社会的个人和组织，主要包括社区居民、业主委员会、社区物业公司等；权责型参与者则是指那些基于职业分工而参与基层社区管理的行动者，主要包括各级政府职能部门、公共设施维护部门等。

② 王星：《"居站分离"实践与城市基层社会管理创新》，《学海》2012 年第 3 期。

③ 此部分的梳理，主要来自笔者已发表的一篇论文，具体可参见侯利文《基层社会治理中的"国家与社会"：变迁、现状与反思》，《华东理工大学学报》（社会科学版）2016 年第 4 期。

④ 李友梅：《城市基层社会的深层权力秩序》，《江苏社会科学》2003 年第 6 期。

的实践就是国家权力与社会力量互动、博弈、竞争和协作的过程，也是国家与社会关系不断调整、相互建构的过程。张静梳理了"国家－社会"的三个研究进路："市民社会说"、"国家中心说"以及 20 世纪 90 年代以来的"社会中的国家"。① 余冰基于国家与社会关系的历时演化提出，如果我们将 20 世纪六七十年代史学界提出的"国家政权建设"（state-making）理论看作"国家中心说"的发展的话，那么就可以将"市民社会说"80 年代以来的复兴看作"社会中心说"的回归。而 90 年代以来西方政治学在有关国家与社会认知上的"新取向"，则可以看作"社会中的国家"立场。② 本部分的文献回顾就是沿着此三分界说，对"国家－社会"框架下的城市社区治理研究进行梳理。

1. "国家中心说"的研究

这种研究路向把国家视为基层社会治理、变迁与改革的核心力量和关键推力，遵循国家政权建设的逻辑。虽然后期国家政权建设的痕迹有所淡化，但是国家对社会仍然保有相当的控制力，在一些领域以特定的、新的形式出现，具有对社会的强大影响力与统合力，被称为"国家权力延续论"。从时间分期上看，存在前后相继的两个阶段。

首先，20 世纪八九十年代的基层政权建设研究。研究者多为政府官员或政府部门的研究人员，研究以政策取向、实际应用为主，主要聚焦"街居体制"在整合基层社会方面的改革与探索。比如白益华等提出政府要有计划地推进社区建设，强化对基层社会的管理，进而保证基层社会的稳定。③ 万鹏飞则从行政管理体制改革的角度，提出要将街道办事处建为一级基层政权组织，进而实现其由主要承担民政职能向承担整个街区的社会综合管理职能的转变。④ 此外，一些学者（政策实践者）从基层社区治理改革实践中进行研究、总结与分析。施凯、潘烈青分析了上海市基层社会治理的"两级政府、三级管理"模式，⑤ 同时，浦兴祖也对上海市在实践探索中形成的"两级政府、三级管理"的城区管理体制进行了政策分

① 张静主编《国家与社会》，浙江人民出版社 1998 年版，第 33—35 页。
② 余冰：《国家与社会交互关系：社区及其组织研究的一种路径》，《学术研究》2007 年第 5 期。
③ 白益华、张孝敢、张永英：《鼓东街道加强居委会建设的情况调查》，《中国民政》1995 年第 7 期。
④ 万鹏飞：《我国行政案例研究的现状和未来发展》，《中国行政管理》1994 年第 5 期。
⑤ 施凯、潘烈青主编《两级政府、三级管理：上海社区管理体制改革试点成果汇编》，上海人民出版社 1998 年版。

析与思考。①

其次，20 世纪 90 年代中期兴起的社区建设研究。该领域的研究者多为社会学和政治学领域内学者，以理论研究、学理分析为主，相关研究主要聚焦"单位制"解体之后的社区制。该领域的学者在社会转型的巨大变迁中汲取灵感，在实践探索的基础上，进一步提炼和强调国家在基层社会建设中的重要作用，重点关注城市政权与基层社会的融合，以及国家以各种形式在邻里的再现过程，尤其是党和政府在社区管理中的核心作用。一些文献研究了国家对城市新兴社会空间与组织的支配与塑造作用，另一些文献则探讨了居民委员会的行政化趋势以及由此而来的国家政权的向下延伸过程。比如，朱健刚在《城市街区的权力变迁：强国家与强社会模式——对一个街区权力结构的分析》一文中创造性使用"社区行政建设"这一概念来指代社区建设中城市基层的行政化建设，并将其归纳为"强国家与强社会"的分析模式。他认为，"相较于之前，街区权力正在强化，这一权力的强化进一步促进国家对基层社会的控制方式由单位制向社区制过渡"②。在此基础上，社区体制的变化主要有：街道办事处事实上成为一级政权组织形式，成为社区行政权力体系的中心；社区管理委员会成为社区组织网络体系的枢纽，进而使得社区自治空间得以拓展。这样在街区空间中，国家与社会呈现一种共生共长、良性互动的关系格局，从而形成"强国家、强社会"的态势。③ 同样，桂勇、崔之余通过对社会转型过程中上海市居委会组织体制变迁的研究发现，社会转型过程中政府的基层政权建设导致了现实中居民委员会的行政化趋势。从历史来看，这种趋势的形成有其必然性，即随着单位体制的解体与消亡、现有的制度体制建设的滞后，城市基层社会管理中出现了暂时的"真空地带"，这样政府尝试通过基层政权建设的方式来填补这一管理上的真空，就具有了一定的合理性和必然性。④ 此外，刘晔研究发现，1999～2003 年的社区发展中，街

---

① 浦兴祖：《特大城市城区管理体制的改革走向——兼谈"两级政府、三级管理"之提法》，《政治学研究》1998 年第 3 期。
② 朱健刚：《城市街区的权力变迁：强国家与强社会模式——对一个街区权力结构的分析》，《战略与管理》1997 年第 4 期。
③ 朱健刚：《城市街区的权力变迁：强国家与强社会模式——对一个街区权力结构的分析》，《战略与管理》1997 年第 4 期。
④ 桂勇、崔之余：《行政化进程中的城市居委会体制变迁——对上海市的个案研究》，《华中理工大学学报》（社会科学版）2000 年第 3 期。

道党工委和居民区党支部在社区中的领导核心地位不断得到巩固，社区空间中也开展了以民主选举和议行分设（议事层与执行层的分设）为主要内容的基层民主实践，刘晔将其概括为"政党主导下的社区自治建设"，实际上背后也体现了政党权力、行政权力与社会自治权力的互动的逻辑。① 而 Liu 研究发现，通过"社区政权"的治理形式，占据统治地位的党－国家网络实现了在平行维度上的权力延伸，这样国家与基层民众之间的联系得以不断加强。② Read 借助"行政性草根接触"的概念研究了国家通过居民委员会这一中介对社会进行统合的过程。新体制下的居民委员会仍然被设计成城市政府与市民之间的个人联结通道，它利用社区社会关系来替国家完成各种任务，也帮助居民解决日常生活问题。接着他又从国家－社会关系模式的角度分析社区积极分子的动员过程，发现国家在社区动员中具有重要作用，仍然具有塑造基层社会的组织模式与疏导社会参与能量的巨大能力。③ 彭勃独辟蹊径从基本空间形态的角度发现中国城市基层体制变革中"国家的努力目标是重新回到社会，占领社会空间的领导地位"。④ 也就是说，尽管城市基层社会管理体制进行了改革与创新，但国家对市场、社会利益关系重构过程的深度嵌入并没有根本改变，社区亦只是"为了解决单位制解体后城市社会整合与社会控制问题自上而下建构起来的国家治理单元，而不是一个可以促进公共领域形成或市民社会发育的地域社会生活共同体"⑤。肖林的研究发现，尽管改革开放以来，社会与国家的分离成为明显的趋势，但他提醒人们不应该忽视国家对基层社会不断加强的管理能力。他指出，新时期国家借助组织渗透、功能渗透和程序渗透三种不同的途径重新进行对城市基层社会的渗透，最终也实现了

---

① 刘晔：《公共参与、社区自治与协商民主——对一个城市社区公共交往行为的分析》，《复旦学报》（社会科学版）2003 年第 5 期。

② Chunrong Liu, The Emerging Community Regime: A Case Study of Neighborhood Governance Formation in Shanghai（1996—2003），Ph. D. dissertation, City University of Hong Kong Department of Applied Social Studies, 2005.

③ Read, Benijamin L., State, Social Networks and Citizens in China's Urban Neighborhoods, Ph. D. dissertation, Harvard University Department of Government, 2003.

④ 彭勃：《国家权力与城市空间：当代中国城市基层社会治理变革》，《社会科学》2006 年第 9 期。

⑤ 杨敏：《作为国家治理单元的社区——对城市社区建设运动过程中居民社区参与和社区认知的个案研究》，《社会学研究》2007 年第 4 期。

对基层社会的有效主导。① 王汉生、吴莹通过对发生在一个商品房小区中的几个"故事"的深入展演，追踪和辨析国家在其中的角色、行动和应对策略，以及在此影响下的社会生发与建构，探查了改革开放以来国家自身的变化与国家干预方式的变化是怎样影响社会的生长，并改变着国家与社会中各个团体之间的关系的。他们提出了一种有意思的隐喻，"基层社会中'看得见'与'看不见'的国家"。②

2. "社会中心说"的研究

社会中心说的核心概念是"市民社会"（又译为"民间社会"），该路向认为，社会发展的动力存在于社会之中，国家对社会而言只是一种限制性的力量，国家是"必要之恶"，因而主张社会自治，国家干预越少越好。20 世纪 70 年代以来，随着"新自由主义"的崛起，市民社会理论在西方抬头，尤其是东欧剧变后，对市民社会的研究在西方和东欧学术界形成空前热潮。20 世纪 90 年代以来，随着单位制的解体以及社区建设的推进，尤其是城市基层空间中社会、市场等非国家力量的兴起，国内学术界对市民社会理论的关注也越来越多。研究者在西方市民社会理论的影响下，认为国家与社会存在明确的分殊，它们之间的界限应该明晰化和常规化。在"社会中心说"的影响下，学者们认为当前中国社区建设的理想目标应该是国家有序渐次退出社区领域，逐步实现社区自治和民主，③ 并大力推进社区参与。④ 他们认为行政性因素对社区的影响挤占了社区自组织的可能空间，进而主张进行有中国特色的"市民社区"的积极建构，⑤

---

① 肖林：《国家渗透能力建设：社区治理挑战下的国家应对策略》，《哈尔滨工业大学学报》（社会科学版）2013 年第 6 期。

② 王汉生、吴莹：《基层社会中"看得见"与"看不见"的国家——发生在一个商品房小区中的几个"故事"》，《社会学研究》2011 年第 1 期。

③ 相关研究有卢汉龙《单位与社区：中国城市社会生活的组织重建》，《社会科学》1999 年第 2 期；费孝通《居民自治：中国城市社区建设的新目标》，《江海学刊》2002 年第 3 期；徐勇《论城市社区建设中的社区居民自治》，《华中师范大学学报》（人文社会科学版）2001 年第 3 期；魏娜《城市社区建设与社区自治组织的发展》，《北京行政学院学报》2003 年第 1 期；陈伟东《中国城市社区自治：一条中国化道路——演变历程、轨迹、问题及对策》，《北京行政学院学报》2004 年第 1 期，等等。

④ 杨荣：《北京市基层管理体制的历史变迁》，《北京社会科学》2004 年第 1 期。

⑤ 具体可参见顾骏《"行政社区"的困境及其突破》，《北京行政学院学报》2001 年第 1 期；陈云松《从"行政社区"到"公民社区"——由中西比较分析看中国城市社区建设的走向》，《城市发展研究》2004 年第 4 期。

而现阶段的社区建设，是中国社会改革的起点，是构建中国市民社会的重要举措。敬乂嘉和刘春荣对居委会直选过程研究发现，政府在选举过程中对社区自治组织的赋权，是实现社区权力让渡和建构的有效路径，可以较快和较有效地构建起以居委会为核心的集中型的基层民主治理网络，从而激发社区认同、促进公众参与。①

此外，也有一些学者开始注意社区中出现的一种新的社区组织类型——业主委员会，并对业主委员会给予厚望，认为它是中国城市市民社会的先声，②蕴含着中国市民社会的雏形。③张静也认为业委会这类社区公共组织在城市空间中的出现，可能会带来社会基础关系结构的根本转型；④张磊、刘丽敏的研究指出，住房体制改革前后物业运作模式发生了重大的变化，在后单位时期物业作为独立的空间逐渐脱离了国家全权操控，具有了发育成为有市民社会性质的新公共空间的取向，并通过对华东SH市PD区PX街道的物业管理和业主委员会的实地调查发现，物业运作的公共空间，是一种由国家与社会力量博弈互动所形塑的具有市民社会性质的新公共空间。⑤因此，这些社区组织的出现、成长以及在社区空间中的作用发挥预示着"市民社会在草根社区中崛起"。

3. "社会中的国家"⑥理论

"社会中的国家"即国家与社会互动说。该路向的研究，主要通过对具体事件过程的跟踪分析，在一定程度上抛弃了以往国家与社会二元对立的分析框架，代表了一种从结构性研究向关系性研究的转向，⑦也实现了从"静态学理分析"到"动态过程把握"的转向。其基本观点是，国家与社会并非二元对立、此消彼长的简单零和博弈关系，而是处于不断互动

①　敬乂嘉、刘春荣：《居委会直选与城市基层治理——对 2006 年上海市居委会直接选举的分析》，《复旦学报》（社会科学版）2007 年第 1 期。

②　夏建中：《中国公民社会的先声——以业主委员会为例》，《文史哲》2003 年第 3 期。

③　费梅苹：《业主委员会与中国的市民社会》，《华东理工大学学报》（社会科学版）2001 年第 2 期。

④　张静：《公共空间的社会基础——一个社区纠纷案例的分析》，载《社会转型与社区发展——社区建设研讨会论文集》2001 年 11 月，第 105 页。

⑤　张磊、刘丽敏：《物业运作：从国家中分离出来的新公共空间　国家权力过度化与社会权利不足之间的张力》，《社会》2005 年第 1 期。

⑥　这里并非米格代尔意义上的"社会中的国家"本体论使用，而是借用这一说法来概括国家与社会互动视域中的相关研究成果，是方法论意义上的借用。

⑦　丁惠平：《"国家与社会"分析框架的应用与限度——以社会学论域中的研究为分析中心》，《社会学评论》2015 年第 5 期。

与形构的动态过程中。20 世纪 90 年代以来，围绕国家与社会的研究积累，一些学者主张要转向一种"新取向"，声称要破除两分，建立"社会中的国家"立场。① 同时，学者们也越来越认识到在城市社区建设中，基层政权建设与社会力量发育之间存在的深刻矛盾，认为国家与社会之间并不是此消彼长的简单的零和博弈关系，在强调二者各自的独立性的同时（国家中心说 & 社会中心说），更需关注与讨论二者之间的互动方式与博弈过程，进而达到国家与社会之间的"善治"目的。比如魏娜就指出，社区治理是社区场域中国家与社会的不同代理人，即政府、社区组织、居民以及其他各类主体在有效互动的基础上共同努力改善社区环境，促进社区经济发展，提高社区居民生活质量，最终走向"善治"的过程。② 此外，桂勇提出了国家与社会关系的"粘连"模式，即国家与城市基层社会之间的关系实际上既非国家对社会的完全控制与驱动，也非国家控制力的绝对瓦解以及社会的高度自治，而是表征为国家与社会互动中的一种微妙的"胶着"状态。③

治理理念的兴起，以及国家与社会关系的研究与治理理念的高度耦合，都有效地拓展了国家与市民社会关系的分析架构，预示了国家与市民社会之间实现正和博弈的可行性，代表了一种新型的国家与市民社会关系范式的兴起。④ 从现实来看，治理理念和国家与社会关系的研究在社区治理中开始结合，出现了丰富的研究成果，⑤ 国家与社会关系的研究由此也进入了一个新的纪元。

既然国家与社会是动态的关系，那么已有的关于其关系的静态视角就存在无法忽视的局限，难以捕捉到关系的动态性质。因此，一系列新的理论与观察的视角被引入城市社区治理研究。强世功主张，为纠正"国家"与"社会"的"整体化"的研究倾向，引入"策略行动""事件－关系"的视角，进而通过互动的过程来重新解读国家和社会的关系。⑥ 孙立平也认为，如果国家与社会的关系是一种动态的过程而非静态的结构，那么对

① 何海兵：《"国家－社会"范式框架下的中国城市社区研究》，《上海行政学院学报》2006 年第 4 期。
② 魏娜：《我国城市社区治理模式：发展演变与制度创新》，《中国人民大学学报》2003 年第 1 期。
③ 桂勇：《邻里政治：城市基层的权力操作策略与国家－社会的粘连模式》，《社会》2007 年第 6 期。
④ 何海兵：《"国家－社会"范式框架下的中国城市社区研究》，《上海行政学院学报》2006 年第 4 期。
⑤ 何海兵：《"国家－社会"范式框架下的中国城市社区研究》，《上海行政学院学报》2006 年第 4 期。
⑥ 强世功：《"法律不入之地"的民事调解——一起"依法收贷"案的再分析》，《比较法研究》1998 年第 3 期。

它的研究在方法论上就应该是"事件－关系"的分析，由此他主张引入"过程－事件"的分析框架来代替"结构－制度"的分析思路，从实践的动态过程中捕捉现实生活中真正发挥作用的互动逻辑，得以更深入、准确地理解社会转型过程中我们的社会中所发生的实质性变化。①

综上所述，"社会中的国家"在方法论上多采用"事件－关系"分析进路，借助"策略行动"和"过程－事件"的分析框架，致力于"对当代中国国家与社会关系的微观层面"进行过程深描。"策略行动"的分析能够避免使用国家与社会框架研究中国社会时容易产生的"单向度"制度解释的缺陷，避免在将"国家"与"社会"这两个分析单位做"整体化"和"实体化"处理时，可能对分别发生在"国家"与"社会"内部的差异、分歧、冲突与互动的人为掩盖；而"过程－事件"的分析进路则可以通过对社会现象发生过程的描述，在动态中把握事物的"隐秘"部分，② 具有重要的方法论贡献。

4. 其他视角

除了上述国家与社会关系的研究路向之外，一些学者也独辟蹊径，提出了众多富有社会学想象力的研究视角，丰富了"国家－社会"范式下的城市基层治理研究。

比如，马卫红等提出以"行动者"的视角尝试将国家与社会从二元对立中解放出来。他们认为国家与社会是由各种不同取值的参数（在基层社区中就表现为各种代理人）构成的一个连续系统，这些行动者之间的关系是错综复杂的，对立、合作、冲突与妥协是共存的。在社区空间中，国家与社会都是抽象的、象征性的存在，反而社区居民、社区组织等自身具有不同利益和目标的行动者才是真实的存在。因此，从社区具体事件发生的过程以及行动者的角度研究才是理解社区发展逻辑的关键，③ 可以概括为"行动者的归来"。马卫红等还通过对上海市的基层社区治理实践的经验分析发现，国家与社会被目的各异的行动者所分解，进而呈现碎片化的态势，并认为"在邻里层面国家与社会也是模糊不清的，清晰可见的是各种有着不同利

---

① 孙立平：《实践社会学与市场转型过程分析》，《中国社会科学》2002 年第 5 期。
② 余冰：《国家与社会交互关系：社区及其组织研究的一种路径》，《学术研究》2007 年第 5 期。
③ 马卫红、桂勇、骆天珏：《城市社区研究中的国家社会视角：局限、经验与发展可能》，《学术研究》2008 年第 11 期。

益与目标的行动者"①，因此主张从"行动者"的角度来研判国家与社会关系在基层的真实展开。此外，桂勇在详细梳理国家与城市邻里之间的"断裂"与"嵌入"研究的基础上，通过对相关经验资料的分析，发现国家与邻里之间的真实关系模式并非断裂的，也不是嵌入式的，而是呈现一种"粘连"状态。这就是说，国家对城市邻里仍旧拥有一定的动员统合能力，但这种能力已受到各种社会政治因素的相当大的限制。② 而肖瑛的破题更为彻底，他在对以往"国家与社会"关系批判性分析的基础上，认为"国家与社会视角在中国的运用更多是规范层面的，难以解释中国社会变迁的复杂机制"。③ 因此，他提出将"制度与生活"的视角作为替代性视角，以"制度与生活"的互动实践为切入点，创造性地将日常生活实践与宏观社会结构变迁进行勾连，进而建构了一种探究社会结构变迁微观动力机制的新框架。④ 而本书对国家与社会关系在居委会层面的展演与分析也是在与肖瑛进行对话的基础上进行整合的（详见第二章）。

三 以往研究的评述

综观上述研究可以发现，近年来学术界对居委会及其行政化、基层治理中的国家与社会关系进行了丰富且深入的研究，研究涉及社会学、政治学、管理学等多个学科，研究视角丰富多样，研究方法长短互补，理论承传前后继替。已有的研究无疑对我们认识和理解国家与社会关系中的基层治理、居委会的行政化助益良多，但尚存在需要进一步探索的空间和对话的可能，尤其是在城市社区治理研究中的"国家 – 社会"分析范式在研究理路上呈现的趋同性，以及在居委会行政化议题研究中研究思路与内容上所呈现的同质性方面。这都不利于范式的更新、知识的累进。需要我们保持对研究议题的敏感性、对既有研究的反思、与既有研究的对话以及社会学的想象力。

---

① 马卫红、桂勇、骆天珏：《城市社区研究中的国家社会视角：局限、经验与发展可能》，《学术研究》2008 年第 11 期。

② 桂勇：《邻里政治：城市基层的权力操作策略与国家 – 社会的粘连模式》，《社会》2007 年第 6 期。

③ 肖瑛：《从"国家与社会"到"制度与生活"：中国社会变迁研究的视角转换》，《中国社会科学》2014 年第 9 期。

④ 肖瑛：《从"国家与社会"到"制度与生活"：中国社会变迁研究的视角转换》，《中国社会科学》2014 年第 9 期。

概而言之，笔者认为现有的研究呈现了两个方面的不足。

　　其一，"国家与社会"范式①在城市基层治理研究中的简单再生产，陷入一种同质生产、难以取得理论突破的境地。20 世纪 90 年代以来，"国家与社会"范式一经引入，就凭借其与中国社会变迁现实的高度契合而成为一种极具穿透力的分析范式，并且经过国内社会科学领域的广泛应用和多次修正而日渐成熟。二三十年来"国家与社会"分析范式的广泛应用取得了丰硕的成果，成为社区治理研究中的主导性分析范式，但是该范式在实际运用中存在两种倾向。第一，形式主义消费倾向。诸多冠以"国家与社会"名义的研究大多只是在装饰性的意义上使用此分析框架，并未对该范式的理论预设、核心逻辑、方法论原则进行严谨辨析，存在一种形式主义消费倾向。第二，一元论的神化倾向。"国家与社会"的框架被广泛地运用于农村治理领域、城市社区治理以及社会组织的研究中，这种泛化的机械运用就造成了一种误识，即似乎无论何种研究只要置于"国家与社会"的分析框架中便获得了前沿与合理的"象征意义"。②

　　但是"国家与社会"范式作为一种舶来的理论分析范式，对其运用必然要求有一定的前提假设，最典型的就是该范式以"国家与社会"的分离为条件。这就意味着只有在国家与社会存在明确边界、区隔的地方，其理论的解释力才是靠得住的。无疑，中国基层社区似乎不具备这一前提。因为中国的国家与社会关系自古以来便是彼此交融、界限模糊的"家国同构"形态，如此一来，源于西方的"国家与社会"对中国社会是否具有解释的效度则是有待商榷的。此外，正如邓正来所言，"作为一种理论范式的国家与社会关系是在特定的历史条件下出现与演化的。它既是对现实的一种反映，也是对现实的一种塑造"。③ 因此，对产生于特定时期的"国家与社会"范式，我们要能够始终以一种"社会学的想象力"进行批判、反思和重构，并依据历时条件的变化而不断地探索新的研究范式。

----

① 关于"国家与社会"范式，刘安和丁惠平进行了系统的综述与评析。具体可参见刘安《当代中国城市基层的国家与社会关系研究及其学理反思——基于政治社会学视角的分析》，《社会学评论》2015 年第 5 期；丁惠平《"国家与社会"分析框架的应用与限度——以社会学论域中的研究为分析中心》，《社会学评论》2015 年第 5 期。

② 丁惠平：《"国家与社会"分析框架的应用与限度——以社会学论域中的研究为分析中心》，《社会学评论》2015 年第 5 期。

③ 邓正来：《市民社会与国家——学理上的分野与两种架构》，载邓正来、J. C. 亚历山大编：《国家与市民社会：一种社会理论的研究路径》，中央编译出版社 2002 年版，第 291 页。

此外，任何理论范式都有其适用范围，在这一范围之外，正是该范式解释力止步的界限。"国家与社会"的视角，长在宏观维度的分析，短于微观互动以及行动者视域的研究。

其二，注重规范分析，研究中的单向度明显。众所周知，虽然居委会被法律和道义性标定为"基层群众性自治组织"，但在现实中承担了繁重的行政性任务，其行政化色彩浓厚。

对居委会的这一定位与判断，使居委会被戴上了一个"行政化"的"金箍"，带着自治化的"改革愿景"，在改革的过程中走向了"去行政化之悖"，带有行政属性的居委会沦落为批评的对象，在学界和实务界追求自治的价值预设中成为可怜的"牺牲品"，如果不加以反思，其可能会走向另一个极端，须知矫枉还需防范过正。综观已有的研究，我们发现居委会之所以沦落为"行政化言说"的"牺牲品"，就在于居委会所拥有的历史、理念和事实容量已经不被现实所接纳。居委会的定位被"自治"和"法律"所"占据"，居委会由此变为一个"抽象物"，在这样一种价值的笼罩下逐渐丧失了其真实的图景，① 研究中的单向度明显。

从研究思路来看，既有的研究基本遵循的是功能主义的分析路向和研究进路，呈现为"居委会高度行政化—居委会去行政化改革—居委会行政性不断强化"的循环式研究。学者们通过实地调查获取的资料，无形当中就存在"用既有观念裁剪已有现实"的嫌疑，对资料的使用也留下了"选择性取舍"的痕迹。他们的经验资料主要还是用来佐证他们所做的与他们的观念相符的分析和假设，而不是用来说明、解释社会事实以及对社会事实的反思、对理论预设的质疑。就本书主题而言，已有的从功能主义出发的规范性研究，没有将关注点真正放在居委会行政化的具体过程与实现上，针对居委会行政化事实本身的反思性研究极为缺乏。正如刘春荣提出的"从已有的文献来看，这些论争的一个不足之处，在于它们讨论的问题是规范性的而非实证性的，在彰显社区选举问题的重要性的同时，也正在陷入一个功能分析的困局。过于聚焦于居委会组织层面上的功能性变迁分析，这就导致在一定程度上研究者忽视了社区选举中更为丰富的行动过程"。② 因此，他主张进行中国城市社区选举的社会学想象，实

---

① 刘建军：《单位中国：社会调控体系重构中的个人、组织与国家》，天津人民出版社 2000 年版，第 672 页。

② 刘春荣：《中国城市社区选举的想象：从功能阐释到过程分析》，《社会》2005 年第 1 期。

现居委会研究中分析单位、研究方法、研究论域的更新，实现从规范性选举的功能性阐释到过程性选举行为的微观分析的转向。

而我们需要反思的是，行政性可能是居委会的本质属性和源头，剥离了行政性的居委会难免走向边缘化，基层治理缺少了政府的统合与主导，难免陷入混乱。这是中国的国情，也是基层社区中的现实，也应该成为我们研究与分析的一个重要前提。离开这一现实（前提），纯粹从舶来的治理理念出发去研究居委会困局，犹如在乌托邦中建构的"空中楼阁"，虚无缥缈。循着这一思路进行居委会改革，必然会陷入困局，难以有所突破。居委会作为一种在新中国成立之初就出现的组织形式，到底在多大程度上背弃了所谓的"自治预设"？又是如何以及在多大程度上掺杂了个人或者是国家的意志？行政化的程度几何？要回答这些问题，就不得不进入历史和事实的论域。

因此，从现实出发，从实践出发，通过国家与社会的视域透视居委会的内外空间场域，同时附以历史的视野，居委会的真实逻辑才能展开，而我们对居委会行政化现象的认识也才能客观、完整、真实。

正是基于上述不足，本书尝试进行理论补足与研究创新，具体指涉以下两个方面。

其一，对"国家与社会"分析视角的批判性分析与创造性建构。在对以往国家与社会的相关研究进行批判性分析与整合性对话的基础上，提出"结构－主体－关系"这一中观维度的分析框架，同时结合居委会产生的历史脉络、行为逻辑和关系实践，创造性建构"国家中的社会"，以丰富中国语境下的国家与社会关系研究。

实际上，对"国家中的社会"研究范式而言，破除国家与社会的二元对立及国家与社会的整体性、一体化假设，既非"社会中心说"，也非"国家中心说"，也不同于"社会中的国家"的本体论域，而是"社会"嵌入国家势力的中国现实。国家作为多元的构成在社区治理中是时刻保持"在场"的，表现为现实中国家性与社会性的彼此互动与融合、交互作用和因果影响，同时还是一种随着时空、场域的转换而不断变化的"关系实践"。本书注意实现一种"宏观视角"的"微观切换"，并通过"居委会"这一组织平台整合"社会中的国家"与"制度与生活"的范式启示。本书重点研究居委会在结构位置中的互动策略与关系实践，实践中的居委会是如何再生和建构其策略实践的，居委会的行政性是如何在场域的互动中被生产和再生产的。因此，从"国家与社会"的视角来研究居委会的行政化问题，可以突破既有的关于居委会研究的困境、缓解居委会的应然目标与社区管理行政化实然现状之间的矛盾，可以实现视角的切换，达至国家与社会关系的真实，将宏观的结构、制度与微观的行动者（居委会、社会组织、个人等）、行动策略和关系实践等关联。

其二，对居委会行政化议题的"打破常规"和"重新思考"，提出"居委会行政化是一个制度化的过程"以及"居委会去行政化之悖"的理论假设与命题。现有的关于居委会的研究往往存在"理论上的预设"导演"现实中的改革"，缺乏"反思性批判"与"创造性建构"，进而呈现"同质化的研究成果"。理论的预设变成了"真实"之后，事实的丰富性和想象性就会被"理论"裁剪和解释，难以形成客观的累进性知识。科学的逻辑就是"实践—理论—实践—理论—实践"的无限循环过程，知识的创造也该如此。围绕着居委会的研究成果丰硕。遵循"预设—改革"的思路形成的基本判断是这样的：居委会是群众性自治组织，现实中呈现了严重行政化倾向，应该寻求"居委会的去行政化之路"。居委会是历史的产物，历史根源中居委会的定位、现实中的居委会改革、理论上的去行政化干预，三者在当代的历史坐标中并没有很好地耦合，出现了脱节，而且是连续性的脱节。那么如果通过另一种思路来看同样的问题——居委会的行政化，是否会有研究中的突破产生呢？遵循"历史由来—现实状貌—关系互动"的进路，笔者发现居委会的行政化其实是一个制度化的过程。因而，在现时的国家与社会范畴下居委会去行政化改革必然走向行政性的再生产。

综上，本书以时空为经纬，从居委会的历时变迁、结构运作与现时互动所编织的"真实网"出发，创造性运用"结构－主体－关系"三维分析框架、行动者理性决策①（这里笔者假定居委会作为一个行动主体，除

---

① 法国组织社会学家费埃德伯格曾指出，"从经验意义上对被研究领域之中的行动者进行解构和重构，通过研究，对这些行动者之间的相互作用建构起的诸种规则加以展示和分析，是研究者的一种责任"。令人欣喜的是，近年来关于居委会的研究也呈现了"将居委会带回到研究视域"中的一种努力，即"行动者视角"的引入。主要观点就是，居委会在行政化的过程中并不仅是被动的"适应者"，也是具有自我理性和策略的积极"行动者"。尽管有少数研究已经注意到居委会自身的行动逻辑，比如居委会主观行政化倾向，但也仅仅是简单的提及，并未对居委会在不同互动情景中的行动逻辑与行为选择进行较为全面的比较分析与探讨，那么对居委会行政化的分析就是存在缺憾的，本书就是在此基础上的一种补足尝试与建构努力。

了受制于国家的统合与影响外，也积极、主动地采取了各种策略，力争在互动中争取主动）的概念工具以及不带预设的描述性话语，以基层社区所存在的"多元主体"互构协变的关系实践为表述场域，通过对长时段、多次别的实证调查所取得的经验资料、文献档案以及政策法律文本的分析，对居委会的现实状貌进行丰富描摹与深入研切，进一步通过对社区治理实践中不同主体、不同界面、不同领域的互动逻辑、策略构成以及行为选择的深描，以回答：居委会是如何被党政体制所"吸纳与统合"的，又是如何展开对既有体制的"拟制①与延续"，在一轮又一轮的去行政化改革中完成了行政性的生产与再生产的。

第三节　理论上的思辨与研究视角的选择

一　理论上的思辨

当前对社区居委会功能与定位解释的话语权无疑掌握在政府和学术界的手中。两者在和谐社会的政治生态中把对单位制解体后城市基层社会管理与社会整合的诉求与希冀投向了居委会，但是在共同的关注中，也存在对居委会的不同定位。一方面，政府试图通过居委会这一组织重建基层的管治秩序，加强政权在基层的建设，以保障社会的稳定，正所谓"基层不稳，地动山摇"。因此，在政治实践中居委会就被解读为政府的"脚"和职能的延伸，是政府在社区的"代理人"。另一方面，与政府的现实取向有些许不同，学者们大多从滕尼斯关于《共同体与社会》的想象中寻求对话的平台与语基，并从宪法的定性中提取居委会的自治依据与法理基础，同时从西方的治理语境中借用社区组织的经验与理论，主张居委会的自治属性回归以及去行政化改革路向。正是在这两种话语的张力之中，居

---

① 拟制，由生态学上的"拟态"演化而来。拟态指某些动物的形态、色泽或斑纹等极似他物，借以蒙蔽敌害、保护自身的现象。这里的拟制，喻指居委会对行政体制以及科层等级中行动逻辑以及惯习的主动模仿及在基层社区的复制与拓展过程。

委会游走于"行政"与"自治"的两端，成为学术研究与理论思考的重要内容。

　　已有的对于社区居委会的研究主要聚焦制度建构与功能分析，即偏重于在理论预设基础上的"结构－制度"分析和规范研究。近年来，也有学者开始关注居委会作为行动主体的策略与生活研究，由此展开了居委会研究的全新论域。① 事实上，居委会是嵌入社区场域的一种内生外源性社区组织，② 有着"自己"的社区场域中的行为逻辑和策略实践。因此，将生活世界和实践过程的视角嵌入对居委会的研究具有当然的意义，有助于深入解读居委会的内在逻辑、居委会所嵌入的现实场域。不过，现有的一些研究存在两点不足。其一，带着西方的理论预设和历史的惯习去观察居委会的行为，得出居委会高度行政化、内卷化的结论，并自然而然地得出了居委会应该进行去行政化的改革、实现自治属性回归的"应然结论"，这也是已有的研究进路。这种先验的理论预设往往会导致对现实的某种脱离历史的选择性观察和局部裁剪，进而建构出"局部观察"基础上的"虚幻图景"。其根源就在于对作为主体的居委会在社区实践中的行为策略和关系实践缺乏一种整体性的观照与深入探讨。其二，把社区居委会带回社区场域中进行研析，又往往将居委会定位于现时的空间横断面进行分析，将居委会视为一种现时的、抽离于综观的历史脉络和宏观制度背景的行为主体，忽视了"路径依赖"所承诺的"从哪里来"的问题，也缺失了"邻里政治"想象中"微观议题的宏观切换与解读"，因而也就难以解答"现处何地""将欲何往"的问题。缘此，本书拟遵循"历史－现实"的行文策略，从"国家与社会"的理论视域出发，重新解读居委会行政化以及去行政化的悖论，以回答居委会 30 多年来的改革问题，也期望与国家与社会研究中的经典范式——"社会中的国家"进行理论对话。

---

① 桂勇、崔之余：《行政化进程中的城市居委会体制变迁——对上海市的个案研究》，《华中理工大学学报》（社会科学版）2000 年第 3 期；何艳玲、蔡禾：《中国城市基层自治组织的"内卷化"及其成因》，《中山大学学报》（社会科学版）2005 年第 5 期。

② 吴永红：《非对称性依赖结构下的居委会及其行动策略——上海市 L 街道居委会减负的个案研究》，博士学位论文，上海大学，2009 年，第 68 页。

二 研究视角的选择

为什么要通过"国家与社会"的关系来探讨居委会的行政化问题？这里仅对研究视角的选取做一简单交代（第二章将重点介绍本书的理论视角）。

首先，在基层的界面上，国家与社会相遇了，而在居委会这一平台上"国家与社会"的互动与博弈得到了最淋漓尽致的表现。这就导致了"国家与社会"成为研究基层社区治理最常用，也是最有洞察力的一个分析视角。这一视角在 20 世纪 90 年代得到了迅速的发展，并很快成长为社区场域中主导性分析视角，是当前社区治理研究中最常用，同时也是不能回避的视角。此外，我们也希冀通过国家与社会关系在居委会层面的展演，丰富已有的"国家与社会"理论，贡献中国学者的学术智慧。

其次，一个理论视角的出现是学术界集体智慧的结晶，之后就会进入繁荣期，众多学者运用此视角把这个理论框架里可以研究的问题都进行了研究。但是，也会出现一个不利于学术累进的现象，那就是由于该理论范式的解释力和公信度有限，久而久之研究就会出现重复性的简单再生产，难以突破。有鉴于此，本书在对"国家与社会"学术史的系统爬梳的基础上，结合中国的基层场域，针对"居委会的行政化"的学术难题与实践缘起进行批判性重构和创造性论述，以期丰富"国家与社会"的理论图景。

最后，居委会是一个外源性的社区组织，那么居委会的功能定位与角色扮演就必然是作为组织整体的居委会与所嵌入的环境彼此之间互动与建构的产物，居委会单方面的主体选择难以有效解释其行动逻辑，而宏观背景的理论演绎也难以丰富居委会的生活实践。因此，我们需要在国家与社会力量交织、社区多元主体充分互动的场域中展开对居委会在"制度 - 行动"框架下的分析。唯其如此，我们对居委会的研究才能做到客观、公正与科学。

因此，在尽可能详尽地描述"事件"的基础上，笔者将通过"国家与社会"的视角对居委会的行为惯习做出分析性的解释，诠释其具体的历史惯习、关系运作、策略互动、话语实践与制度文本等如何建构了居委会的行政化，以此来展现基层社区中"看得见"与"看不见"的国家，进而揭示居委会的行政化逻辑。

需要说明的是，本书中所讲述的是居委会的故事，但是笔者也关注作为理论命题的国家与社会关系。实际上，笔者是通过"国家与社会"的理论视角来解读居委会行政化故事的，进而在居委会的生活场域与关系实践中扩展"国家与社会"的理论空间。

第四节　研究目的与意义

一　研究目的

本书选择了一个现实中的困厄问题，也是理论上的难点问题作为研究的主题——居委会的行政化，并尝试做出这样一种努力：一方面，从社会学理论的角度对以往国家与社会的关系的理论与经验研究展开系统梳理、批判性反思以及创造性重构，以厘清"国家与社会"关系在中国基层场域中的现实展演，提出一种新的国家与社会关系的理论图谱——国家中的社会；另一方面，以"结构－主体－关系"为观察与分析的视角，深入考察基层社区场域中以居委会为轴心的历史路径与互动实践过程，以期解释居委会行动逻辑的路径由来与现实困厄，发现居委会的"去行政化之悖"的理论命题以及基层社会中诸多"看得见"与"看不见"的"国家"，析出居委会的现实运行中所嵌含的"国家中的社会"，同时提出对基层政府运作逻辑拟制与延续的居委会是更为"真实的存在"。

二　研究意义

理论意义。就本书的理论意义而言，主要指涉两个方面。其一，对既有的"国家与社会"关系的系统性梳理和创造性论述，尤其是在对已有研究进行分析、对话、批判与反思的基础上提出"国家中的社会"分析范式，是在中国场域、中国问题基础上的建构，有利于提升"国家与社会"关系范式的解释效度,拓展和延伸"国家与社会的互动关系说",具有范式创新的理论意义。其二,宏观议题的降维切换,提出"结构-主体-关系"三维度的分析框架,并通过居委会这一表述载体为"国家与社会"关系的研究找到在基层社区生活实践中展演的平台和分析进路,既纠正已有研究中将"方法论上的抽象"当作"本体论上的实在"这一谬误,也为本来宏观抽象的理论思辨注入了具象的实践文本。而且这一切换所得到的研究进一步为"国家与社会"的理论命题注入了中国元素,具有理论自觉的意义。

实践意义。实践中关于居委会改革的脚步从未停止,而理论上的缺陷导致实践中居委会改革的低效甚至无效。从这一意义上来讲,也涉及两个方面。其一,更正了对居委会行政化议题的认识和理解。本书通过对历史维度中居委会的源起、街居制传统中以及社区场域中居委会的行动逻辑研究,发现居委会中所嵌合的行政属性有助于拓展和更正人们对居委会行政化议题的认知,使其从更为客观而非规范的角度来认识这一问题。其二,政策与改革的参鉴。研究发现可以通过转化对政策进行倡导,甚至进行政策试验,推进或是优化居委会的改革进程。本研究作为一项综合性的研究,必然会涉及研究成果的运用和转化问题。而一个好的研究对于更正人们的认知、推进改革进程具有重要的意义。事实上,当人们的认知开始发生变化的时候,政策的实践与影响已经产生。本书发现现阶段居委会去行政化的改革必然陷入居委会去行政化之悖的困局,而转向服务的居委会改革可能是具有更高效度和可操作性的现实进路。当然,改革的效度如何,如何具体推进,尚需要来自实践的不断探索与检验。

第五节 研究设计

一 概念界定

居委会行政化,主要指涉的是居民委员会在实际运作、功能作用、利益代表等方面越来越偏离自治组织属性，并越来越接近行政科层组织，呈现一系列行政性特征的过程。居委会行政化在实践中最精准的表征就是居委会由基层群众性自治组织，变为基层政府的下属部门（政府的"脚"），是不断行政化和具备行政性的过程。具体包括被动行政化和主动行政化两个向度。

其核心特征涉及以下几个方面，"居委会组织设置的行政化、组织功能的行政化、自治章程和工作制度制定的行政化、人事任免决定的行政化、经费收支的行政化、运行方式'机关化'、考核机制行政化等"。①

行动策略这一概念主要强调行动者（组织、个人等）在面对环境制约时所呈现的积极性和主动性。尽管行动者由于"环境的嵌入性"而在很大程度上受到外部环境的约束，但这种约束可以通过行动者的积极行动得到调整与缓解。面对环境的制约，行动者也在积极主动地对环境进行影响和反制。一般而言，行动者会采取各种策略来改变自己，选择并适应环境，甚至塑造环境。本书将借鉴这一观点来重点考察居委会在各种互动情景中的策略实践与关系展演。

具体到本书，行动策略指居委会面对社区场域中的其他主体时，为规避或减轻对其造成的不利影响所采取的各种手段和方法。本书将重点考察在不同的互动情景下，居委会所采取的不同策略，以及这些策略的展演所导致的不同结果。

二 研究方法

其一，调研地的选择。本研究以苏南地区的宜街为调研地点，主要基于以下两个原因：首先，作为华东理工大学——宜街横向课题"宜街模式：县域城市社区治理新常态"的课题负责人，从 2014 年 10 月初次到达宜街进行项目的合作论证，到 2015 年 3 月带领课题组成员进入宜街开始为期一年的实地调研，笔者以"作为参与者的观察者"身份，对街道层面开展的一系列活动进行了细致的观察与长期的跟踪，对宜街下辖的 34 个社区居委会（包括 4 个村委会）进行了"走马观花"式（主要是座谈

---

① 向德平：《社区组织行政化：表现、原因及对策分析》，《学海》2006 年第 3 期。

的形式）的调研，并对其中的 5 个社区居委会进行了深入、系统的结构化观察与调研，掌握了丰富的第一手资料；其次，得益于华东理工大学社会学博士后科研流动站在宜街设立的工作站，笔者有幸成为工作站的长期驻站人员，这就为研究提供了便利条件。

其二，资料收集方法。根据研究目的和内容，本研究主要采用了以下四种资料收集方法。（1）查阅资料法。笔者收集了宜市民政局、档案局，街道党政办公室、街道民间组织服务中心、乐龄日托服务中心、街道民政科、街道财政所、街道宣统办以及街道其他相关部门关于社区居委会的政策文件、工作报告、会议记录和总结报告，也收集了一些学者和政府部门关于该街道"社区治理创新"模式的相关调研资料等。此外，笔者也前往宜市档案局收集了非常宝贵的关于宜市晚清的保甲制、民国时期的里甲制、新中国成立以来的居民委员会以及"文革"期间的革命委员会的档案资料，这就为了解这一段历史提供了鲜活的"材料"。（2）参与观察法。作为街道科研工作站的负责人参与了居委会和其他社区组织的一些活动，观察"网格化管理、片区化服务"中心工作启动以来，街道相关部门、居委会、乐龄日托服务中心、睦邻点等与居民之间的互动方式及其变化。尤其是多次作为志愿者、社区工作者参与街道、社区居委会、社会组织、志愿团队组织与开展的各种活动，这就为本研究考察居委会的互动实践提供了丰富的第一手资料。（3）结构化与非结构化访谈法。通过对核心人物的访谈，包括对街道相关领导（党工委书记，办事处主任、副主任，各个职能部门的领导）、社区书记（包括 3 个 20 世纪 50 年代至 90 年代的社区老书记）、社区居委会主任、社区居委会委员、社区工作者、居民小组组长、楼栋长、睦邻点工作人员、社区社会组织工作人员、辖区企事业单位工作人员以及居民的访谈，累积获得了长达 15 万字的访谈录音资料，这对于研究居委会的行动策略、居委会与其他组织的互动关系有着重要的作用，也构成了本研究最为重要和宝贵的素材。（4）座谈会。在实地调查过程中，笔者有机会参加了一些与本研究相关的座谈会、项目论证会、考察学习会，特别是跟随新任社区建设办公室主任（XWM）进行了社区走访、座谈等。包括居委会工作人员的座谈会、居委会减负的座谈会、社区治理项目的论证讨论会（尤其是聆听了多位专家、学者、街道领导以及社区实务工作者的交流与讨论）、中心工作开展的部署会等各种大型的、小型的会议 20 多场次，这些座谈会对于本研究从整体背景出发更好地认识和分析街道的转型发展、居委会行政化问题具有较高的参考价值。

其三，资料分析方法。依据研究的目的以及所获资料的性质，本研究主要采用定性的资料分析方法，包括文献分析法、对比分析法、历史比较法、"过程－事件"分析法等。定性的方法能够围绕居委会相关行动者的策略进行较为深入的探讨，长于资料的深度研析。就本研究的主要内容而言，对居委会行政化过程中不同行动者（组织）的决策逻辑、行动策略及其在不同场景中的行为选择的分析，只能而且最适合通过"过程－事件"分析法进行；对居委会在历史脉络中产生、发展与演化的分析就只能通过文献分析和历史比较的方法进行。此外，居委会的行政化也是在复杂的多方策略互动、理性权衡之后达成的一种"共谋"，涉及多个维度和面相，要全面地认识居委会的行政化过程就必须诉诸"结构－制度"式的功能分析与对比分析，只有这样才能洞察居委会行政化的完整状貌。

三　研究策略

1. 研究进路

曹锦清指出，对一个现象或问题的认识和理解，要考虑三个问题：一是从何而来；二是现处何地；三是将欲何往。[1] 因此，我们对居委会的认识和理解也要回答这样三个问题。一是居委会从何而来（因何而来）；二是居委会现实情况如何；三是居委会的未来发展怎样。这涉及本书的研究思路与方法选择。首先，引入历史视角以解决居委会从何而来的问题，从历史的维度中找寻居委会生成与发展的逻辑；其次，关注实践的展演以明确居委会的现实状貌，在基层社区场域中展开对在多元主体不同层次互动博弈中居委会行动策略的分析以研究其行政化的双重面相；最后，改革实践中的理性反思与重构以更好地明确居委会的改革路向和未来发展，对居委会行政化之殇进行再解读和再认识。其中，国家与社会的关系是贯穿本书的主线和分析视角，统领

---

[1]　曹锦清：《问题意识与调查研究》，《社会学评论》2014 年第 5 期。

本书。

2. 研究的技术路线

本研究遵循"理论建构—历史回溯—现实构件—互动实践"的行文脉络，展开对居委会行政化的"历史—结构—实践"过程研究。技术路线如图1-1所示。

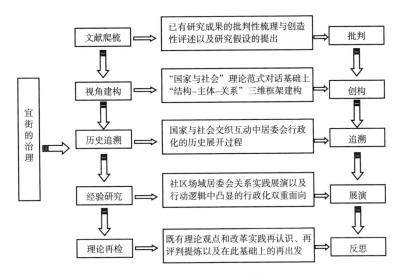

图1-1 本书的技术路线

四 宜街的历史空间和治理场域[①]

1. 行政区划的设立与调整[②]

宜市古称荆邑，相继分属吴、越、楚等国，秦灭楚后，属会稽郡，成为阳羡县，建县城。汉顺帝永建四年（129），阳县属吴郡，改筑在荆南山（铜官山）下。晋怀帝永嘉四年（310），设义兴郡，属扬州，下辖国山、临津、阳羡、艺乡、平陵、永世六县。隋文帝开皇九年（589），义

[①] 研究中对于地名的匿名处理是惯例，但是对宜市的历史介绍很多涉及称谓上的不断调整与变更，时刻存在交叉与重叠的情况，故此部分笔者以尊重史实为准则（局部放弃对研究地的匿名，当然不存在对任何人的任何偏见和伤害）。

[②] 杨晓方主编《宜城志》，方志出版社2010年版，第33—40页。

兴郡撤，临津、阳羡、国山三县合并为义兴县，郡城为县城。唐高祖武德二年（619），义兴县分置为阳羡、临津两县，称鹅州。至宋太宗太平兴国元年（976），因"义"讳，义兴县改称为宜兴县。元代，宜兴县几度升为州府。

明万历二十九年（1601），宜市区域内的宜城、铜峰、十里牌、红塔编入区、图。清雍正四年（1726），宜兴分宜兴、荆溪二县。民国元年（1911），宜兴、荆溪二县合并为宜兴县。至民国十八年（1929）1月底，全县设7市、14乡，县城为城厢市，区域内乡村分属城厢市、高塍市、方桥乡、清泉乡。市、乡以下沿用清代区划。民国十八年2月，改为区、乡，区以下设乡、镇，乡、镇以下设闾、邻（5户为邻，5邻为闾）。民国二十三年（1934）11月，废闾邻制，实行保甲制，全县设8区、25镇、123乡，镇乡以下区划为保甲（10户为甲，10甲为保）。民国二十六年（1937）11月底，日军侵入宜兴，县城及大部分地区沦陷。民国三十七年（1948），全县设2督导区、5区、29乡、11镇、418保。双溪镇改为义兴镇，属于第一督导区。

直到1949年5月7日，宜兴县人民政府成立。义兴镇改称宜城镇，属宜城区。1949年10月至1950年5月，改保甲制为村组制，宜城镇为县直属镇。宜城镇下辖新华街、大同街、共和街、常胜街、建设街、民主街、生产街、和平街和南仓街。1953年，街道设立居民委员会。1958年9月，全县区、乡、镇、村建制，实行人民公社制，政社合一，红旗人民公社辖宜城镇。1959年1月，红旗人民公社改名为宜城公社，区划不变。1959年2月，宜城镇恢复为县直属镇。1959年10月到1960年11月，宜城镇辖4个公社（铜峰、十里牌、红塔、宜城），宜城镇为县直属镇。1960年12月至1967年12月，宜城镇为县直属镇。宜城镇辖4个公社（铜峰、新街、红塔、十里牌）。1968年11月，宜城区革命生产领导小组、宜城镇革命委员会相继成立。1975年7月，宜城区革命生产领导小组改为宜城区工作委员会。1981年7月，宜城镇革命委员会改为宜城镇人民政府。1982年，宜城镇下辖新华街、大同街、共和街、常胜街、建设街、民主街、生产街、和平街、氿滨新村、水上村。1985年，宜城镇行政区划分为11个居委会（氿滨、新华、和平、民主、水上、大同、共和、建设、生产、朝阳、常胜），共计202个居民小组、7个自然村。

1987 年，全镇共有 16 个居委会。①

2000 年 12 月，宜城镇城区设立城南、城北、城中 3 个街道办事处，下设社区有居委会，8 个城郊行政村成立相应的社区居委会，共设 44 个社区居委会，隶属宜城镇政府。2006 年 10 月，宜城撤镇建立宜城街道办事处，隶属宜兴市。社区居委会除民主和大同保留原区域不变外，其他均做出了不同程度的区域调整。②

截至目前，宜城街道办事处下辖沧浦、城东、长新（村、居合一）、谈家干（村、居合一）4 个行政村；溪隐、荆南、荆东、东山、岳堤、碓坊、荆溪、土城、城南、民主、和平、新华、大同、茶东、长新、下漳、宝东、东虹、阳羡、宝塔、北虹、宜北、城北、阳泉、曲坊、巷头、徐坝、谈家干、唐公、袁桥 30 个社区居委会，辖区面积为 45 平方千米，人口为 26.5 万人。

2. 宜市的社会与经济

宜市具有厚重的历史文化，历来是州治、郡治、县治。中华人民共和国成立后，成为县（市）党政机关所在地。自秦汉、魏晋，至明清、民国，历经风云、几多兴衰，其间出了众多相国重臣，将军大家层出不穷，多有仁人志士，留存众多遗址。发展到今日，拥有诸多名胜古迹，更有"一地二状元""一门五进士""三代六科八举人""叔侄二宰相""父子三翰林""九侯世家""一河两岸五宰相"的历史记载，荣誉不胜枚举。同时因拥有美丽的湖光山色，多位古代贤者、文人骚客到此游历，留下了许多唯美的诗词歌赋。据统计，中华人民共和国成立后，宜市籍在外乡贤中有两院院士、军事家、金融家、文学家、艺术家等，宜市人才济济、群星闪耀。民国时期的宜市籍教授在全国各大高校均有分布，宜市也被誉为"教授之乡"③。此外还有省、市级文物保护单位周王庙、太平天国王府、

---

① 杨晓方主编《宜城志》，方志出版社 2010 年版，第 33 ~ 37 页。

② 其中，撤销巷头村民委员会，设立巷头社区居民委员会和徐坝社区居民委员会；撤销下漳村民委员会，设立下漳社区居民委员会；设立长新社区居民委员会，与长新村民委员会合署办公（村、居合并）；设立谈家干社区居民委员会，与谈家干村民委员会合署办公（村、居合并）；东山居委会与荆阳居委会合并为东山居委会；城南居委会与汛滨居委会合并为城南居委会；和平居委会与茶西居委会合并为和平居委会；东虹居委会与阳东居委会合并为东虹居委会；宝塔居委会与中心居委会合并为宝塔居委会；宜北居委会与板桥、太滆、宜滨居委会合并为宜北居委会；城北居委会与金三角、西木居委会合并为城北居委会。

③ 杨晓方主编《宜城志》，方志出版社 2010 年版，第 1 页。

东仓桥等，还有众多碣石，非物质文化遗产异常丰富。

宜市地处沪、宁、杭交通的三角中心地带，与无锡、苏州相邻，水陆交通十分便利，因此商贸也异常兴旺。民国时期的太平年景，城内活跃着众多商家。古蛟桥的四条大街上开设着数百家商铺，批发零售等买卖十分火爆，是全县城的商贸中心。中华人民共和国成立后，除县级商业领导机构外，集中开设了国营、集体经营公司和百货商店等，规模宏大、种类齐全、资金雄厚，销售总额占据全县城首位，对县城商贸的发展起到了主导性作用。① 20 世纪 80 年代，县域城市现代化建设序幕逐步拉开，宜市对主要道路进行修建、拓建；对居民住宅进行改造、拆建。相继完成 21 条道路的新建和 11 个住宅新村的营建。同时，根据居民的需求扩大了邮政、电信、水、电、气等的规模。90 年代，随着经济的发展和住宅、交通等建设的加速，城区的规模也不断扩张，与之相配套的各项公用设施设备数量也得到了迅速提升。城市化总面积由原来的 4.4 平方千米扩大到 20 多平方千米；城市人口也由 4.2 万人增至 10 多万人，现代化城市的雏形初步呈现。② 步入 21 世纪，宜市城市设施建设发展更为迅速，大型广场、沿河景观逐步建成，示范住宅、商业用房拔地而起，现代化交通、通信设施设备相继竣工启用，宜市呈现现代化都市之貌。总之，宜市在人才、自然资源和区位条件等方面优势明显，投资环境不断改善。2013 年 7 月 1 日，宁杭高铁正式通车，"高铁效应"给宜市带来了新变化、新挑战、新机遇。

2015 年，宜市在全国百强县中位列第六，居民人均可支配收入为 31765 元，全市拥有工业企业 9306 个，工业销售收入为 2707.2 亿元；全年服务业增加值为 541 亿元；全年旅游总收入为 178.92 亿元。2015 年，宜市被选为省公共文化服务体系示范区，"均陶制作技艺"入选了"国家级非物质文化遗产代表性项目名录"。目前，全市拥有文化产业单位 1650 个，文化产业增加值为 45 亿元。③ 就宜街而言，撤镇设街后，街道全面提升传统服务业质量，积极发展现代服务业，加速发展现代城市经济。2007 年至 2009 年，实现地区生产总值为 110 亿元，财政收入为 39.7 亿元，对上贡献连

---

① 杨晓方主编《宜城志》，方志出版社 2010 年版，第 2 页。
② 杨晓方主编《宜城志》，方志出版社 2010 年版，第 2 页。
③ 徐永祥、徐选国主编《宜城模式：百强县域城市社会治理新常态》，华东理工大学出版社 2016 年版，第 21 页。

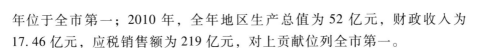

年位于全市第一；2010 年，全年地区生产总值为 52 亿元，财政收入为 17.46 亿元，应税销售额为 219 亿元，对上贡献位列全市第一。

3. 撤镇设街与社区转型发展

宜街作为宜市的城关镇，2006 年撤镇设街以来，通过各项举措进行着从经济型乡镇向服务型街道的转型。

2006 年 10 月，根据市委、市政府的文件精神，撤销宜镇设立宜街道办事处。撤镇设街使得街道办的职能设置、内部机构和人员得到了明确划分。办事处内设 8 个机构，分别是党政办公室、组织人事办公室、宣传统战办公室、经济发展办公室、城市建设管理办公室、社会事业办公室、综合治理办公室、财经办公室，核定行政编制 50 名，而事业单位则保留不变。[①]

撤镇设街后，社区建设作为一个全新的课题摆在街道工作人员面前。为了尽快适应工作体制的转变，街道党工委及时转变观念，将思维集中到建设和谐社区的工作上，把镇村管理模式转变为社区管理模式、生产型经济转变为服务型经济、集约型投资转变为效能型投资。2006 年，财政投入 1000 多万元，在街道开展"两中心"（行政事务管理中心、社区服务中心）建设，在社区开展"两工程"（硬件工程、软件工程）建设。[②] 同时增加社区建设经费，对居委会工作人员的工资奖金和社区办公、活动经费进行统一发放。通过"两工程"建设，所有社区都实现了"六室四站二栏一校一场所"的目标，达到市级和谐示范社区硬件建设标准。与此同时，街道不断加强示范类社区建设，更加全面地提升社区的形象。

近年来，街道主动适应经济发展新常态，加快顺应转型发展新要求，积极回应人民群众新关切，始终坚持以现代化的目标引领发展、以市场化的办法推进改革、以法治化的思维依法行政、以精细化的标准加强管理、以人本化的要求改善民生"五个化"的发展思路，大胆探索，强势推进社区治理体系建设和社区转型发展，促进宜街社区工作蓬勃发展。特别是 2015 年初，街道确立开展转型发展推进年、社会治理提升年、党建工作加强年"三个年"活动，引领各项社区建设工作。其标志性事件是街道在系统调研、科学论证的基础上专门出台了《关于加快社

① 杨晓方主编《宜城志》，方志出版社 2010 年版，第 448 页。
② 杨晓方主编《宜城志》，方志出版社 2010 年版，第 286 页。

区转型发展的意见》以及相关"1+X"配套文件，保障社区转型工作的顺利开展。

总之，在社区转型发展的过程中，宜街先后被中国社会工作联合会城乡社区工作委员会吸纳为"成员单位""常委单位"，并被评为"全国社区共建共享先进街道""全国学习型示范街道""全国城市社会工作示范街道""全国社区服务型党组织建设示范街道"。2009年10月，荣获民政部授予的"全国和谐社区建设示范街道"荣誉称号。截至2015年，宜街社区已全部创建成市级及以上和谐示范社区，其中国家级1个，省级19个，市级10个，为全市街道在社区转型发展上树立了榜样。

以上就构成了笔者的调研地——宜街的现实生态和时空场域。

第二章 "结构－主体－关系"视域下的国家与社会：一个观察的视角*

　　"国家与社会"缘于西方的政治哲学论争，争辩的焦点在于"社会先于国家"抑或是"国家高于社会"，洛克、孟德斯鸠与黑格尔开启先河。而随着市场经济的发展以及市民社会的崛起，米格代尔提出的"社会中的国家"又开启了"国家与社会"互动研究的新取向，将国家与社会的研究转向了一个全新的问题论域和发展空间。无独有偶，肖瑛也从"制度与生活"的视角进行了综合性研究尝试，研究具有启发性。21世纪以来，国家与社会的理论范式与方法进路又开始了新的整合性尝试，产生了一系列中观、微观角度的研究并逐渐实现了国家与社会研究中"宏观议题的微观切换"。特别是20世纪90年代以来，"国家与社会"的分析框架经由学者的引介而进入中国，正是由于这一分析范式与中国社会转型实际的高度契合，它迅速进入了众多学科学者的视域，短短几年就取得了丰硕的研究成果。① 党的十八大以来，在中国推进社会建设和社会治理的进程中，"国家与社会"的分析视角又快速捕获了"社会组织"② 领域的研究空间，并迅速成长为中国学术研究中的主导性分析视角。无疑，"国家与社会"已然成为一种具有特定内涵的理论分析框架，展开了对转型中国社会各领域的洞察，同时作为一种规范性的价值工具，尝试在现实中展

---

*　本部分的一些内容已经发表在《社会学评论》2018年第2期。具体可参见侯利文《国家与社会：缘起、纷争与整合——兼论肖瑛〈从"国家与社会"到"制度与生活"〉》，《社会学评论》2018年第2期。

①　有关"国家与社会"在20世纪90年代取得的学术成果，可参见郑卫东《"国家与社会"框架下的中国乡村研究综述》，《中国农村观察》2005年第2期；何海兵《"国家－社会"范式框架下的中国城市社区研究》，《上海行政学院学报》2006年第4期。

②　丁惠平：《中国社会组织研究中的国家－社会分析框架及其缺陷》，《学术研究》2014年第10期。

开对社会实体的积极建构和引导。

本部分以国家与社会学术脉络的阶段分期为主线，围绕"国家与社会"的知识生产，进行学术反思与对话，在批判性论述的基础上尝试进行创造性建构，以期为突破现有的研究瓶颈贡献学术力量，也为本书"居委会行政化"研究建构一种综合性的分析框架。

第一节　国家与社会范式的历史嬗变

从人类历史的进阶与思想史的演化来看，国家与社会关系的发展经历了前工业化时期从"一元论"到"二元论"的演化，工业化时期"对立性"与"同一性"的并存，以及后工业化时期"互动论"与"多元化"的争鸣三个明显的演化分期，具体如下。

一　前工业化时期：从"一元论"到"二元论"的演化

前工业化时期是一个泛指的时间概念，指涉从原始社会，经由奴隶社会、封建社会，一直延续到工业革命前的漫长人类历史时期。此一时期的整体特征为：工业化和城市化尚未发展，社会生产力水平极低，社会结构和经济结构都极为简单。国家与社会的关系在古希腊与古罗马的思想家眼里以朴素的"一元论"为主，直到中世纪随着国家与社会的分离才开始出现国家与社会"二元论"的萌芽。

1. 社会发展历程中的"国家与社会"

就社会的发展演化而言，原始社会中人类的生活方式以群居、游牧为主，国家尚未形成，社会的分工也以性别为主，分化极为简单，整个社会浑然一体，国家与社会处于原始的"同一"状态。随着私有制的出现，社会分化加剧，矛盾不可调和，最初的国家（城邦）开始出现，人类也由此进入了奴隶社会和封建社会。这一时期又可进一步细分为城邦时期和国家时期两个阶段。城邦时期，国家与社会职能没有明确的区分，社会生活就等同于政治生活，国家作为唯一的政权组织形式主导社会的一切活动，以战争（争夺土地和人口）为口实承担了社会领域内的一切职能和活动组织责任，呈现为国家（城邦）军事化、社会国家化的混沌状态，国家与社会实质上也是同一的。

随着相邻的城邦联合以及大小城邦的兼并，近代意义上的国家产生，社会也由此步入了封建时代。比如在中国，中央集权的统一的封建专制国家早在公元前 3 世纪就已形成，出现了"庙堂之高"和"江湖之远"的分化。但是封建专制国家中王权对社会持续控制，正所谓"普天之下，莫非王土；率土之滨，莫非王臣"，高度专断的王权（皇权）实现了对社会的垄断与全面控制。因此，从这一意义上讲，国家与社会虽有分野，但仍是同一的。

直到中世纪，国家与社会进一步分离，尤其是"教会"在国家政治和俗民生活之间出现、崛起，并作为一个独立的领域，推动了社会与政治组织的深度分化，这就为国家与社会的"二元论"思想的出现奠定了基础。

2. 思想演化进阶中的"国家与社会"

从思想史的发展来看，国家与社会的演化也经历了从"一元论"到"二元论"的转向，本质上既是对国家与社会同一的社会现实的理论映射，也反映了此一时期政治哲学家对"国家"与"社会"认识的模糊与思想研判的单一。一方面，正如上述的社会演化过程，在一个相当长的时期内，国家和社会没有明确的功能与边界区隔，国家侵入社会各个领域，承担了各项政治与社会的职能，客观上造成了古代政治哲学家观念的错乱与思想的模糊，进而一直没有搞清楚何谓国家和社会。另一方面，政治哲学家主观上的"误识"，也促成了国家与社会的"一元论"预判。作为"欧洲文明之子"的亚里士多德通过对这一时期形成的城邦国家的理论分析，提出了他的"国家理论"和蕴含国家与社会关系的经典论断——"人天生是一种政治性动物"①。他认为"国家就是社会，社会就是国家，国家是公民的国家，社会是国家的社会，两者是融为一体的；公务即私务，私务即公务，一个好公民必然是积极参与城邦事务的人"②，"'国家'（城邦）是'等同的人们'为了'达到最优良的生活'而结成的联盟，

①　〔古希腊〕亚里士多德：《政治学》，颜一、秦典华译，中国人民大学出版社 2003 年版，第 4 页。
②　王建生：《西方国家与社会关系理论流变》，《河南大学学报》（社会科学版）2010 年第 6 期。

是一种以实现'最高的善'为目的的最高而包含最广的社团"①。此即国家与社会关系最为原始的理论判断。

中世纪的神学家从国家与社会的分离以及教会的崛起中得到了思想上灵感，形成了初步的"神圣国家"与"俗世社会"的"二元论"。国家与社会关系也由此开启了"二元论"的新时期。

二　工业化时期："对立性"与"同一性"的并存

到了 18 世纪，发生了影响世界历史进程的两个重大事件。一是法国的资产阶级大革命以及思想启蒙运动，二是英国的产业革命以及随之而来的工业化。这两股浪潮一经产生，就以摧枯拉朽之势在西方社会开启了思想解放、工业化和城市化的社会进程。一时间，经济结构迅速分化，社会结构与分层结构也实现了多元化和复杂化，人们的思维结构也日趋开放和自由。此一时期，由于国家与社会各自的变化，以及外部因素的巨大影响，国家与社会关系也进入了"二元对立"的经典时期，市民社会是重要的表述载体。

1. 以启蒙思想家为代表的"社会本体论"

为适应资本主义发展的需要，反对封建神学成为理论界面临的首要任务，市民社会理论成为启蒙思想家们反对封建神学的重要武器。人们逐渐从中世纪的"神学"笼罩下走向了人性解放的新诉说，天赋人权、主权在民、分权制衡等话语成为启蒙思想家的叙事文本，也由此形成了国家与社会关系的新判断。

亚当·斯密最先从古典经济学的角度为近代意义上的市民社会理论提供了经济学上的论证和发生学理据。他提出了"看不见的手"的著名论断，认为"赋予经济活动以完全的、充分的自由，个人追求自身利益的活动在市场这只'看不见的手'的指导下会自然而然地增进全社会的利益。只要国家不干涉，个人就能最合理地利用自己所拥有的资源"。② 这就是说他主张作为经济领域的社会是独立于作为政治领域的国家存在的，市场的规律可以有效调控经济领域的活动秩序，实现"市场可能"命题，

---

① 李世书：《国家与社会关系的历史嬗变及其发展趋势》，《理论月刊》2005 年第 12 期。
② 王建生：《西方国家与社会关系理论流变》，《河南大学学报》（社会科学版）2010 年第 6 期。

个人只要遵循经济规律就可以实现社会领域的有序发展。这就对国家与社会的功能边界提出了新的论断，破除了"国家全能"神话。

启蒙思想家则从社会契约的角度为市民社会的存在张目。他们认为，国家与社会是两种根本不同的组织形式。就两者关系而言，社会先于国家而产生与存在，地位高于国家；国家是人们让渡权力、通过契约达成的结果，国家受社会的制约。其中，洛克关于国家产生的观点具有代表性。他认为，人类最初处于一种自然状态中（这是一种每个人都拥有自己的财产的"和平、自由、平等"的状态），[①] 人人依循"自然法"而行事，但是洛克也认为在原始自然状态下是缺少法律的，所有人都认可的公正的执法者和裁判者也是不可得的。因此，"在自然状态下，人们尽管享有种种权利，但是留在其中的情况并不良好，他们很快就被迫加入社会"，人们就会"各自放弃他们单独行使的惩罚权力，交由他们中间被指定的人来专门加以行使"。[②] 由此，形成了市民社会和国家。

由上可之，洛克认为市民社会是先于和外于国家的，实质上是市民社会决定国家，而非相反。国家对市民社会只有工具性的作用，是人们在契约基础上自愿让渡权力的结果。

2. 以黑格尔为代表的"国家本体论"

资产阶级革命推翻了封建专制统治，确立了资本主义生产关系在社会中的主导地位，在一定程度上实现了市民社会与政治国家的分离，进而为市民社会的发展提供了巨大的现实推力。在此背景下，18世纪末以黑格尔为代表的思想家一反启蒙思想家社会先于并决定国家的理论向度，提出"国家本体论"论断，也由此开辟了国家与社会关系的"国家中心论"研究方向。

黑格尔是第一个从思想史的角度系统提出国家与社会的二元化并加以论证的人。他在1821年出版的《法哲学原理》中系统地阐释了自己的市民社会思想。

首先，在方法论上，黑格尔将国家与社会的关系类比为普遍性与特殊性的关系，其中"普遍的是国家，市民社会则具有特殊性"，进而将普遍性和特殊性及其相互关系的分析理路，作为其解释国家和市民社会关系的

---

① 〔英〕洛克：《政府论》（下篇），叶启芳、瞿菊农译，商务印书馆，1964，第5页。
② 〔英〕洛克：《政府论》（下篇），叶启芳、瞿菊农译，商务印书馆，1964，第77—78页。

哲学依据和方法论基础。他认为，"市民社会是个人私利的战场，是一切人反对一切人的战场，同样，市民社会也是私人利益跟特殊公共事务冲突的舞台，并且是它们二者共同跟国家的最高观点和制度冲突的舞台"①。而国家是"伦理理念的现实——是作为显示出来的、自知的实体性意志的伦理精神"，"是绝对自在自为的理性东西"，②国家具有普遍的利益关涉，具有普遍性。因此，市民社会的目的是个人的权利和自由，而国家则是为了全民的利益而存在的，具有普遍性。

其次，就具体的观点而言，黑格尔的"国家本体论"思想包括三个核心论断。其一，国家具有普遍性，市民社会则指涉特殊性（如上所述）。其二，非对等统一中"国家高于市民社会"的原则。虽然国家与市民社会是可以相互统一的，但是他接着指出，国家与社会相互统一的地位并不是对等的，"只有国家才能有效地救济市民社会的非正义缺陷，并将其所含的特殊利益整合进一个代表普遍利益的政治共同体之中"③，这就意味着统一是非对等条件下的统一，国家具有至高无上性和功能先在性。其三，从价值论的角度看，黑格尔认为，国家本身就是目的，是价值所在，而个人和社会是为国家而存在的；个人的自由与权利、社会的存在与发展，只有在符合国家期望和目的时才可能是有意义的。他赋予了国家相对于个人与社会的"本体优先性"和"价值中心性"。④

由此观之，黑格尔认为，国家优先于社会，具有普遍性和目的性，国家是绝对的"真"，个人与社会是为国家而存在的，也只有通过国家才能实现存在的意义和价值。

3. 以马克思为代表的"对立统一观"

19世纪中叶以后，在欧洲工人运动的推动下，社会的阶级结构与矛盾结构都发生了巨大的变化，马克思在批判性地继承以往优秀思想家（尤其是黑格尔）的理论成果的基础上，创造性地提出了国家与社会"对立性"和"统一性"并存的论断。

就对立性而言，一方面，马克思通过对国家发生学的历史考据发现，国家不是从来就有的，也不是从外部强加于社会的，而是伴随着私有制的

---

① 〔德〕黑格尔：《法哲学原理》，范扬、张企泰译，商务印书馆1961年版，第309页。
② 〔德〕黑格尔：《法哲学原理》，范扬、张企泰译，商务印书馆1961年版，第253页。
③ 王建生：《西方国家与社会关系理论流变》，《河南大学学报》（社会科学版）2010年第6期。
④ 王建生：《西方国家与社会关系理论流变》，《河南大学学报》（社会科学版）2010年第6期。

出现而产生的，是社会在一定发展阶段的必然产物。马克思认为，"政治国家没有家庭的自然基础和市民社会的人为基础就不可能存在"①，恩格斯也在《家庭、私有制和国家的起源》中指出，"国家是社会在一定发展阶段上的产物"②。这一"阶段"是指，社会的发展陷入了不可调和的自我矛盾中，仅凭社会自身的力量难以摆脱当前的对立和矛盾。因此，为了缓和社会中的矛盾、经济利益上的冲突以及减少各类争斗，就需要一种独立并且可以凌驾于社会之上的力量把冲突限定在可控的范围之内。从历史角度来看，这一产生于社会、凌驾于社会之上并且与社会保持适当距离和张力的力量就是国家。③ 这就预设了国家与社会的关系只能是社会决定国家，而不是国家决定社会。另一方面，马克思也强调，虽然社会决定国家，但是国家一经产生就会作为一种外在于社会的力量而存在，具有独立性。

就统一性而言，马克思又回到了国家发生学以寻求国家与社会实现"统一"的证据。他发现，国家是历史的产物，具有过程性。起初为缓和阶级的对立和矛盾、维护社会秩序和公共利益，国家从社会中分离出来成为政治统治的工具，维持着社会的有序和良性运行。随着社会发展的成熟，社会主义乃至共产主义社会的到来，国家终将重新回归社会，实现与社会职能的协调一致，并逐步完成相互的转化与统一，这实质上就是国家消亡的过程。换句话说，国家就是为社会服务的，并将在历史进程中完成与社会的统一，这就是国家的生命历程。

马克思关于国家与社会"对立与统一"的论断，其实是其历史唯物主义和辩证唯物主义结合运用的成功范例。

三 后工业化时期："互动论"与"多元化"的争鸣

20世纪以来，随着后工业社会的来临，一切"结构化"的东西面临被"解构"的命运，引发了一系列新的转向与发展。经过工业化时代沉淀的国家与社会关系面临"重组"的思维革命，也变得更加扑朔迷离。

---

① 《马克思恩格斯全集》（第3卷），人民出版社2002年版，第12页。
② 《马克思恩格斯选集》（第4卷），人民出版社2012年版，第186页。
③ 转引自李世书《国家与社会关系的历史嬗变及其发展趋势》，《理论月刊》2005年第12期。

国家与社会，因其理论视域的广阔和分析维度的多元引发了政治学、社会学、管理学等众多学科的交叉与互动，在思维的相互激荡中呈现出多元化的动态争鸣与理论纷争。王建生将其概括为两个方面：其一，经典研究的延续，呈现"多元主义"和"找回国家"两个面向；其二，创造论述的建构，表征为"市民社会理论"和"国家限度理论"的有效补充，① 其中，作为"第三域"的市民社会是其最重要的表述话语与分析路向。

其中有代表性的研究者要属德国思想家尤尔根·哈贝马斯。哈贝马斯认为，市民社会是一种"私人自律领域"，该领域是由非国家和非经济的组织在自愿基础上构成的。此种类型的组织既包括教会、文化团体和学会，也包括独立的传媒、运动和娱乐、辩论俱乐部、市民论坛以及市民协会等，还涉及职业团体、政治党派、工会以及其他组织等。② 他接着指出，市民社会作为公共领域的基础，是独立于政治系统与经济系统的，具备六个方面的显著特征——公共性、私人性、多元性、法定性、开放性、共识性。③ 这些特征使市民社会能够通过公共领域的"有效沟通"形成"公意"，进而影响公共权力及政府政策，也可以借助沟通对话、民主协商的形式制衡专制、强权和资本的垄断，避免"生活世界的殖民化"。

哈贝马斯也通过直面当代资本主义发展过程中国家对经济社会干预增强的事实，从合法性的角度提出了国家与社会关系的新论断。哈氏从结构功能主义的视角出发，认为当代资本主义社会合法性危机的根源在于作为国家合法性基础的社会文化子系统的危机，而社会文化子系统的危机又源于当代资本主义市民社会的结构转型，即国家对市民社会干预的增加，生活世界不断被"殖民"。

由此可见，哈氏通过"沟通行为理论"和"公共领域的结构转型"实现了社会由"二元"到"三元"的过渡，开创了国家与社会研究的"互动"新范式。

此外，吉登斯的"第三条道路"的理论实际上也是在继承了哈氏社会"三元论"假设基础上的创造性新构。他从西方社会的福利危机中寻求突破，在对"新自由主义"和左翼批判理论进行系统梳理的基础上，

---

① 王建生：《西方国家与社会关系理论流变》，《河南大学学报》（社会科学版）2010 年第 6 期。
② 〔德〕哈贝马斯：《公共领域的结构转型》，曹卫东等译，学林出版社 1999 年版，第 29 页。
③ 马剑银：《从生活世界到公共领域：哈贝马斯公民社会理论的话语基础》，《中国非营利评论》2011 年第 1 期。

提出"以责任换服务"以及合作包容的治国理念，并在英国的治理实践中尝试建构一种国家与社会之间合作与互动的新态势。其主要做法是，鼓励市民积极参与政治生活，培养市民精神；积极发挥民间组织的主动性和能动性，以使其承担更多的社会治理职能，最终建立一种国家、市场与市民社会相结合的新型社会关系。

2004年，美国学者爱德华兹在《公民社会》一书中，系统梳理了已有的关于市民社会的研究，并将其概括为三个取向。其一，政治学结社取向的研究，将市民社会视为独立于国家和市场的、由各种类型的社会组织所构成的第三部门；其二，伦理学价值取向的研究，赋予市民社会"价值神话"的美好愿景，将市民社会视为具备社会资本和道德共识的美好社会类型；其三，社会学机制取向的研究，将市民社会视为达成善治的有效载体，把市民社会视为表达市民主体意识的公众协商、理性对话的公共平台。①

由此可见，经历了国家与社会关系的历史演变、后工业时期社会特征的形构以及学者的不断深耕，国家与社会迈向了"综合性"的理论尝试，呈现了"互动"与"多元"的理论争鸣局面，进入21世纪以来，国家与社会关系的研究不断累进，学科间的交叉互动、碰撞对话激发了国家与社会的新的想象力。而一旦我们走出"国家中心论"或"社会中心论"二元对立的窠臼，对国家与社会范式的理论和方法的想象空间就会得到极大的拓展。当然，这一过程尚未完成，还在继续。

第二节　当代国家与社会关系的新动向：治理理念的兴起与互动说的延续

20世纪后半期，随着新公共管理理论的风行，"国家与社会"范式得到学界和政界的高度青睐。从现实来看，在西方福利制度的演进中，"新自由主义"的政策私有化走到了现实的尽头，经过社会民主主义者的改造，开始借鉴新公共管理理论提出的富有启发性的公共治理理论。公共治理理论的提出，为国家与社会关系的流变提供了重要的智识启蒙，也由此

---

① 〔美〕麦克尔·爱德华兹：《公民社会》（上），陈一梅译，载王名主编《中国非营利评论》（第二卷），社会科学文献出版社2008年版，第110—142页。

开启了国家与社会关系的新纪元。

20 世纪 90 年代，联合国全球治理委员会对"治理"（governance）做出了明确界定，"治理就是个人和各种公共或私人机构管理其事务的诸多方式的总和"。詹姆斯·N. 罗西瑙（J. N. Rosenau）也在其代表作《没有政府的治理》中将治理定义为："一系列活动领域里的管理机制，它们虽未得到正式授权，却能有效发挥作用。与统治不同，治理指的是一种由共同的目标支持的活动，这些管理活动的主体未必是政府，也无须依靠国家的强制力量来实现。"① 特别值得一提的是，格里·斯托克（Gerry Stoker）对各国学者提出的治理概念进行系统梳理后，提出了治理的五个主要特点："（1）治理意味着一系列来自政府但又不限于政府的社会公共机构和行为者；（2）治理意味着在为社会和经济问题寻求解决方案的过程中存在界限和责任方面的模糊性；（3）治理明确肯定了在涉及集体行为的各个社会公共机构之间存在权力依赖；（4）治理意味着参与者最终将形成一个自主的网络；（5）治理意味着办好事情的能力并不仅限于政府的权力，不限于政府的发号施令或运用权威。"②

从诸多学者关于治理的界定与理解中，可以提炼出四个关键词——"多元""互动""过程""调和"，即治理意味着多元的主体（政府、市场、社会）围绕着共识性的目标（善治）进行互动、冲突、妥协与协调，在这一过程中，涉及对"过程"的强调、对"调和"（和谐）的倡导、对"多元"（主体）的兼顾以及对"互动"的关切。在治理理念下的国家与社会的关系，将"不再是中央集权，而是权力的多元分散；不再是由国家全权再分配，而是依据市场原则的效率管理；不再是由国家一元'指导'，而是国家和私营部门的通力合作"③。国家在承认个性化、多元化的基础上，通过与社会的合作与互动——沟通、对话、谈判、协商、妥协、让步——达成良好合作，有序分工、功能互补，实现社会的良性运行。治理理念代表了一种与传统的国家"自上而下"的单向统治明显不同的新的国家与社会关系的调整理路，典型地体现了一个由国家和社会所

① 〔美〕詹姆斯·N. 罗西瑙主编《没有政府的治理》，张胜军、刘小林等译，江西人民出版社 2001 年版，第 5 页。
② 〔英〕格里·斯托克、华夏风：《作为理论的治理：五个论点》，《国际社会科学杂志》（中文版）1999 年第 1 期。
③ 俞可平主编《治理与善治》，社会科学文献出版社 2000 年版，第 6 页。

构成的权力网络的复杂互动过程，本质上是国家权力向社会的回归，代表国家与市民社会之间形成一种良好合作关系的可能。①

由此观之，治理作为一个重要的外在变量的嵌入，引发了国家与社会各自领域的变迁、各自功能的转变以及彼此关系的调整。在治理的视域中，国家与社会关系结束了数世纪以来的"二元对立"格局，国家社会化与社会国家化互为累进，国家与社会彼此交叉、互为补充，在持续的分工、合作、融合与调适中不断走向新的、更高的阶段。其中具有代表性的研究就是米格代尔的"社会中的国家"以及肖瑛"制度与生活"的建构性努力。

一 社会中的国家：迈向国家与社会的综合性分析范式②

《社会中的国家：国家与社会如何相互改变与相互构成》（*State in Society*：*Studying how States and Societies Transform and Constitute One Another*）是乔尔·S. 米格代尔继 1998 年《强社会与弱国家》经典著作之后的又一重要著作，延续了一贯的"国家与社会"理论关切，从时代脉络的发展中进行学理思考，批判性地分析了诸多学者关于国家的学说以及国家与社会关系的论述，并通过过程导向的研究，创造性地提出了"社会中的国家"这一综合性的分析范式。主要涉及两个方面的方法论创新。

其一，重新认识"利维坦"：米格代尔的国家观。米格代尔在对韦伯"国家"定义进行批判性论述的基础上，给出了自己关于"国家"的一个新定义："国家是一个权力的场域，其标志是使用暴力和威胁使用暴力，并为以下两个方面所形塑：（1）一个领土内具有凝聚力和控制力的、代表生活于领土之上的民众的组织的观念；（2）国家各个组成部分的实际实践。"从上述定义可以看出，米氏通过引入布迪厄的"场域"概念，将国家视作一个权力角力的场域，在这一场域中实现了对暴力的合法和象征使用，并且从观念和实践两个层面进行了国家的建构与形塑。一方面，超越了对国家的狭义理解，扩展了对国家的想象空间；另一方面，实现了严

① 郁建兴、周俊：《论当代资本主义国家与社会关系的变迁》，《中国社会科学》2002 年第 6 期。

② 本部分的部分内容已发表在《社会学评论》。具体可参见侯利文《社会中的国家：迈向国家与社会的综合性范式——评乔尔·S. 米格代尔〈社会中的国家：国家与社会如何相互改变与相互构成〉》，《社会学评论》2016 年第 6 期。

谨建构国家，延续了国家的完整图谱。观念（尤其是集体想象与国家认同）往往导致集中和趋同，而实践则趋于异质与多样。国家的观念诱使人们去感知国家各个部分之间的高度整合以及彼此行为的高度一致性，是趋同性的力量，发挥整合社会的功用。观念具有"双重边界"，在疆域上是有边界的，以领土边界为表征，在与社会的区隔上也是有边界的，以公私的不同为标志。实践则可能强化或是削弱国家的观念，呈现一种明确的、碎片化特征，意指多种表现类型，以及关于什么是正确行为方式的规范。米格代尔实际上提出了认识"国家"的两个视角。第一，国家是一种强大的观念，强调其整体性，它界定清晰、高度统一，且能够被单一的措辞所言说；第二，国家是一系列松散联系的实践碎片，是对整体观念国家的解构，强调实践性，它异质模糊、丰富多样，只能通过多元、矛盾实践以及各个不同部分之间的联合互动与比较被认识。①

其二，国家与社会的互构关系模式。正如米氏所言，"20世纪50年代和60年代最早期的理论中存在一个奇怪的现象，即在讨论国家－社会关系时根本没有提到国家。国家更多的是个假想概念而不需要解释"。②国家被想当然地假定为"当然的存在"，并且随着社会的变化而不断调整着自己的边界，被想象成"大传统、城市社会、现代部门或者中心"③，进而国家与社会的关系就被演化为"中心－边缘"模型。在《社会中的国家：国家与社会如何相互改变与相互构成》一书中，米氏详细评述了解释秩序与变革的"中心－边缘"二分模型中存在的某些根深蒂固的西方偏见，以及该模型运用于非西方社会时所遭遇的"名实不符"，进而顺理成章地提出了自己的国家与社会关系模型——社会中的国家，这一模型将社会描述为一个社会组织的混合体，而不是一个二分的结构，国家与社会的关系在该模型中就被转换为"为实现社会控制而进行的决定性的斗

---

① 〔美〕乔尔·S.米格代尔：《社会中的国家：国家与社会如何相互改变与相互构成》，李杨、郭一聪译，江苏人民出版社2013年版，第23页。

② 〔美〕乔尔·S.米格代尔：《社会中的国家：国家与社会如何相互改变与相互构成》，李杨、郭一聪译，江苏人民出版社2013年版，第45页。

③ 〔美〕乔尔·S.米格代尔：《社会中的国家：国家与社会如何相互改变与相互构成》，李杨、郭一聪译，江苏人民出版社2013年版，第45页。

争"① 过程。正如米氏在书中所言，"近代历史上的居于中心地位的政治和社会剧本其实就是国家理念和其他意图不明的社会组织（它们很好地涵盖了国家自身的某些部分）之间针对社会应该如何管理这个问题的斗争"②，国家与社会之间的相互作用是一个持续存在、变化的过程。在这一过程中，"国家不是固定不变的实体，社会也不是。它们共同在相互作用的过程中改变各自的结构、目标、规则以及社会控制，它们是持续相互影响的"③。并且他认为国家与社会的互动与博弈经常出现的情况可以进一步归纳为四种类型。第一类，国家与社会关系的完全转型。"国家的渗透导致地方社会力量的消亡或顺从，从而建立起国家的统治。"④ 第二类，国家吸纳（incorporation）社会。国家改变策略与方式，通过"向一个竞技场注入新的社会组织、资源、符号和力量，使其能够利用现有社会力量和符号来建立一种新的统治模式"⑤。第三类，现存社会力量对国家的吸纳。米氏认为，"在这一类型中，国家成分的存在刺激处于主导地位的社会力量的调解，但是没有使统治模式发生根本改变。或者在有些情况下，国家介入的新情况的确产生新的统治模式，但是在其中晋升到主导地位的却是新兴的非国家力量"，结果反而是作为"国家成分的组织和符号被社会力量所利用"。⑥ 第四类，国家无法渗透社会。在这种类型中，"国家向社会渗透的企图会彻底失败"，"国家对地方竞技场没有介入或缺乏介入导致国家对社会几乎没有转变作用"。⑦ 在做了这一类型化的研究之后，他进一步指出，"在现实中很少有实际案例接近这两种极端的理想化类

① 〔美〕乔尔·S. 米格代尔：《社会中的国家：国家与社会如何相互改变与相互构成》，李杨、郭一聪译，江苏人民出版社 2013 年版，第 59 页。

② 〔美〕乔尔·S. 米格代尔：《社会中的国家：国家与社会如何相互改变与相互构成》，李杨、郭一聪译，江苏人民出版社 2013 年版，第 51 页。

③ 〔美〕乔尔·S. 米格代尔：《社会中的国家：国家与社会如何相互改变与相互构成》，李杨、郭一聪译，江苏人民出版社 2013 年版，第 58 页。

④ 〔美〕乔尔·S. 米格代尔：《社会中的国家：国家与社会如何相互改变与相互构成》，李杨、郭一聪译，江苏人民出版社 2013 年版，第 131 页。

⑤ 〔美〕乔尔·S. 米格代尔：《社会中的国家：国家与社会如何相互改变与相互构成》，李杨、郭一聪译，江苏人民出版社 2013 年版，第 131 页。

⑥ 〔美〕乔尔·S. 米格代尔：《社会中的国家：国家与社会如何相互改变与相互构成》，李杨、郭一聪译，江苏人民出版社 2013 年版，第 131 页。

⑦ 〔美〕乔尔·S. 米格代尔：《社会中的国家：国家与社会如何相互改变与相互构成》，李杨、郭一聪译，江苏人民出版社 2013 年版，第 132 页。

型；多数都是中间两种类型的变种；在这两种类型中，国家成分和社会力量相互改变，它们也可能通过深入另一方而使彼此的完整性受到影响"①。这就意味着米氏关于国家与社会关系的研判已经实现了由"强与弱"的对立二元向"相互构成"的互构性转变，国家与社会的边界在相互改变中趋于模糊，我们只能在动态的、流变的态势中去把握国家与社会的真实。社会中的国家从动态的、过程的、建构的角度对国家与社会的关系做了全新的解读，避免了以往"国家中心说"或是"社会中心说"中所存在的单向度解释，深化了对复杂社会现实的认识和理解。

总之，米格代尔通过《社会中的国家：国家与社会如何相互改变与相互构成》向学术界建构了一种新的研究构思和关于国家与社会关系研究的新途径，这一研究路径为比较政治学中存在的老问题提供了新答案，也为社会学中的经典研究议题（国家与社会关系）开辟了新的想象空间，具有重要的范式累进意义。

其一，社会中的国家建构了国家与社会研究范式的非渐进变迁的历史断裂，实现了范式的创新，这是具有思维革命性意义的创新。区别于以往国家与社会关系研究中的"单向思维"（"国家中心说"和"社会中心说"），米格代尔在社会中的国家中从两个方面实现了研究范式的创新。一方面，方法论意义上"国家观"的提出。对应本书上述的分析，米氏将国家与社会作为一个机构混合体，抛弃了国家的实体观和整体论，将国家作为观念意义上的"整体"和实践意义上的"碎片"，从而预设了国家与社会关系的多样性、动态性和不确定性。从现实中国家的有限性出发，发展到对"过程"的高度关注，无疑具有革命性的意义。另一方面，在理论追溯与实践梳理的基础上提出了国家与社会互动的可能"连续统"，详细梳理了国家与社会互动过程中可能出现的（理论和实践）结果，这些结果归纳在一起就是国家与社会关系的"知识谱系结构"。这一"连续统"的两个端点分别对应了国家与社会关系发展历程中的"社会中心说"与"国家中心说"，而"社会中的国家"则对应着"连续统"的中间形态，这就实现了国家与社会关系从"二元对立"到"互嵌互构"以及由"静态结构分析"到"动态过程展演"的转变。正如《社会中的国家：国

①　〔美〕乔尔·S. 米格代尔：《社会中的国家：国家与社会如何相互改变与相互构成》，李杨、郭一聪译，江苏人民出版社 2013 年版，第 132 页。

家与社会如何相互改变与相互构成》一书的中文版校者张长东所言，米格代尔借由社会中的国家分析路径，"呼唤一个动态的、过程取向的研究方法。这样的方法能够突破静态比较只能研究单向的、静态的因果关系的局限，更好地处理社会科学里面的内生性问题"①。也正是这样一种动态性的、过程性的研究方法使得国家与社会相互改变与相互构成的研究成为可能。由此米氏展开了自己关于国家与社会关系的综合性的尝试，向学术界倡导了一种理解国家与社会关系的全新的、动态的、过程导向的模型，也实现了国家与社会研究的非渐进性变迁中的历史断裂，将国家与社会关系的研究推向了一个新的视域，颇有"放之四海而皆准"的意味，② 也为笔者的新构提供了重要的启发。

其二，社会中的国家实现了国家与社会研究方法的综融，进行了过程视角下宏观理论分析与微观经验比较相结合的尝试。米格代尔应用"社会中的国家"这一过程导向的研究路径，以第三世界国家能力的强弱不同为设问点，综合运用纵向历史比较与横向国家建设实践经验等展开了对"国家"的理论梳理与经验研究。从政治发展中的微观个体变迁到第三世界的宏观国家转型，对国家构成中的文化主义、结构主义、理性选择主义以及历史制度主义的精准洞察与抽丝剥茧，彰显了作者深厚的理论功底和巧妙的研究思路。其对"过程性"的强调以及对"互动"的聚焦成就了《社会中的国家：国家与社会如何相互改变与相互构成》所具有的理论洞察力以及方法综融性。恰如米格代尔所言，"在这本书中，我的重点在于过程，即研究在变化着的联盟中针对日常行为规则的持续斗争。这些过程决定着社会与国家如何创造和保持各种不同的日常生活的建构方式——即统治人们行为的规则之本质"③。"社会中的国家，这一方法使研究者注意国家与社会彼此之间分组整合及其合纵连横等互动过程，以及国家试图控

① 〔美〕乔尔·S. 米格代尔：《社会中的国家：国家与社会如何相互改变与相互构成》，李杨、郭一聪译，江苏人民出版社 2013 年版，第 3 页。

② 当然，社会中的国家具有重要的理论效度和现实解释力，在政治学界产生了重大的影响。在笔者看来，社会中的国家引领了国家与社会关系研究的新动向，在宏观思维解构中具有革命性的意义，但是，尚不足以成为普遍适用意义上的理论视角，尤其是在中国的国家与社会关系的研究中尚需要更多的实践检验和中观理论层面上的分析框架的佐证，这也预示了国家与社会关系研究的拓展空间，也构成了笔者建构国家与社会关系的新的综合性分析范式的努力方向。

③ 〔美〕乔尔·S. 米格代尔：《社会中的国家：国家与社会如何相互改变与相互构成》，李杨、郭一聪译，江苏人民出版社 2013 年版，第 11 页。

制、影响的社会群体之间的互动过程。"① "国家既以整体的形式又通过其组成部分与其他因素互动，并在这种互动中被建构或重构、发明或重新发明。国家永不停止改变。"②

其三，社会中的国家拓展了国家与社会的研究实践，实现了认识论上的创新。具体指涉两个方面。一是打破了国家与社会互动中的"强社会与弱国家"抑或"弱社会与强国家"的零和博弈假说，提出了国家与社会是可以相互强化实现正和博弈的，这就为现实中国家与社会良性互动提供了认识论上的基础。二是过程性的视角也预设了不确定性和多样性的存在，为国家与社会关系研究在中观层面的推进提供了启发。③ 将研究者和政策改革家的关切聚焦在国家与社会的互动博弈的过程中，关注的问题在于国家的构成、社会的形式以及国家与社会的相互改变和相互构成，进而概念化了国家与社会的关系。

总之，米格代尔致力于国家与社会关系的研究，在反思和对话的基础上，看到了韦伯式国家观的"简化论"倾向，进而以经验研究为基础，建构了一个全新的国家定义，并提出了独一无二的"国家观"。同时结合过程性的视角，从方法论的角度建构了"社会中的国家"分析路径，开启了国家与社会关系研究的新纪元。"社会中的国家"既不是简单的"社会先于国家"抑或"国家规训主导社会"的简单二分法，也不是机械的、静态的"国家与社会的良性互动"，而是在历时脉络和动态变迁中的关系实践过程。从这一意义上讲，"社会中的国家"也烙刻有吉登斯式的尝试，是为了破除国家与社会的二元对立、国家与社会的整体性、一体化假设，既非"社会中心说"，也非"国家中心说"，而是国家与社会相互作用与相互改变的"二重性"过程。同时，国家与社会的互动实践还是一种随着时空、场域的转换而不断变化的"关系实践"。

---

① 〔美〕乔尔·S. 米格代尔：《社会中的国家：国家与社会如何相互改变与相互构成》，李杨、郭一聪译，江苏人民出版社 2013 年版，第 24 页。
② 〔美〕乔尔·S. 米格代尔：《社会中的国家：国家与社会如何相互改变与相互构成》，李杨、郭一聪译，江苏人民出版社 2013 年版，第 24 页。
③ 这其实也是米格代尔《社会中的国家：国家与社会如何相互改变与相互构成》带给我们的一个重要的研究启示。但此启示现在看来似乎并没有被学者们多次利用和拓展。在笔者看来，这可能是深化"社会中的国家"理论范式现实关切的重要方向。

二 制度与生活：制度嵌含和国家与社会关系的日常化

就中国场域而言，"国家与社会"作为一个极富张力与效力的研究视角引入中国，是与中国社会的改革与转型相伴而生的。一方面，社会的转型（尤其是发生在基层社区的变化）为国家与社会范式在中国得以运用和验证提供了广阔天地，国家与社会的范式获得了来自东方社会的佐证与完善；另一方面，国家与社会范式的引入也使在中国大地上发生的巨变得以被解读，人们对此产生了理性认识和学理知识，反过来国家与社会知识范式的引进作为目的性的示范也形塑了现实中学者对国家与社会关系的认识，并引发了实践中的改革，进而规范与影响了中国社会的深入转型。前者表现为一系列学者研究成果的呈现和累进；后者则表现为国家与社会知识范式对现实社会改革的规范价值，对"社会"成长的倡导与引领。

党的十八大以来，在中国推进社会建设和社会治理的进程中，国家与社会视角由于与中国社会转型高度契合而迅速成长为中国学术研究中的主导性分析视角。但通过对相关文献的系统梳理发现，国家与社会的视角在中国的运用更多地聚焦在规范层面，张昱和焦志勇将其归纳为两大倾向：其一，把"国家"与"社会"作为整体进行研究，国家与社会二分，边界清晰；其二，将"国家"与"社会"作为实体的场域进行社会学的想象。[1] 但是这些研究缺少分殊的视角，缺乏对事件及发展过程的应有关注，对于当下中国百年未有之大变局难以有效描述、解释和预测，难以捕捉到国家与社会关系的日常真实性。这就需要进行理论的反思，找寻替代的可能。肖瑛就是在这一背景下展开对国家与社会关系的理论反思的。[2]

第一，反思与论辩：国家与社会的性质界说。从字面意义上讲，国家与社会的研究，涉及"国家"与"社会"关系的研判，其预设就是关于"国家是什么，社会是什么"的基本判断。而对这一基本判断的认识明显受到人类思维方式和想象结构的左右。对"国家"与"社会"的实体论

---

① 张昱、焦志勇：《统治　治理　自治：国家与社会关系视角》，《社会建设》2015 年第 2 期。

② 肖瑛：《从"国家与社会"到"制度与生活"：中国社会变迁研究的视角转换》，《中国社会科学》2014 年第 9 期。

和整体论判断是早期实证主义社会科学家的基本思维方式。在这一思维方式下，其一，预设了两个范畴，即"国家"与"社会"。这两个范畴都被想象成"虚构的存在"，而且是一种均质的实体和系统，具有内在的统一性和外在的独立性，有独特的内部构成和运作逻辑。其二，构建了一个模型，即关于"国家"与"社会"两个范畴关系的判断。与人们思维结构中的"二元论"相对应，国家与社会的关系就被演绎为"国家"实体与"社会"系统的二元对立，"社会中心说"与"国家中心说"就是其学理表征。

后实证主义引发了人们思维结构的变迁，社会系统论与整体论也遭到了学者的质疑。"国家"整体与"社会"系统也面临"被解构"的风险。同样，国家是什么？社会在哪里？再次成为学术上的"难题"。"国家中心说"与"社会中心说"也因为其实证主义的系统论基础而遭到批判。

就"国家"解构而言，米格代尔在对韦伯的国家定义批判的基础上，提出了认识"国家"的两个视角（这可以从上述的定义中看出）。① 这就意味着国家具有观念上的整体性和实践中的多样性，但绝不是一个均质的实体，忽视国家的层级性、多样性和复杂性，我们对国家与社会互动的认识以及国家能力的判断都将是片面的、单一的和被遮蔽的。

对"社会"系统性的强调也经历了同样的质疑，迈克尔·曼（Michael Mann）开启先河。曼在 *The Source of Social Power* 一书中提出，社会多呈现为"多重相互叠压和交织的权力的社会空间网络"② 形态，进而完成了对一元、整体的社会系统的否定。肖瑛认为"社会不再是一个边界明确、纲举目张的统一体，而是由各种'行动者网络'③ 构成，多中心、充满矛盾和张力"④，社会是一个充满张力和角力的复杂的场域。换句话说，社会的构成是极度复杂的、瞬息万变的。任何对社会的单一想象和静态言说是不能达致对社会的准确把握的。尤其是身处后现代解构主义

① 〔美〕乔尔·S. 米格代尔：《社会中的国家：国家与社会如何相互改变与相互构成》，李杨、郭一聪译，江苏人民出版社 2013 年版，第 23 页。

② Michael Mann, *The Source of Social Power*, Vol. 1, Cambridge University Press, 1986, pp. 1 – 2.

③ Bruno Latour 从"行动者网络"的角度提出了对"社会"的重新认识。

④ 肖瑛：《从"国家与社会"到"制度与生活"：中国社会变迁研究的视角转换》，《中国社会科学》2014 年第 9 期。

的思潮中，社会更是变得扑朔迷离、难以描摹，唯一可行的就是在对过程的关注中把握"流动"社会的复杂性与多面性。①

　　因此，从认知结构的变迁中去进行针对"国家"与"社会"主体性的反思与辨识，是我们重新认识、理解和看待国家与社会关系的一种重要策略。而肖瑛"制度与生活"视角的提出就是这一策略的结果。

　　第二，替代性视角的提出：从"国家与社会"到"制度与生活"。肖瑛的努力可以概括为两个方面。一是方法论角度的批判，对"过程－事件"分析方法与"结构－制度"分析方法以及"多元话语分析"方法在国家与社会关系研究中的效度进行了批判与整合；二是内容维度的新构，对既有的实证研究聚焦于宏观制度变迁，而相对忽视或是将深层次的文化机制变迁模糊化操作进行了钩沉，并从常人方法学的案例透视中汲取灵感，创造性地提出了"制度与生活"的分析路径。

　　就该分析路径的基本内涵，肖瑛阐释如下。"'制度'指以国家名义制定并支持国家的各级各部门代理人行使其职能的'正式制度'（formal institutions）。'生活'指社会人的日常活动，日常生活（everyday life）既是实用性的、边界模糊的（如各种偶然出现或权宜性地生产的利益、权力和权利诉求及应对策略和技术），又是例行化的、韧性的［如托克维尔用以表征一个社会基本情感结构的'民情'（mores）及各种'非正式制度'或曰'习惯法'］。"② 就具体的分析内容而言，肖瑛指出了"制度与生活"关系的三个方面。其一，"制度"并非完全宰制。国家的层级化所导致的"道德风险"以及"制度缝隙"的存在，为生活的逻辑和实践的策略的侵蚀提供了成长的机会空间。其二，"制度"与"生活"的相互嵌入与形塑。制度与生活并非简单的对立关系，制度一经形成就以改造和规范生活为己任，但是这一改造浸淫于生活的改造。这一逻辑上的"先在性"就构成了制度实践者意识中的"行为惯习"和"前见"，进而使得改造显得扑朔迷离。其三，"制度"的策略应对。面对"生活"的销蚀，"制度"的实践必然是策略性的。它既可以依托自身的"合法性"（正式性）来吸纳非正式生活中的"积极因素"，将其建

---

① 鲍曼用"流动性"来概括现代性的多变。其实，社会也处于流动中，从而产生流动社会的认识，过程性是一个有效的视角。而这也构成了笔者下文建构分析范式的一个重要出发点。

② 肖瑛：《从"国家与社会"到"制度与生活"：中国社会变迁研究的视角转换》，《中国社会科学》2014 年第 9 期。

构为自身的一部分，从而实现制度的优化；也可以通过消极回避的策略来维持自身的"名存实亡"和"象征存在"，等待着制度的更新换代。

此外，肖瑛认为，上述制度与生活复杂局面的呈现，本质上是由制度代理人以及生活实际参与者的异质与复杂决定的，而处于正式制度与生活领域之间的，正是各类正式制度的代理人与生活实践的实际参与者。① 这样，制度与生活的互动就演化为行动者对正式制度与习惯法的身体化实践过程。这一过程中，"不同的行动者会对不同的制度做出情境性和权宜性的解读和援引，行动者彼此之间的互动，以及同一行动者心智结构间的碰撞抑或是无意识的共存等不同制度间的纠缠，必然会引起制度本身的改变、行动者间权力关系态势的变动以及与之相适应的行动者的认知的再生产，进而在制度和民情两个层面上推进社会变迁"②。因此，行动者就成为"制度与生活"互动与交织的真正承载者，也正是通过行动者主体的引入，"国家与社会"的关系被行动者所置身的"制度与生活"所替代，宏观的视角实现了微观上的"切换"③与非连续性的链接。这样，肖瑛通过沿袭吉登斯结构化理论所提用的丰富想象力，将国家与社会的系统论想象还原为实践中的分殊，既脱离了国家与社会二元论的窠臼，也通过回归生活和找回实践的尝试，将日常生活实践与宏观社会结构变迁进行了链接，为探究社会结构变迁的微观动力机制提供了一种有效的解释，④实现了从"国家与社会"到"制度与生活"的转变。

第三，回归生活的努力与启示。制度与生活通过以具体的制度实践为分析蓝本，以事件为中心的条分缕析来洞察宏观制度的起源、变迁与操作，在实践中展开与其他制度丛以及不同生活主体的相互形塑。其启示意义具体指涉两个方面，对行动者的找回以及对回归生活的强调。就前者而

---

① 肖瑛认为，正式制度的代理人就相当于韦伯笔下的"官员"，而生活主体则是日常生活中正在经历和过活的现实中的"人"。

② 肖瑛：《从"国家与社会"到"制度与生活"：中国社会变迁研究的视角转换》，《中国社会科学》2014 年第 9 期。

③ 笔者这里使用的是"切换"，而不是肖瑛文中的"转换"。这是因为笔者认为，国家与社会同制度与生活是层次不同、性质相异的理论范式。"转换"意味着联系性和平稳性，而"切换"则表征断裂性与突兀性。也正是在这一点上，"制度与生活"对"国家与社会"的替代显得不是很成功。行动者在"制度与生活"的分析路向中在某种程度上是被忽视或是弱化的。

④ 肖瑛：《从"国家与社会"到"制度与生活"：中国社会变迁研究的视角转换》，《中国社会科学》2014 年第 9 期。

言，在制度与生活范式中，行动者成为真正意义上的分析对象，在一定程度上缓解了制度与生活之间的总体性紧张关系。制度与生活的关系实践就是以行动者——正式制度代理人和生活主体为中心的实践过程。这一实践过程具有两个重要面向：一方面，行动者通过各种策略的权变性应用创造形式以迎合正式制度的要求，是被动合法化的过程；另一方面，行动者采取变通、非正式运作的方式，运用生活中的资源进行各种形式的"日常反抗"以与正式制度进行博弈协商，是主动合法化的过程。正如肖瑛所言，"正式制度与生活领域的关系必然具象化为浸淫在不同正式制度与民情以及习惯法中、有着不同生平的行动者之间的互动"。①

就后者来说，对日常生活实践回归的强调使国家与社会关系的论说空间发生了切换，使"从'国家与社会'到'制度与生活'"在某种程度上成为可能。制度是正式的制度；生活是非正式的民情与习惯法。制度与生活实质上是生活化的"制度"或是制度化的"实践"。其实，从理论的性质来看，国家与社会属于宏观层面的理论，制度与生活则是针对国家与社会单一维度上的操作化②，属于微观层面的解释。宏观理论旨在提供思维向度以启迪社会学的想象力，微观理论则重在解释与分析社会现实，具有较强的现实对应性。从理论性质上看，国家与社会已成为认识转型社会的一个重要理论工具，制度与生活则开启了"从主体到规则（制度）"的研究转型。

第三节　结构－主体－关系：国家与社会关系的分析维度

米格代尔提出"社会中的国家"，从"过程"的视角进行了国家与社

---

① 肖瑛：《从"国家与社会"到"制度与生活"：中国社会变迁研究的视角转换》，《中国社会科学》2014 年第 9 期。

② 这个"单一维度"，指的是"制度"。而之所以说是"单一维度上的操作化"，是因为在肖瑛看来，制度是正式的"制度"；生活则是非正式的"制度"。这样国家与社会的关系在某种程度上就被置换为正式制度与非正式民情之间的关系，而在针对制度（变迁）的分析中，行动者是很容易被悬置或是弱化的。这构成了笔者进行"制度与生活"范式修正的思考前提。

会关系综合性研究的尝试，肖瑛也从中国社会转型的宏观布局与微观实践中展开了综合性研究的努力，提出了"制度与生活"这一替代性视角。但困囿于理论研究中对"国家"与"社会"界定的不清晰、不确定，学者们的对话与研究的呈现也是"见仁见智"，理路上的纷争使论说中的共识难以形成，针对国家与社会关系的研究也尚未形成一种具有综合性、分析性的综融范式。

既然国家是层化的，社会是丰富的，那么国家与社会的关系就必然是多样的、动态的和不确定的，进而也是任何单一的理论范式都难以准确描摹的。"社会中的国家"的尝试也好，"制度与生活"的努力也罢，其实提供的也只是一个一般性的切入点和分析框架，其具体的应用也要结合具体的社会背景和实践场域建构相应的分析维度，演绎出具体的理论命题。而这才是实现"国家与社会"范式转变的关键之所在。理论难题的悬而未决①，现实实践的复杂多样，决定了我们对国家与社会的认识只能是阶段性的和具体的；而现有的卓有成效的研究则启示我们以行动者为分析对象，通过对特定场域中具体"事件－过程"的深描可以获得关于国家与社会现实状貌的基本判断。这就意味着要获取对于国家与社会的认识，我们需要建构更具整合性的具体的分析路径。在柯林斯看来，推动社会科学发展的适当方式是对"结构现象"进行"微观转译"（micro translation），对宏观议题进行"降维"处理，进而在经验层面进行理论的验证与推进，这也是实现理论创新的一个重要路径。② 因此，在借鉴前人研究的基础上，笔者聚焦于行动者在国家与社会制约下所展开的实践过程，从结构、主体以及关系的维度对国家与社会的关系展开研析。

一 结构之维：制约与促动

结构是在吉登斯观点意义的基础上使用的。吉登斯认为，"结构作为

---

① 这里主要指的是关于"国家"与"社会"是什么的基本判断在学术界仍是一个尚未得到很好解答的学术难题。

② 参见刘晓峰《我国乡镇干部行为的情境与过程——以 Q 镇政府为例》，博士学位论文，南京农业大学，2011 年，第 42 页。

被反复不断地组织起来的一系列规则或资源"①，是在社会生产与再生产过程中反复涉及的规则和资源的序列。规则，作为建构性的程序，总是与特定的实践紧密交织在一起，体现着社会互动所遵循的基本"方法性程序"，确保了结构的存续。此外，规则必然涉及对资源（通常是稀缺的）的配置。而资源主要指涉的是社会实践的生产与再生产过程中可资利用的各种物质的以及各种非物质的东西，行动者正是通过对资源的占有与争夺实现了对彼此的支配与权力实施。吉登斯认为，"资源是权力得以实施的媒介，是社会再生产通过具体行为得以实现的常规要素"②。因此，不能脱离资源来抽象地谈论规则，也不能悬置规则来静态地分析资源。"只有那些与制度化实践的再生产紧紧联系在一起的规则才是重要的。"③ 制度化实践再生产的结果就是各种结构的形成。而行动者的关系实践过程就是在结构的制约下对各种规则和资源的策略性运用的过程，而策略性运用也可能对结构产生形塑与影响。此即吉登斯"结构二重性"的意涵。这就是说行动者在结构约束下的关系实践过程中体现了一种二重性，社会生活中结构性特征既是实践的中介，也是实践的必然结果。结构具有制约性和促动性的双重属性。一方面，相对于行动者而言，结构先于行动者而存在，不以行动者的意识为转移，具有客观的制约性；另一方面，结构也是存在于行动者思维惯习中的客观化的行为惯习，具有促进行动的作用。

本书中的结构指涉的主要是在国家治理实践中存在的一系列规章制度和资源构成。制度，既包括以国家名义制定并在各个层次实施的规章制度，也包括隐藏在民间的各种民情与习惯法等非正式的制度；资源则指涉各种物质的以及以非物质形式存在的，可以使行为主体占据支配地位获取权力（权威）的资源。同时，在对国家与社会关系研究中我们还需在二重性的意义上对结构展开分析。结构是一种关系的构成，也是以行动者互构的形态而存在的。因此，我们要从动态的角度对结构化的过程进行探析，也要从功能的角度关注结构性获得的内在机理。

---

① 〔英〕安东尼·吉登斯：《社会的构成》，李康、李猛译，生活·读书·新知三联书店1998年版，第89页。

② 〔英〕安东尼·吉登斯：《社会的构成》，李康、李猛译，生活·读书·新知三联书店1998年版，第77—78页。

③ 〔英〕安东尼·吉登斯：《社会的构成》，李康、李猛译，生活·读书·新知三联书店1998年版，第86页。

二 主体之维：策略与理性

主体即行动者，指国家与社会的各类代理人以及日常生活的实际参与者。从根本上讲，国家与社会的互动并不是结构的互动，而是具体行动者的互动，行动者是国家与社会关系的基本承担者。也只有通过对行动者关系实践的策略进行深描，国家与社会的关系才能获得来自实际经验的佐证（或证伪）。对于中国国家与社会关系的研究而言，不仅互动的主体，即行动者的身份是不确定的，而且互动的过程所涉及的规则和资源都是不确定的和权变的。更为重要的是，不同的行动者会依据情势的不同对不同或相同的制度做出情境性和权宜性的诠释和援引，这就导致互动的发生过程也是不确定的，即国家与社会关系在中国的高度复杂性，正是国家与社会在不同场域中的代理人的异质性，以及不同的行动者在不同的实践情势中位置资源、行动策略、话语选择以及意识倡导的不同组合与诠释导致的。特别是"国家的象征性与层级性"、"社会的模糊性与虚置性"以及国家与社会边界的"粘连与不清晰性"等都导致主体辨识的困难以及关系研判的不确定。

本书中的主体主要指涉在一定场域中存在的各类行动者与实践者。它可以是个体行动者、准组织，也可以是社会团体与社会组织，还可以是政府各个层级的组织以及政党组织等。而且更为复杂的是，主体可能因为所处的"互动情景"与"关系场域"的不同而出现"双重代理"与"模糊身份"的情况。这就预示了离开一定的分析场域、互动情景和特定的主体，国家与社会关系的呈现将变得不可捉摸。

三 关系之维：实践与过程

关系指的是主体在实践展开过程中所呈现的状态。通俗一点讲就是不同的主体在关系场域中的强弱悬殊对比与互动过程展演。主要指涉关系实践过程中行动者的策略考量，其关注的重点在于行动者是如何策略性地利用规则和资源的，如何采取权变的策略以在彼此的互动中占据有利位势，取得支配地位的。一方面，关系是主体之间的关系，是嵌入一定的结构态势的，具有一定的稳定性和情境性。另一方面，关系是过程性的、动态的、流动的，关系的呈现过程就是国家与社会关系的再展演与再生产过程。由此，关系之维就把国家与社会的关系嵌入动态的过程中进行研判，有助于我们走出国家与社会非此即彼的二元对立的窠臼。但需要说明的是，国家与社会的关系一方面具有模式化关系的形态（结构性的特征方面），另一方面又是由一系列具体的互动实践活动所构成的。所以，行动者的维度不能代替结构维度的分析，国家与社会的综合性分析范式的尝试必然要实现这两种视角的互补，[①] 而且要镶嵌到关系实践的路径中进行。

本书中的关系之维主要指涉两个路向。其一，主体之间的关系实践与过程；其二，结构与主体间的关系策略与技术。关系维度的引入，有效地链接了"结构"与"主体"之维，实现了对"结构－制度"分析与"过程－事件"分析的有机整合，也在更为中观的层面实现了宏观议题的微观链接。

实际上，"结构－主体－关系"分析框架是对"国家与社会"研究范式进行整合性分析的尝试。一方面，实现了国家与社会关系研究的具象化和可操作化，从更为中观和微观的层面上研究国家与社会的关系；另一方面，融合了"社会中的国家"范式以及"制度与生活"视角对过程性的重视以及对回归生活的强调，通过微观的主体实践、中观的关系互构以及宏观的结构展演，实现了对"结构－制度"分析与"过程－事件"分析的综融，对静态视角与动态维度的关注，以及对宏观结构与微观行动（者）的把握，具有重要的分析性价值与意义。

第四节 迈向国家与社会的整合性分析范式

国家与社会关系的发展经历了前工业化时期的"一元论"到"二元论"的演化，工业化时期的"对立性"与"同一性"的并存，以及后工业化时期的"互动论"与"多元化"的争鸣，在几千年的历史流变中，呈现出多变的特征。学者们围绕它的深耕也产生了丰富多彩的理论洞见和思维路向，彰显了极高的理论效度。其中主流始终是国家中心说和社会中

---

① 唐利平：《国家与社会：当代中国研究的主流分析框架》，《广西社会科学》2005年第2期。

心说，而治理理念的兴起则引起了国家与社会关系的新变化，米格代尔在前人研究的基础上提出"社会中的国家"，开创了国家与社会关系研究的新纪元。

但是一旦进行了论域的切换和情景的新构（比如社会中的国家在中国场域中的"适用性"问题），社会中的国家就可能会遭遇效用上的"折扣"和方法上的挑战。从效用论的角度看，社会中的国家可能存在将国家与社会复杂的活力与互动过度简化的风险，也可能因忽视源自西方经验的各种预设而出现范式的"悬浮"与"套用"，或者是因为中国独特的历史进路与丰富的治理实践而出现范式的"失灵"与"危机"。从方法论的角度看，一方面，社会中的国家对国家间的比较过于宏观，而且实践中的研判可能因忽视源于西方经验的各种前提预设而对现时期中国的社会治理实践难以准确描摹；另一方面，社会中的国家更偏重于宏观的"结构－制度"分析，失于实践层面的微观洞悉，以致忽视了国家与社会互动的丰富内容与复杂面向，难以解释转型期中国国家与社会关系的多维度性、实体的延展性与实践的复杂性。

中国学者肖瑛虽通过回归生活、找回行动者的尝试，建构了"制度与生活"的范式，实现了对被国家与社会视角所遮蔽的中国社会变迁复杂机制的认知，具有重要的方法论启示意义，但是正如上述的分析所言，单一维度的操作化能否被用来替代国家与社会研究视角所昭示的理论向度，这是尚需进一步考量的议题。正如肖瑛所言，"制度与生活提供的只是一个一般性的切入点和分析框架，其具体运用应该是基于具体的社会背景建构相应的分析维度"①。尽管如此，肖瑛对制度与生活关系实践在宏观社会变迁以及微观分析进路方面的研析，也为宏观层面的国家与社会关系研究提供了重要的分析路向，提醒了我们在进行国家与社会互动研究时应该注意的方面。

其一，国家与社会"关系性质"的研判方面。主要指涉以下几点，第一，国家统合中的社会的不断成长以及对国家与社会关系的影响。第二，社会空间的成长与发育，其方式可以是"制度破坏""制度转换"等。第三，国家的控制与吸纳。一是国家可以通过汲取社会的成长力量来

---

① 肖瑛：《从"国家与社会"到"制度与生活"：中国社会变迁研究的视角转换》，《中国社会科学》2014 年第 9 期。

进行自我反思和自我变革，遵循吸纳的逻辑。二是国家控制的逻辑，捍卫自身的权威，也维持其在整体上的强有力。第四，社会的"变通"游走于行政与自治之间，对此空间的权变策略和关系实践的研究等。

其二，对国家与社会互动过程的复杂性的认知。国家与社会互动过程的复杂性，正是国家与社会本身的层级性、复杂性，国家与社会的各自不同代理人的异质性，以及不同的行动者在不同的实践情势中行动策略、话语选择以及意识倡导的不同组合与诠释导致的。因此，国家与社会就会出现错位使用和相互嵌套解释的局面。一方面，作为"社会"中的一员，行动者会因完成任务的情势需要而援引国家正式制度与规范；另一方面，作为国家在基层的"代理人"，行动者也会因势选取社会中存在并实际发挥作用的非正式民情与习惯法来实现国家方略的"软着陆"。

因此，为实现对国家与社会关系具体态势、真实状貌的认知，我们建构了"结构－主体－关系"三维分析进路以实现对国家与社会关系的整合性操作化解析。从方法论取向上看，该进路融合了"主体－关系"和"策略行动"以及"过程－事件"的视角。一是可以避免运用国家与社会分析框架时出现的单向度制度解释倾向，以及可能出现的将"国家"与"社会"这两个分析单位做"整体化"和"实体化"处理时掩盖的分别发生在"国家"与"社会"内部的差异、分歧、冲突与互动。二是通过对具体实践过程的展演，借助于对社区场域中事件过程的现实描摹，在动态中揭示事物的隐秘部分——国家与社会关系的具象化，不仅可以将微观行动研究难以整合的行为模式包括在内，而且以往在宏观分析的国家与社会关系框架下被遗漏的影响因素也可能被呈现，而这些因素或许在很大程度上主导了国家与社会的互动实践（将国家治理转型作为自变量，分析其对国家与社会关系的影响也是一个很好的研究切入点。尤其是国家治理转型的不断推进对社会产生的影响，以及社会层面上正在发生的变化背后所蕴含的国家与社会关系变化的研究）。

就本书的研究议题——基层场域中的国家与社会关系而言，笔者所提出的"结构－主体－关系"分析框架实现了"社会中的国家"（关系）和"制度与生活"（结构）在居委会（主体）载体上的融合，在一定程度上实现了宏观国家与社会关系与微观主体互动实践的链接，有助于拓展国家与社会关系的想象空间和激发学术生命力。具体可以概括为两个命题。一是将居委会作为国家在基层的"代理人"，作为国家政权建设的主要载体，国家的政策、指令以及福利等都需要借助居委会这一平台实现与社区居民的对接，并且在不同时期国家呈现了不同的统合策略与技术，笔者称之为"国家统合论"；二是社区作为国家与社会相遇的空间场域，在居委会这一主体上展开了博弈与角逐，并且当国家与社会共同作用于居委会时，居委会面对不同的互动对象（国家与社会）也呈现了迥异的策略实践与行动逻辑，但共存于其中的是资源的争夺与空间的博弈，本质上都展开了"政治"的过程，笔者视之为"政治过程论"。这两个命题是相辅相成的，一方面是国家自上而下的融入与统合；另一方面是居委会作为主体的应对与关系实践。前者侧重于"结构"维度的国家与社会关系；后者聚焦于"关系"维度的主体实践过程。

此外，居委会在历史时空中的缘起、形成与演变，以及在此基础上形成的行为惯习所组成的"历史命题"则构成了居委会行政化的背景逻辑。因此，历史惯性、国家统合以及社区主体实践就构成了笔者在国家与社会视域中分析居委会行政化的三个维度，即本书的核心内容构成。

第三章　转型时期国家与社会：
以社区居民委员会为主体的
历史洞视*

　　20 世纪中国社会变迁之深刻莫过于 1949 年以来国家权力对基层社会的改革与统合，[①] 而处于国家与社会之间的居委会无疑成为透视这一过程的最佳观测点。[②] 实际上，对一个事物或是现象的认识，必须解决的一个问题就是它从哪里来。因此，在对居委会的理解和认识中，"历史"视角的引入就成为必然。

　　已有学者对居委会的历史变迁进行了较为系统的描述性研究，[③] 但对居委会作为基层重要的组织载体与国家政权建设的互动过程，以及国家与社会关系真实形态所塑造与影响的居委会行政化过程则缺乏应有的关注。也就是说以往关于居委会历史变迁的研究多聚焦于居委会在历史时空中的线性发展，而没有关注历史作为"场域"和"空间"变量的互动性，即将居委会置于国家政权建设的脉络中、嵌入"国家与社会"的关系场域去解读的研究相对不足，这就造成了对居委会现状，特别是居委会行政化

---

*　本章节部分内容已经发表在《浙江工商大学学报》2019 年第 1 期。具体可参见侯利文《国家政权建设与居委会行政化的历史变迁——基于"国家与社会"视角的考察》，《浙江工商大学学报》2019 年第 1 期。

① 陈辉：《新中国成立 60 年来城市基层治理的结构与变迁》，《政治学研究》2010 年第 1 期。

② 侯利文：《基层社会治理中的"国家与社会"：变迁、现状与反思》，《华东理工大学学报》（社会科学版）2016 年第 4 期。

③ 具体可参见桂勇、崔之余《行政化进程中的城市居委会体制变迁——对上海市的个案研究》，《华中理工大学学报》（社会科学版）2000 年第 3 期；郭圣莉、高民政《1958—1966：居民委员会功能的变异与恢复——以上海市为例的历史考察与分析》，《上海社会科学院学术季刊》2002 年第 3 期；郭圣莉《社区发展中的城市基层群众自治组织及其制度再造——改革开放以来上海市居委会发展研究》，《复旦政治学评论》2003 年社会科学一辑；郭圣莉《国家与社会的博弈空间——创建初期的居委会的社会属性及其国家化》，《中国研究》2006 年第 2 期；余冰《街坊变迁——城市社区组织的国家性与社会性》，人民出版社 2012 年版。

现象解读的"片面观"①。概而言之，既有的研究存在以下不足。其一，史多于论。已有的研究对居委会的历史嬗变进行了详细的"谱系学"研究，但大多史多于论，对居委会行政化在历史脉络中的"发生"关注不够，对居委会行政化过程与国家政权建设过程的"互动协变"研究不足，对国家与社会关系中的居委会行政化过程分析不足，这就造成了对居委会行政化历史面相的片面解读。其二，对居委会自治性的片面化想象。认为居委会从历史中产生的自治属性逐渐被行政化了，进一步形构了人们对找回居委会自治性、实现居委会去行政化的"改革预期"，也由此生成了"居委会自治性"的改革神话，进而造成了现实中的居委会去行政化②。实际上这就是对居委会自治性历史缘起的"想当然"和"不自觉"，对这一历史变迁过程存在的误识和片面化想象造成的困局。这种困局亟须被打破。

由此，本章主要任务就是对居民委员会生成的时空背景、历史由来以及发展演化的进程进行深描，并结合有关的历史文献档案资料以及不同时期的法律文本说明其演化的特征与内含的国家与社会关系的变迁，即对居委会历史研究的"前推"。实际上居委会的产生具有重要的传统惯性，而现有的研究则割裂或者说忽视了新中国成立之前的基层组织惯习与载体对居委会产生的重要影响和形塑，以及对居委会行政属性的有力塑造。本章以国家政权建设与居委会行政化历史变迁的"互构协变"为核心主线，致力于回答两个问题：其一，国家政权建设的过程逻辑是怎样的？其二，这一建设过程对居委会行政化产生影响的过程是如何展开的？经历了怎样的阶段性变迁？

第一节 国家的逻辑：从保甲制到居民委员会

一 历史与由来：作为基层行政性组织的保甲制

保甲制是我国特有的地方制度，有悠久的历史渊源。在周朝的时候，

---

① 这一"片面观"就构成了学界和实践中居委会去行政化改革的重要"前提依据"，造成了居委会在"去行政化"改革中的低效循环。

② 侯利文：《去行政化的悖论：被困的居委会及其解困的路径》，《社会主义研究》2018 年第 2 期。

保甲制度已萌芽，但"保甲"这一名词的出现源于北宋的王安石变法，旨在通过在基层社会编织的"以保甲为经、宗族为纬"的上达州府、下至乡邻的紧密统治网，维护封建剥削制度，是巩固封建专制统治的封建政权乡村基层机构，也是近代以前封建专制统治者控制乡村社会的重要手段之一。① 明朝中后期广泛实行，到清代发展完善，基本形成了"王权不下县，县下唯宗族，实行保甲制"的中央与地方分治的权力格局。直到20世纪初清末"新政"的实行，保甲制才开始出现松动，并逐渐被具有现代意义的地方自治体制所取代。

下面以清代的保甲制与里甲制为例，来说明这一基层社会统治制度的内部构成与运作逻辑。

清代（特别是前期）为弥乱固本、安定民心，乡治结构总体上承袭明制，没有太大变化。乡村治域中共存的各种类型的组织样态，如里甲、保甲、牌甲等组织称谓混存、名目繁多。但就其功能而言，大多名异而实同，粗略划分可归于里甲制和保甲制两类，两者相互补充，共同发挥了乡村治理功能。

《大清律例》规定，百一十户为里，一里之中，推丁粮多者为长；里下为甲，甲设甲首；"岁役里长一人，甲首十人，管涉一里之事，里甲每五年编审一次"②。从里甲制的实际运行来看，其基本的职责在于编造赋役册籍、调查催办钱粮，本质上是一种徭役与田赋合二为一的制度设置。1712年，以康熙五十年（1711）的人丁数作为征收丁税的固定数，以后"滋生人丁，永不加赋"，即废除了新生人口的人头税，而只以土地田亩作为征税的唯一标准，地丁钱粮也基本保持不变。雍正时期在此基础上推行"摊丁入亩"。作为管理人员的里长除了管理里中的自治性事务（管摄里事）之外，还需协助官府办理地方公事（勾摄公事），里甲也不仅仅只是原来意义上的里社组织，事实上已承担了基层社会行政管理的职能。③这就意味着里甲这一基层组织获得了官府与宗族的双重认可与授权，扮演双重角色，联结了官府与村域。

此外，清廷在实行里甲制的同时，还积极推行保甲制。据《清朝文

① 罗远道：《试论保甲制的演变及其作用》，《中国历史博物馆馆刊》1994年第1期。

② 林代昭、陈有和、王汉章：《中国近代政治制度史》，转引自朱宇《19世纪中叶至20世纪中叶中国乡村治理结构的历史考察》，《政治学研究》2005年第1期。

③ 朱宇：《19世纪中叶至20世纪中叶中国乡村治理结构的历史考察》，《政治学研究》2005年第1期。

献通考》载："顺治元年，置各州县甲长，总甲之役。户给印信纸牌一张，书写姓名、丁男口数于上，出则注明所往，人则稽其所来。面生可疑之人非盘诘的确，不许容留。十户立一牌头，十牌立一甲头，十甲立一保长。若村庄人少不及数，即就其少数编之。无事递相稽查，有事互相救应。"① 由此可见，保甲制通过"熟人社会"的制度安排重在稳定地方秩序、保一方平安，保甲是作为基层治安组织出现和发挥作用的。保甲制发挥作用的机制是，在保甲的范围内，"府州县卫所属乡村，十家置一甲长，百家置总甲，凡遇盗贼、逃人、奸宄、窃发事故，邻右即报知甲长，甲长报知总甲，总甲报知府州县卫，核实申解兵部"②，形成"人人皆为警察，共同锄奸防盗"的局面，达致"保甲行，而弹盗贼，查赌博，谙奸宄，均力役，息武断……无一不善"③ 的局面。

由此观之，清初的统治者以"双轨制"来管理乡邻，既以里甲来保证赋役征收，又通过保甲来实现秩序安定。但在实际执行中，保甲与里甲在地理区域上重叠而致使两者相互渗透成为常态，无法严格区分。尤其是随着清中期"摊丁入亩"的实行，彻底废除了西汉以来的人头税，将人头税并入财产税，结束了地、户、丁等赋役混乱的现象。由于征税的对象变成了土地，政府放松了对户籍的控制，从而增加了大量可以自由流动的劳动力。为加强对社会中流动劳动力的管理，保甲制也因时发生了历史性蜕变，保甲最终取代里甲成为承担综合性职能的基层社会行政组织。④

此时的保甲已成为基层社区的行政性组织，可通过保甲制发挥的功能以及开展的工作窥见一斑。朱宇的研究指出，保甲制作为清统治者治理乡村的最主要职役系统，其职能作用可以概括为三个方面。⑤ 其一，弥息事

---

① 《清朝文献通考》卷 22《职役二》，转引自朱宇《19 世纪中叶至 20 世纪中叶中国乡村治理结构的历史考察》，《政治学研究》2005 年第 1 期。

② 《清朝文献通考》卷 21《职役一》，转引自罗远道《试论保甲制的演变及其作用》，《中国历史博物馆馆刊》1994 年第 1 期。

③ 彭鹏：《清朝经世文编》卷 74《保甲示》，转引自罗远道《试论保甲制的演变及其作用》，《中国历史博物馆馆刊》1994 年第 1 期。

④ 朱宇：《19 世纪中叶至 20 世纪中叶中国乡村治理结构的历史考察》，《政治学研究》2005 年第 1 期。

⑤ 具体可参见朱宇《19 世纪中叶至 20 世纪中叶中国乡村治理结构的历史考察》，《政治学研究》2005 年第 1 期。

端，维护乡村治安。这可以从保甲长的主要职责规定中得到佐证。关于保甲长职责，黄六鸿在《福惠全书》中详细记载如下："一、甲长掌管十家之稽查，按日于日暮持簿，向各户稽查本日以前各项内之犯过，或男子夜出未归，或留宿面生之人，均查明确实，登簿存查；如系应报甲者，即行察报，以凭拿究，通同容隐者并罪。二、守棚瞭望巡更伏路之人夫，由甲长庄保等公同拨派，如人夫违犯法令，擅离时刻，偷安误事者，许即严察察究，通同容隐者并罪。三、本庄有警，甲长即率伍壮堵御；邻庄有警，亦同此例。倘迟延误事，及不到者并罪；甲长容隐不举者同罪。四、凡本甲内客店，俱须查明登簿，如马匹器械，以及货物执行；夫脚者，立即盘查，不许容歇；如形迹可疑，一面兜拿飞报，违抗者并究。五、定更后，禁止夜行，如生产急病请延医之类，经甲长验明给与夜行牌，方准放行，回时即将牌缴回。倘有捏造索牌，次日指名察报，以凭拿究，甲长容隐者并罪。六、本县信签（符檄）传到时，该甲长保正应即率伍壮，依限飞驰，遵照信签所注处所，集集调遣；倘敢延误者，处死不贷。七、凡甲长稽查、拨派、传习、教演，以及奉行一切保甲公事，倘敢藉端需索分文，立拿查究追给，仍倍罚不贷。"① 其二，身份转变，承办公差。据载，"身充保甲，即属在官人役。其所辖村庄一切事物，地方官悉惟该役是问"②。这就意味着保甲长已经不是一般意义上的老百姓了，是被赋予了官方色彩的"在职人员"。因此，协助县官处理保甲范围内的一些行政事务就成为保甲长应尽的职责而非义务了，这就实现了地方精英的"体制化"。其三，整合乡域伦理资源，教化管治村民族众。清廷是作为"外族人"以武力入关而夺取天下的。统治者深知要稳固邦本，也要充分利用汉人的文化礼仪、典礼制度来加强自己的统治。因此，以"忠孝节义"为核心的思想伦理以及以"乡规族约"为内涵的乡域秩序就成为清政府必须倚重的资源，而保甲组织就顺理成章地成为清政府渗透和控制社会的重要组织依托。

概而言之，从以上论述以及一系列关于保甲制的研究中可以发现，保甲制功能主要有三：其一，治安警卫；其二，赋税户籍；其三，征兵理

---

① 黄六鸿：《福惠全书》卷21，周保明点校，广陵书社2018年版。
② 档案《朱批奏折·内政·保警》，乾隆二十二年十月二十七日方观承奏，转引自朱宇《19世纪中叶至20世纪中叶中国乡村治理结构的历史考察》，《政治学研究》2005年第1期。

讼。因此，从任务的性质来看，保甲作为基层行政性组织的属性当属无疑。

而且保甲的这一性质也可以从笔者在宜市档案局查阅到的一本民国时期关于保甲的著作——《江苏保甲》① 中得到印证。其中第一章"绪论"中指出，"保甲是依一定的方式，将散漫的民众加以严密的组织，成为一种有系统的地方政治组织。保甲既是地方政治组织，那就是一种地方政治力量。这种力量用之于防卫也可，用之于教化也可，次用之于经济建设以及其他一切的事业，亦无不可；换言之，保甲的功用，可以管可以教可以养可以卫；再充其量而言之，可说保甲是推行一切政令的工具"。

二　过渡与恢复：警察新制与保甲制的复兴

1901 年，清末"新政"集中在"新学"和"警政"之上，开启了"近代政治体制改革"的进程，对乡村社会结构产生了重要的影响。其标志性事件就是清政府颁布的《城镇乡地方自治章程》（以下简称《章程》）。《章程》提出，要废除传统的保甲行政区划而推行警区分划和地方自治。但不久清王朝即在内忧外患中走向覆灭，城镇乡"自治运动"无疾而终，城镇乡自治亦宣告终止。但新政中提出的自治区域与警区制，却被其后的民国政府承继下来。从翰香通过对近代华北县级政权之下的乡级组织的演变历史的考察，并结合具体的县志史料，将从晚清到民国的乡村

---

① 《江苏保甲》全书由十章加附录构成，详细地介绍了保甲作为一种制度的历史由来、发展变迁、组织构成以及业务内容，对了解和研究保甲制具有极其重要的参考价值。具体章节如下：第一章"绪论"，由"保甲的意义、保甲制度的沿革、保甲与新县制"三节构成；第二章"本省举办保甲的经过"，由"抗战以前、抗战期间、复原以后"三节构成；第三章"保甲与乡镇"，由"乡镇的构成、乡镇长的产生及其职权"两节构成；第四章"保甲的编组"，由"编户成甲编甲成保、户长及保甲长的产生、甲户长姓名表的填造、户长及保甲长的任务、保甲长的任期及办公处"五节构成；第五章"户口的清查"，由"清查户口的目的、清查户口的方法、清查后的统计、绘制略路图"四节构成；第六章"联保连坐"，由"联保连坐的作用、具切结的手续、连坐的责任"三节构成；第七章"保甲规约"，由"协定保甲规约的手续、保甲规约的内容、执行保甲规约的方法"三节构成；第八章"管制民有枪炮"，由"清查、登记、烙印、给照、管理"五节构成；第九章"编训壮丁"，由"壮丁队的组织、壮丁队的训练"两节构成；第十章"保甲会议"，由"保民大会、保务会议、户长会议及居民会议"三节构成；附录《江苏省各县清查户口整编保甲施行细则》。由此可见，其章节的构成本身就例证了保甲作为基层行政性组织的事实。

权力结构演变的历史过程概括为三个阶段，即"19 世纪保甲制与里保制的并行，1900—1928 年的区董警长制的主导，以及 1929 年以后的区长制盛行"。① 由此观之，清末民初的乡级组织处于复杂多变之中，但大体上仍有迹可循，即由警区向自治区（或称行政区）过渡。在这一过程中，国家政权对乡级组织的控制逐渐加强，本质上是国家政权不断建设的过程。

南京国民政府建立以后，为标示其对"国父"遗志的继承，进而树立其自身统治的合法性，于 1928 年 9 月相继颁布了《县组织法》《县自治法》等一系列自治法规，试图以山西村治经验为蓝本在全国推行乡村自治制度。但转眼即至的"内忧外患"② 迫使其逐步放弃了自治的理想，转而求助于更为现实有力的基层社会控制与动员体制。这时国民党就把目光转向了历史中已有的制度资源——保甲制。但需要注意的是国民党对保甲制的恢复与重构存在明显的阶段分期，③ 其一，新县制实施前的区署保甲制；其二，新县制实施后的区乡保甲制。④

在新县制实施前，国民党将传统社会中的保甲制加以改造，形成了此时期区署保甲制。其基本的组织架构是"以户为单位，十户为一甲，十甲为一保，一乡（镇）编制有五保以上者设立联保，十保以上为乡（镇），乡（镇）以上则设区"⑤，这样整体的社会结构便呈现出"县—区—联保—保—甲"的纵向新格局。就人员构成与机构设置看，甲有甲长，保有保长，联保则设联保主任，乡（镇）则设乡（镇）长，区有区长；甲长、保长、联保主任设有办公处，而乡（镇）设乡（镇）公所，区有区署。就其职责要求而言，《剿匪区内各县编查保甲户口条例》规定，"十户为甲，十甲为保，联保连坐"。联保连坐实际上是一种强制性的绑定机制。联保，即责任的绑定，指各户居民之间实行联合作保，相互

① 从翰香主编《近代冀鲁豫乡村》，中国社会科学出版社 1995 年版，第 57—58 页。
② "内忧"指的是天灾人祸的不断发生以及共产党力量崛起所带来的威胁；"外患"主要指的是世界性的经济危机和"九一八"事变后日本的入侵所造成的忧患。
③ 更为详细的分析，请参见武乾《南京国民政府的保甲制度与地方自治》，《法商研究》（中南政法学院学报）2001 年第 6 期。武乾从保甲制与自治之间的关系入手，将国民政府此一时期保甲制的实施情况分为四个阶段。
④ 关于区署保甲制与区乡保甲制的区别，可参见李伟中《南京国民政府的保甲制新探——20 世纪三四十年代中国乡村制度的变迁》，《社会科学研究》2002 年第 4 期。
⑤ 朱宇：《19 世纪中叶至 20 世纪中叶中国乡村治理结构的历史考察》，《政治学研究》2005 年第 1 期。

担保不做违法之事。连坐，即惩罚的绑定，指甲内如有一家违法，他户必要告发，如不举报，甲内各户将连带获罪。[1] 从职责功能来看，保甲组织秉持"管、教、养、卫"[2] 并重原则，本质上是国民党政府加强对人民控制和监管的一种管控机制，具有鲜明的军事化、专制化特征，是保障其大地主、大资产阶级利益的基层支柱。

随着抗日战争相持阶段的到来，民众要求"宪政"的呼声也愈加高涨，国民党适时推出"纳保甲于自治"的新县制，试图挽救其政治上的合法性和战争中的主动权。新县制的基本架构是，县以下设区、乡（镇）、保、甲四级行政建制。其中区设区署，由下属的建设委员会和警察所组成；乡（镇）设民意机构、执行机构［乡（镇）公所］和审议机构［乡（镇）务会议］；保有保民大会；甲设户长会议（自治属性与民主选举的意味较为强烈）。[3] 由此可见，新县制下的区乡保甲制基本上克服了区署保甲制所存在的层次混乱、权责不清的弊端，而且各种社区组织与民众组织的出现也标示了治理主体多元化的趋向。正如朱宇所言，"战争相持阶段的新县制最明显的政治意图就是实现保甲与基层自治制度两套自治体系的耦合，以使其互为表里、充分融合"[4]。

由此观之，国民政府在 20 世纪三四十年代对传统保甲制的"恢复"并非简单的复制与找回，也非机械的照搬与援用，而是嵌入现代化的国家政权建设进程，体现在国家（政党）权力对乡村社会统合不断加强的历史过程中。

三　废弃与新设：从保甲制到居民委员会

1949 年，随着新的国家政权的诞生，旧的国家政权组织形式走向了

---

[1] 王云骏：《民国保甲制度兴起的历史考察》，《江海学刊》1997 年第 2 期。

[2] "管"，即户籍登记，清查户口，监视居民，制定保甲规约，推行联保连坐；"教"，即进行"党化"教育；"养"，即向保甲内之居民摊派名目繁多的保甲经费，征收捐税；"卫"，即强征壮丁以及当地警务、搜查缉捕等。转引自陈辉、谢世诚《建国初期城市居民委员会研究》，《当代中国史研究》2002 年第 4 期。

[3] 朱宇：《19 世纪中叶至 20 世纪中叶中国乡村治理结构的历史考察》，《政治学研究》2005 年第 1 期。

[4] 朱宇：《19 世纪中叶至 20 世纪中叶中国乡村治理结构的历史考察》，《政治学研究》2005 年第 1 期。

消亡，而作为旧的国家政权在城市社会的基层组织——保甲也结束了自己的历史使命。1949 年 1 月 3 日，《中共中央关于处理保甲人员办法的指示》中明确提出，"要废除保甲制度，对一般保甲长在短时期内仍可留用，使之有助于社会治安的维持"。① 保甲制的废除有明确的时间点，但是新的基层治理组织——居民委员会的建立则是在实践中不断探索、试错与改革的过程。粗略看来，可划分为以下三个阶段。

第一阶段，1949 年的过渡。随着社会主义制度的建立，在仿效农村县、乡、镇、村四级建制的基础上，城市也设立了市、区、街、闾的四级过渡政权组织形式。其主要的做法就是，市、区保持不变，将原来的保改造为街，将原来的甲新设为闾。同时在街设正、副街长职位，由党委派干部任街长或副街长；闾也设正、副闾长，与街长的委任不同，闾长由群众推选，街政府予以委任；闾以下则设居民小组，居民小组组长由居民推选产生。② 从其组织架构和功能性质上看，街、闾组织实质是基层行政组织，直接接受党的领导，以解决保甲制废除之后新生政权如何与居民建立联系的问题，进而团结一切可以团结的力量镇压反革命和敌对势力，同时向城市居民传送公共福利服务。从历史效果来看，这一过渡性质的基层政权组织形式，对于稳定当时的政治形势、迅速恢复生产和进行社会主义建设发挥了重要的作用。

第二阶段，1949 年底到 1950 年的探索。随着城市的各项工作走向正轨、社会秩序的逐渐安定，这一基于农村而建立起来的过渡政权组织形式因权力过于下放与分散，而不能适应城市社区集中的特点和规模的效应。因此，各大城市先后于 1949 年底和 1950 年初取消了街、闾两级组织，集中权力于市政府，同时改原有的区政府为区公所，改街政府为街道派出所，将原来的街干部分配到公安派出所，实行"警政合一"的体制。而各地取代闾组织（居民组织）的情况不一，比如，上海以"冬防队"和"防盗队"为主。城市居民组织的主要领导人基本是由街道派出所指定的专职国家干部（进行严格的政治审查，以保证根正苗红），其他成员则主要是在当地居民中进行选任与聘任。其工作的开展模式主要是，区政府布

---

① 中国人民政治协商会议北京市委员会文史资料研究委员会编：《北京的黎明》，北京出版社 1988
年版，第 183—184 页。

② 中国人民政治协商会议北京市委员会文史资料研究委员会编：《北京的黎明》，北京出版社 1988
年版，第 221 页。

置相应的有利于发展生产和建设新政权的运动与任务，而政府工作人员为保障运动的开展与任务的完成到辖区中发动学生、教师、居民中的"热心人"（通常是积极分子）等群众，建立各种类型（通常与任务性质相关）的组织作为活动开展的组织载体。下面笔者以上海为例①来具体说明这一探索历程。

上海市为配合新中国成立而开展了大规模的清洁卫生运动，于1949年下半年在全市里弄普遍建立了居民自治性的"清洁卫生委员会"，而且95%的里弄成立了居民卫生小组，有效地保证了清洁任务的完成。为使这种临时性的工作开展方式制度化、常规化，1950年11月，上海市在前期组织居民进行探索的基础上，率先在全市范围内建立固定的群众组织——冬防队，并要求"各区政府以公安派出所为范围成立冬防办事处，任务是指导街道里弄居民组织冬防服务队进行防特、防匪、防盗、防火及严厉镇压反革命等工作"。②更值得一提的是，1949年12月在黄浦区宝兴里成立的"里弄福利会"，其组织架构的完整性和组织形式的规范性是所有居民组织里面最有代表性的，为后来成立居民委员会积累了宝贵的经验。宝兴里"里弄福利会"的组织架构如图3-1所示。

具体产生过程如下，"首先，每幢居民楼各自推举一位居民代表，宝兴里共推出92人。其次，由5幢居民楼居民公推选出一位居民小组组长，最后产生20名小组长。再次，全体居民代表和居民小组组长提名21名候选人。最后，里弄居民以不记名投票的方式，从21名候选人中差额选举出17位福利会的委员。其中包括主任委员1名，负责福利会全民事宜；副主任委员2名，承担日常工作；另14名委员分配到福利会下设的清洁

---

① 之所以以上海为例，原因有三。其一，上海是最早进行居民委员会制度探索的试点地区，也是中国社区建设与发展的"排头兵"，具有制度创设的典范意义。很多社区治理的创新举措都是最先在上海进行试点的。其二，关于上海居委会的史实资料保存得较为完整、系统，而且已有众多的学者对其进行了开发性的研究，取得的一大批高质量的研究成果可以作为参考。其三，上海作为发达地区，又临近笔者的调研地——苏南宜市，进而可以满足笔者对两者进行对比研究的需求。而且此时期的居民委员会建设工作属于国家的统一部署，无论是结构功能，还是工作任务等都具有高度的同构一致性。

② 郭圣莉、高民政：《建国初期上海市居民委员会创建的历史考察》，《上海行政学院学报》2001年第4期。

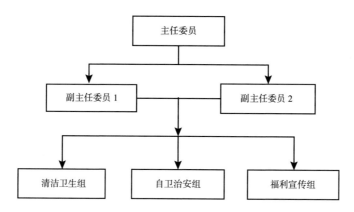

图 3 - 1　宝兴里"里弄福利会"的组织架构

卫生、自卫治安、福利宣传 3 个组工作"①。

　　第三阶段，1952 年以后居民委员会的设立与街居制的浮现。为配合国家层面各种运动的展开，各街道里巷就开始了各种小组建设的尝试，比如镇反学习组、读报组、冬防治安组、中苏友协组等居民组织类型。而中央对这类工作组织形式在全国的经验尝试实时进行了总结，并提出了在全国建立居民委员会的倡议。此后各地的居民委员会也基本是在各种临时小组的基础上发展演化而来的。具体历程如下。（1）1952 年，华东局下发《关于十万人口以上城市建立居民委员会试行方案（草案）》（以下简称《方案》），这是新中国历史上第一个关于建立居委会的文件。在该《方案》的启发下，全国很多城市开始启动居委会的试点工作。其中，江苏省无锡市于 10 月建立 56 个居民委员会，其中宜镇建立了包括 XH、DT 在内的 8 个居民委员会（街道层面）。（2）同年，上海市颁布《上海市居民委员会组织暂行办法（草案）》（以下简称《草案》），将各种居民组织统一称作"居民委员会"，并对居委会的组织架构与人员构成等做出了详细规定。"《草案》规定以 3000 人左右为范围组成居民委员会。居民委员会由居民代表会议选举主任 1 人，副主任 1~3 人，委员 7~15 人组成，委员任期一年，得连选连任。居民委员会一般下设治安保卫委员会、文教委员会、卫生委员会、调解委员会、福利委员会等专门委员会，也可根据所在地区需要，经区人民政府批准设优抚、消防、水电管理等

---

①　关于宝兴里"里弄福利会"的介绍，参见韩全永《建国初期城市居民组织的发展及启示（之二）政体初定　居委会终结保甲制历史》，《社区》2006 年第 11 期。

委员会。在居住区内以居民10～20户组成居民小组，每一小组选举居民代表1人，组成居民代表会议，居民代表会议每年改选一次，得连选连任。领导关系上则规定，居民委员会受区人民政府领导，区人民政府通过区人民政府办事处实现其领导职能，居民委员会按月向区人民政府办事处报告工作，召开全体居民大会时，须经办事处批准。"① 截至1953年底，全市共建立居民委员会3891个。（3）1953年，时任北京市委书记、市长彭真向党中央提交了一份《关于街道办事处组织、居委会组织和经费问题的报告》，并附《城市居民委员会组织暂行办法》《城市街道办事处组织暂行办法》两个草案和一个由内务部党组起草的关于解决居民委员会经费问题的办法，标志着"街居制"政策议程的开启。该报告指出，"城市除了应该建立居民委员会外，也应该设立街道办事处"，并且就两者的性质以及彼此之间的关系论述如下，"居民委员会由居民小组选举产生，在城市基层政权或街道办事处的指导下统一开展工作，但它在定位上并不是基层政府的'腿'，政府不应交付很多事情给它办。街道办事处不是一级政权组织，而是市或区人民政府的派出机关"②，其主要的任务是，把单位以外的城市居民组织起来，在遵从居民自愿的原则下，办理涉及居民公共利益的事项，宣传党的方针政策等，本质上"是通过把街道居民加以组织并逐渐使之就业或转业，进而减轻现在区政府和公安派出所的负担"③。（4）1954年12月，上述两个草案经过全国人大常委会审议并通过，随后中央正式颁布《中华人民共和国城市街道办事处组织条例》和《中华人民共和国城市居民委员会组织条例》，由此居民委员会制在全国城市社区推广，逐渐实现了规范化，开始在基层社会中发挥动员和整合作用，其组织架构如图3－2所示。

　　经过上述几个阶段的演化，居民委员会的组织架构、人员构成、职责任务与工作机制等基本实现了规范化和制度化，很好地满足了新中国成立初期党联系、整合和动员社会进行现代化建设的需求，具有重要的历史价值和意义。

---

① 《上海市居民委员会组织暂行办法（草案）》，1952年，上海市档案馆藏，资料号：B168－1－773，转引自郭圣莉、高民政《建国初期上海市居民委员会创建的历史考察》，《上海行政学院学报》2001年第4期。

② 北京市档案馆、中共北京市委党史研究室编：《北京市重要文献选编（1953）》，中国档案出版社2002年版，第193—195页。

③ 彭真：《彭真文选》，人民出版社1991年版，第240页。

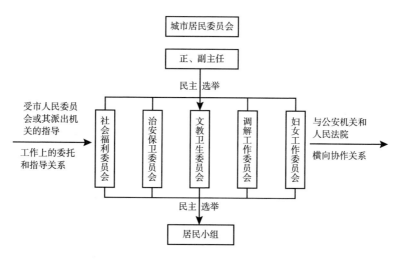

图 3 - 2 新中国成立初期居民委员会的主要任务和组织架构

资料来源：陈辉、谢世诚《建国初期城市居民委员会研究》，《当代中国史研究》2002 年第 4 期。

四 强国家与弱社会：基层的政治动员与国家和社会的一体化

居委会的建立，是新中国成立初期为稳定新生的政权而不断探索的结果，也是保甲制废弃之后为实现国家与社会的链接而进行的组织创新，还是基层政府为配合完成国家的各项运动和任务而进行的工作方式与组织方式创新，是特定历史阶段的产物。上述保甲制到居民委员会的演化过程鲜明地表征着国家的政权逻辑。

其一，从居委会的产生来看，居民委员会是国家与社会相调和的产物。这就是说，居委会不单纯是居民自下而上建构形成，也不全是政府自上而下的单方面授意，而是在当时社会环境中政府行为与居民实践偶然性互动的客观结果。第一，居民委员会是政府出于形势所需自上而下的主动建构。一方面，新政权刚刚建立，各种敌对势力、反革命力量遁入社会，需要将各种民间力量动员起来，团结一切可以团结的力量，与敌对势力斗争到底。这就需要一定的组织载体，将分散的民间力量加以整合，这是革命寻求同盟军的战略需要。另一方面，新政权活动的开展、国家的建设等都需要人民的积极参与，而大量的人民（城市社会的主体）散居于街道里弄，尚缺乏有效的载体将其整合进国家的建设进程中，这是国家建设寻求中坚力量的战略需要。这就决定了居民委员会要能够体现党和政府的意志，不纯粹是居民自发的组织形式，而且也要承担一定的政治功能，甚至能履行一定的政府或国家职能，能够链接国家与社会，特别是能够实现国家对居民的控制与动员。王邦佐等的研究指出，作为法律定位上的群众性自治组织，居委会的建立并不是自发性的。严格意义上讲，"作为基层群众性自治组织的居委会不是从社会内部生发出来的，而是国家政权建设和制度设计主动建构的结果"①，这一主动建构的过程，也可以从上述居委会的工作内容②、性质以及组织架构设置上得到验证。第二，居委会工作的开展充分考虑到居民的利益需求，实现国家政治动员与居民福利需求的有机结合，而这也是居委会成功运转、发挥作用的关键。里弄居民社会福利需求满足是居民参与和认同居委会工作的初始动力。因此，人民政府在充分把握居民利益需求的基础上积极行动，不失时机地把这种需求转化为政治动员和任务开展的内在驱动力，在凸显居委会"解决居民的公共福利问题"宗旨的同时，又强化了它的政治职能。③ 居委会基本是由里弄的各类居民小组转化而来，而这些不同类型（按照展开活动的类型而划分）的居民小组的组织方式都是在"解决居民公共困扰"的基础上形成的，比如说卫生环境清洁、防火防盗、防寒等。此一时期新中国刚刚成立，新生的国家政权面临严峻考验，肩负着建设与发展一个新社会的历史使命。此时的国家对人们而言，是一种高度政治化的存在，由于在打破旧政权建立新政权上拥有无上权威，国家被赋予了一种前所未有的合法性和认同性。政府从这些里弄居民共同面临的影响其生活、

---

① 王邦佐等编著《居委会与社区治理——城市社区居民委员会组织研究》，上海人民出版社 2003 年版，第 92 页。

② 比如《上海市居民委员会组织暂行条例（草案）》规定，居民委员会要"发动居民响应人民政府号召，协助人民政府政策法令之宣教"及"协助政府监督管制分子，协助户籍警调查户口"等。《上海市居民委员会组织暂行条例（草案）》，1953 年 10 月，上海市档案馆藏，资料号：A6－2－66，转引自张济顺《上海里弄：基层政治动员与国家社会一体化走向（1950—1955）》，《中国社会科学》2004 年第 2 期。

③ 张济顺：《上海里弄：基层政治动员与国家社会一体化走向（1950—1955）》，《中国社会科学》2004 年第 2 期。

居住的公共议题出发，将这些生活中的议题与国家的建设、实现共产主义的努力等政治性话语相结合而建构的居委会，无疑对居民具有较强的吸引力，比较容易获得居民的认同。这样，居委会就不仅满足了里弄群众的生活福利需求，也承载了国家对居民（这里主要指城市单位之外的居民）的政治整合与社会动员，涵容了国家和社会的双向需求，开始发挥它们的政治功能与治理作用。

其二，从居委会的属性来看，居民委员会兼具"行政性"和"自治性"。从居委会建立的历史脉络中看，居委会的出现存在两个重要的功能预设。第一，将群众组织起来。要将根据地时期以及农村的民主经验在城市加以复制，也就是说居委会要按照"从群众中来到群众中去"的原则建立，实现群众的"自我管理、自我教育与自我服务"。第二，国家统合的基层载体。居委会要充当国家与社会之间的中介与桥梁，不仅要承担新政权对社会、对人进行改造的政治任务与行政事务，又要将党和政府的政策法令贯穿基层，落实在群众实践中。一方面居委会被赋予了群众性自我服务与管理的"组织属性"。这里主要指涉的是里弄公共议题的挖掘、社区活动的方向、居委会主任与副主任的委派以及委员和热心人的"政治筛选"等，都保证了党和国家在里弄居民组织过程中的"抽象在场"。虽然是居民自己的事务，但又不完全是居民个人的事情，党和政府通过其高度的合法性赋予了群众自治性事务"意识形态"色彩和进步意义，国家在居民心目中是高度抽象的同质化的国家，这样居民的积极参与过程就被有机地嵌入了国家的建设过程，国家实现了对居民的有效组织。另一方面则是国家政令上传与下达中所呈现的"行政属性"。这主要是说，居委会作为国家与社会之间的中介，首先要实现国家对基层社会的统合与控制，完成特定时期国家对社会、对人进行政治改造与行政动员的任务。而且政府各项福利的传送、具体任务的落实都要体现在人的行动中，因此国家或政府与基层原子化的个人之间就需要一定的组织化的载体来实现这一传送，无疑居委会就扮演了这一角色。

其三，就居委会的日常工作内容来看，兼有行政性事务和福利性事务，但以行政性事务为主。这是由其行政性属性的主导性所决定的，本质上遵循的是政权建设的逻辑。政府不仅在居委会建立过程中发挥主导的作用，而且居委会工作也是在政府的领导下开展的，这就不可避免地使居委会的日常工作烙刻有行政性的印记。比如，郭圣莉、高民政通过对上海市档案馆久安里弄居委会工作资料的梳理发现，"1952 年的居民委员会开展的各类工作中，运动类活动占 80%，而日常性工作内容仅占 20%。比如，群众运动就包括 1950 年为预防轰炸而搞的防空演练以及冬防，1951 年为抗美援朝而开展的捐献活动，1952 年的'三反、五反'运动、司法改革，以及劳动就业登记等。而日常工作则主要指的是福利优抚、文教文卫，以及调解治安等几大类的常规性事务"。① 实际上，即使是日常工作也是围绕行政性事务而展开的。

经由对居委会产生历史的爬梳，我们发现，在居委会的建立、运转与发挥作用的过程中国家和政府都发挥了至关重要的作用。居委会自产生就存在双重属性——行政性与自治性，并且行政性占据压倒性的优势地位。居委会的日常工作也是以政府的行政性事务为主导的，而居民的自治性、福利性事务则是嵌入行政性并在行政性中开展的，是处于从属地位的。居民委员会的建立过程清晰地勾勒出了一幅新政权向城市基层社会融入的进阶图谱，本质上是国家对社会逐步统合的过程。这就造成了笔者在第一章"导论"中所言说的问题，也是实践中"上面千条线，基层一根针"的内在根源，还是居委会行政化与去行政化困局始终改而不成、攻而不破的初始根源。

第二节　革命的逻辑：从居民委员会到革命委员会

一　整顿与发展（1954～1957 年）

实际上居委会的整顿与发展在 1952 年底就开始进行了。其基本的背景是，新中国成立初期为政权巩固与国家建设而设立的居民委员会制度化

---

① 《久安里居民委员会情况调查》，1952 年，上海市档案馆藏，资料号：B168－1－773，转引自郭圣莉、高民政《建国初期上海市居民委员会创建的历史考察》，《上海行政学院学报》2001 年第 4 期。

与规范化程度较低，性质定位与职能设置相对模糊不清，进而导致在实际工作中各种问题的滋生。郭圣莉、高民政将其概括为四大问题。其一，性质不明，领导多重；其二，组织规模大小不一，人员构成不一；其三，工作权责不明，委员会流于形式；其四，经费难以保障，进而导致了居委会的衰败、劣化与蜕化。① 其中居委会组织规模大小不一，人员构成不一是问题之首。尤其是有的居委会成员中混有特务、反革命分子、恶霸地主、强盗土匪等。② 居委会人员构成的鱼龙混杂直接影响了其在人民群众中的形象，也对新政权的合法性造成了负面的影响。这既与居委会刚成立时对以往保甲人员的留用有关，③ 也与居委会人员选举与任用中的"主观随意性"有很大关系。为此，1954 年中国共产党决定在全社会进行一场规模更为宏大的街道里弄居委会清理整顿运动，以净化居委会人员构成，规范居委会的日常管理，完善基层社会管理。

　　与 1952 年开始的整顿不同，此次居委会整顿完全出于政治性的考虑，以纯化组织成分为核心。比如，上海市 1954 年开展的居委会整顿工作旨在"提高里弄干部和居民的政治觉悟水平，主动与阶级敌人划清界限；进一步清理潜藏在里弄的残余反革命分子、封建势力以及各类社会治安分子；初步弄清居民中的政治情况……在上述清理工作的基础上进一步加强党和政府对里弄组织工作的领导，整顿和健全里弄居民组织以及各种群众组织，以进一步密切党和政府与人民之间的联系，贯彻'镇反'，巩固新生的人民民主专政"④。整顿采取的主要措施是，第一，按照"先清理后建设，先干部后群众"的原则，进行全面的政治考察与清理，荡涤居委会中的各类旧式权威，扶持与培育新的社区权威；第二，多策并举，配套实施，加强基层社会管理制度的体制支撑，形成对社区居民的全面管理；第三，以加强"居民—居委会—政府"之

---

① 郭圣莉、高民政：《1952－1957：上海市居民委员会调整与完善的历史考察》，《上海行政学院学报》2002 年第 2 期。

② 参见张济顺《上海里弄：基层政治动员与国家社会一体化走向（1950—1955）》，《中国社会科学》2004 年第 2 期；杨丽萍《新中国成立初期的上海里弄整顿》，《当代中国史研究》2010 年第 5 期。

③ 中国共产党接管城市后，对城市保甲制度的态度是"废除保甲制度，利用保甲人员"，但缺乏对保甲人员的筛选与甄别。

④ 上海市委：《关于里弄整顿工作的指示》，1954 年 8 月 2 日，上海市档案馆藏，资料号：A6－2－155，转引自张济顺《上海里弄：基层政治动员与国家社会一体化走向（1950—1955）》，《中国社会科学》2004 年第 2 期。

间的互动沟通为主线，进行业务培训、组织调整与制度建设，完善基层社会管理体制。

此次整顿取得了显著的成效。其一，通过"阶级净化"①，整顿清理了残余反革命分子，纯化了居委会组织，培育与选拔了骨干力量，进而为居委会工作的开展提供了组织保障。其二，将阶级路线和性别路线完美结合，将大量工人阶级的家属推向了居委会工作的"前台"。一方面解决了居委会成员的成分问题，实现了组织纯化；另一方面也是对前一阶段整治中过分强调"工人阶级领导"所造成的组织残缺（工人阶级不可能作为居委会的全职人员）的纠偏，成功地为居委会工作的持续推进提供了人员保障，也由此开启了居委会工作中妇女占多数的历史。屠基远的研究指出，1953 年在上海市居委会的工作人员构成中妇女占37.3%，而此次整顿之后妇女占到了 54.6%，工人阶级及其家属占到了75.8%，成为居委会工作人员的主体，进而有效地保障了工人阶级的领导地位。② 其三，通过制度建设与政策法规的出台，实现了居委会工作经费的国家化和规范化。1954 年底，中华人民共和国内务部颁布实施了《城市居民委员会组织条例》（以下简称《条例》），《条例》对居委会的办公费和居委会委员的生活补助费及其来源等议题做了原则规定。1955 年底，中华人民共和国内务部联合财政部下发《关于规定城市居民委员会经费开支标准的联合通知》，指出对于居委会委员，"应该根据他们所担任的工作的繁简，耽误他们生产时间的多少，生活困难程度的大小等情况予以适当补助，但不应作为定期的工资或津贴费发给"，还规定居委会委员生活补助费每人每月平均不超过 15 元，每个居委会的公杂费平均每月不超过 5 元，并且上述开支由市政府统一拨发。③，实际上是将居委会的经费开支纳入了地方政府的财政体系，这些政策和办法规定有效地规避了居委会前期工作中的"贪污腐败"现象，居委会委员也实现了由"义务制"的"兼职"到领取国家薪水的"半官僚制"的"专职人员"的转变。

---

① 郭圣莉：《阶级净化机制：国家政权的城市基层社会组织构建——以解放初期上海居委会的整顿与制度建设为例》，《甘肃社会科学》2007 年第 4 期。
② 屠基远编写《城市居民委员会工作》，上海人民出版社 1955 年版，第 19 页。
③ 刘祖云：《中国都市居民委员会的历史沿革及其特点——中国都市社会基层居民组织的结构与功能研究之一》，《社会学研究》1987 年第 6 期。

显然，经过这一时期的全面的整顿与改造，居委会从人员构成、经费保障到工作内容与绩效考核等都实现了国家化，成为国家在城市基层社会的"代理人"，肩负着整合基层社会和动员民众的政治性使命。里弄社区也从一个社会生活空间转换成了国家在基层社会的管理单元，实现了政治化，有效地完成了城市基层社会从属于国家的整合任务。[①]

二　置换与恢复（1958～1965 年）

随着社会主义改造的基本完成，高度集权的一元化体制也逐渐确立。但是由于新中国缺乏建设社会的经验，又普遍存在急切的"赶超英美"的心态，国家的政治动员与政策调控便顺理成章地主导了社会运行与发展。以 1958 年开始的"大跃进"为界，居委会的常规运行被打破，在"政社合一"的"人民公社化"的浪潮中开始了职能的全面扩张与机构的结构异化。

第一，人民公社对居委会的置换与改革。随着城市"人民公社化"运动以及"大跃进"的到来，"街道－居委"的基层政权体制逐渐被"党政合一、政企合一、工农商学兵五位一体"的城市人民公社体制所取代。自 1958 年 9 月天津鸿顺里成立全国第一个城市人民公社，到 1960 年 3 月底，全国共建立了 598 个城市人民公社。同时，中共中央也下发了《关于城市人民公社问题的批示》，指出"城市人民公社实际上是在党委领导和积极赞助下的，以职工家属及其他劳动人民群众为主体的，同时广泛吸纳其他一切自愿加入人们的一种组织形式，它以组织生产、集体工作为中心内容，同时兼顾各种集体性生活福利和服务事业的提供，能够在最大程度上改变城市和广大家庭妇女的精神面貌……各地方应该积极主动地进行城市人民公社组织经验的推广工作"。[②]

从组织结构来看，作为"党政合一"的人民公社存在两级序列。公社设党委，党委下设组织、宣传、群工、办公室等机构，其管辖范围相当于原来的街道办事处；街道公社下设多个分社，分社设党支部，党支部下

---

① 郭圣莉：《阶级净化机制：国家政权的城市基层社会组织构建——以解放初期上海居委会的整顿与制度建设为例》，《甘肃社会科学》2007 年第 4 期。

② 中共中央文献研究室编：《建国以来重要文献选编》（第十三册），转引自郭圣莉、高民政《1958—1966：居民委员会功能的变异与恢复——以上海市为例的历史考察与分析》，《上海社会科学院学术季刊》2002 年第 3 期。

设组织、宣传等委员或干事若干，其管辖范围相当于原来的 4～5 个居委会。公社和分社都设正、副社长，在党委领导下开展工作。① 上海市的档案资料表明，1958 年前后，上海市各地也普遍建立了人民公社，公社在街道范围内建立，设有街道党委和街道办事处，居民委员会再次被改为里弄委员会。党委与办事处实行两块牌子、一套班子，合署办公，一般有四五十人，多的可达一百多人。公社层面设正、副书记，下有生产生活、文教、秘书组等组织机构，里弄党支部书记兼任里弄委员会主任，由公社进行下派。此外，里弄层面与公社相对应建立团的各种组织形式，这样里弄就初步形成了"纵向四头"（中共里弄党支部、居委会、妇代会、团支部）与"横向六条"（治保、调解、文教、卫生、福利、生产）的组织结构和干部队伍。② 此时，里弄党支部作为基层政权组织形式，从事着由行政指令所分派的各项任务，发挥政治职能。"也就是说，事无巨细，人民公社统揽无遗。"③

第二，"大跃进"中的居委会功能扩展与异化。居委会的功能扩展是以大量"居办经济"④ 的出现为标志。由于人民公社是"政企合一""工农商学兵五位一体"的组织，居委会作为其分社开展经济活动就成为顺理成章之事，加之"大跃进"的推动，一时间"居办经济"纷纷涌现。上海市民政局档案中一里弄关于其工作任务做出了如下表述："以钢铁为中心，积极地为建立人民公社做好一切准备。为此，必须加强共产主义教育，发动群众，有计划有步骤地把里弄组织起来，逐步解放妇女生产力，为钢铁生产服务。加强社会清理和改造工作，大办服务福利，使人人有事做，事事有人管，个个爱劳动，家务劳动社会化，进一步改变里弄政治思想，加速社会主义建设，朝共产主义方向迈进。"⑤

① 而此历史的制度资源也在第四章的案例——宜街居委会的内部结构中出现了惊人的"历史重演"，居委会建设中的"变"与"不变"或者说历史中的制度资源一再成为当前社区制改革与创新中复制与攫取的"传统"，而这一历史资源在当前的制度设置中就变成了"活着的当下"。

② 郭圣莉、高民政：《1958—1966：居民委员会功能的变异与恢复——以上海市为例的历史考察与分析》，《上海社会科学院学术季刊》2002 年第 3 期。

③ 陈辉：《新中国成立 60 年来城市基层治理的结构与变迁》，《政治学研究》2010 年第 1 期。

④ "居办经济"是居委会开办的经济形式的简称。

⑤ 《关于里弄工作总结》，1959 年，上海市民政局藏，资料号：2-1243，转引自郭圣莉、高民政《1958—1966：居民委员会功能的变异与恢复——以上海市为例的历史考察与分析》，《上海社会科学院学术季刊》2002 年第 3 期。

就"居办经济"的类型而言，大致可分为三类：一是生产性的，以生产某种产品为主，如各种小型加工厂等；二是服务性的，主要是为社区生活提供各类便利服务的组织，旨在解除社区家庭生活的后顾之忧，如社区食堂、托儿所等；三是教育性的，以丰富社区居民的精神文化生活为目的，如社区图书馆、各类学校、培训小组等。

但是随着这些"居办经济"发展成为相对独立的经济实体和企业单位后，居委会的工作人员开始不愿兼做街道居委会工作或者说工作重心已经偏向了"创收"。特别是不同居委会之间展开竞争，同样的工作性质，但彼此的收入不同（主要与"居办经济"的情况高度相关），这就产生了"相对剥夺感"，于是出现了越来越多的人参与生产经营，而社区居民生活越来越无人管的现象。大部分"居办经济"是以社区居民的公共财产（绝大多数是说不清楚具体产权的）作为投入进行经营的，而且没有明确的财务核算，收益只在居委会工作人员之间分配，这就不可避免地引起居委会与居民之间的利益纷争与矛盾纠纷。

第三，国家开始按照"调整、巩固、充实、提高"八字方针进行调整，城市基层社会管理工作也进行了调整，开始逐步进行有限度的"政社分开"，以消除人民公社体制"政社合一""政企合一"所带来的弊端。人民公社被叫停，街居体制也得到了渐次恢复。具体做法是将人民公社"一分为二"。一是将公社改组为一个领导厂矿、企业、医院等定型社会经济单位的行政组织（属于政府的职能部门），其业务范围相当于原来2~3个街道办事处的管辖范围；二是恢复人民公社之前的街道办事处和居民委员会组织（基本相当于群众性自治组织，虽然自治是存在问题的）来负责服务和管理居民社区生活。① 这就在一定程度上实现了居委会功能的正常化，街道里弄工作再次步入正轨。

三 破坏与畸形（1966~1976年）

1962年的短暂调整，本已使居委会的工作向着正常化和规范化的方向迈进，但是这一趋势被"四清"运动及其扩大化再次阻断，随之而来的"文革"则使城市里弄再次陷入无序，居民委员会也被改造成为"革

① 陈辉：《新中国成立60年来城市基层治理的结构与变迁》，《政治学研究》2010年第1期。

命委员会"。

"文革"时期居委会被视为阶级斗争的最前线,是无产阶级专政的组织末梢,因而具有特别重要的意义。为配合"文革"的开展,中央发出了"政治建街"的号召,城市原有的街道组织逐渐被革命委员会所取代。其组织结构设置如下,街道革命委员会实行军事编制,下设连、排、班三级建制,分别对应之前的居委会、居民积极分子和居民小组。其中连设正、副连长,以代替居委会主任行使职权,连的范围相当于原来1~2个居民委员会的管辖区域;排设正、副排长,但它并不是一级居民组织,其成员主要是由居民积极分子组成的、直接听从连长指令的居民骨干;班设班长1人,由原来的居民小组演变而来。①

随着基层居民组织结构的"革命性"演化,其功能也发生了相应的调整。里弄革命委员会的主要工作是配合"革命"形势的发展而进行政治动员与运动,比如,动员城市居民到农村以及边远地区去安家落户,动员知识青年上山下乡接受贫下中农再教育等。此时城市基层里弄工作已陷入困境。

1968年为恢复基层的居民工作,政府采取了两个方面的措施。其一,取消了街道的军事编制,即将街道下面的连、排、班的编制取消,保留街道革命委员会;其二,恢复"文革"前居民委员会的组织结构与设置,同时将组织名称"革命化",即将原来的"居民委员会"改为"革命居民委员会",简称"革居会"。革居会基本沿袭原来居委会的组织形式,但随着形势的发展,其组织构成也发生了一些变化。如天津革居会的组织结构是"六大主任制",即在革居会下设革居会主任、副主任(专职副主任)、治保主任、调解主任、妇女主任、文教卫生主任。与此相应,革居会在组织架构上也增设了治保、调解、妇女、文教卫生4个工作委员会(见图3-3)。②"文革"后期,也有里弄结合实际成立了优抚小组、拥军优属小组、工疗小组等。此外,为响应把医疗卫生工作的重点放到基层去的号召,有的城市革居会内还设立了一个专职群防员(基本上对应了当时农村大队的"赤脚医生")。

---

① 陈辉:《新中国成立60年来城市基层治理的结构与变迁》,《政治学研究》2010年第1期。

② 刘祖云:《中国都市居民委员会的历史沿革及其特点——中国都市社会基层居民组织的结构与功能研究之一》,《社会学研究》1987年第6期。

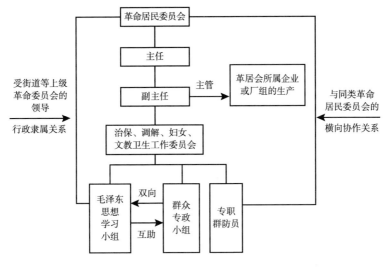

图 3 - 3　革居会组织结构

资料来源：陈辉《新中国成立 60 年来城市基层治理的结构与变迁》，《政治学研究》2010 年第 1 期。

此时期革居会（居委会）的工作内容大致可以分为"革命专政事务"和"居民自治事务"两大类。就前者而言，由于革居会是"革命"的居民委员会，其中心工作是开展阶级斗争和"文革"。[①]就后者来说，"革居会"依然还是居委会的定位。特别是它的组织构成仍然是常规的居委会形式，因而也在一定程度上发挥着居委会的部分功能，当然也有一定的拓展。比如在城市革居会内新设的专职群防员，无疑为社区居民就近看病提供了便利。此外，1970 年，革居会根据"五七指示"精神，将原居委会辖区内的各种零散小型工业以及服务业集中起来而兴办的"委办经济"（主要是指革居会作为发起人所兴办的生产服务性事业）也产生了多重效应。一方面为当时的待业青年以及失业人员提供了大量就业机会；另一方面也拓展了革居会活动与办公经费的多元化来源，提振了革居会工作人员的工作积极性。而且从其延续效应来看，无疑也为"文革"后居委会开

---

① 国云丹：《从威权控制到体制吸纳：国家与上海邻里空间，1949—2008》，博士学位论文，复旦大学，2009 年，第 117 页。

展社区服务打下了一定的基础。①

20世纪70年代的社区工作者朱阿姨②告诉笔者："1978年之前的（和平）居委会还不叫居委会，当时叫生产街。居委会是什么事情（居民的事情）都管，主要管理城市老百姓（城市居民中没工作的人），是全能居委会。一是，涉及人们的吃穿住行方方面面的工作都要管理，派发各种票据（粮票、烟票等）；二是，'文革'的时候，就业（参军、上山下乡）也要居委会来管。实际上居委会也是一个单位，属于镇政府管理。政府行为要到群众中间去落实就要通过居委会。什么事情都通过居委会，包括你的就业、家庭纠纷、邻里关系等，它是最基层的。"

四　国家统合社会

时代的发展始终作为一个外在的"结构性变项"影响和制约着基层社会治理体制的治道变革。处于国家与基层社会结构空间中的城市居民委员会，经过初期的整顿与发展之后，被接续而来的人民公社和"大跃进"所裹挟，并被"文革"影响，不断地被国家力量与时代变迁所改造和形塑。

其一，从居委会的组织变迁来看，居委会是国家形塑与时代制约下的产物。第一，阶级斗争逻辑下的政治性整顿。1954年的整顿是继1952年整顿之后进行的第二次整顿，但与前次整顿明显不同的是1954年的整顿完全是出于政治性的考虑，以纯化组织为核心，较少涉及居民福利性的事项。就整顿的手段而言，此次整顿通过"阶级净化机制"肃清了居委会的构成人员，而且通过制度建设与政策法规制定实现了居委会工作经费的国家化和规范化。从整顿的结果来看，经过整顿，居委会从人员构成、经费保障到工作内容与绩效考核等都实现了国家化，成为国家在城市基层社

---

① 国云丹：《从威权控制到体制吸纳：国家与上海邻里空间，1949—2008》，博士学位论文，复旦大学，2009年，第117页。

② 朱阿姨简介：1933年生，原是中学老师。20世纪70年代就开始接触与参与社区方面的工作（她的母亲就是社区的核心人物之一，据朱阿姨讲她投身社区工作深受她母亲的影响）。1991年退休之后进入社区居委会担任居委会委员，主要负责宣传、关工委以及老年协会的工作。2012年由于年龄的原因，从社区居委会中退出来，但还在从事社区老年团队的歌唱工作。

会的"代理人"，肩负着整合基层社会和动员民众的政治性使命。第二，政治性浪潮中居委会的机构变化与功能扩张。一方面是"党政合一"的城市人民公社对街－居体制的置换与替代，政治性建制开始进入基层社会空间与治理平台，并发挥主导作用，"事无巨细，党委书记说了算数"。另一方面则是"政企合一""工农商学兵五位一体"的人民公社领导所造成的居委会功能的扩张，特别是在"大跃进"浪潮中开展的"居办经济"使居委会功能变化与重心偏移。第三，政策调整中的居委会短暂正常化。1961年，中央政府按照"调整、巩固、充实、提高"的八字方针对政治经济建设进行了一系列的调整，居委会也进行了功能正常化的努力。这就鲜明地体现了夹杂着政治逻辑的政策调整与行政干预作为重要的"结构性变项"在居委会变革中的决定性作用。第四，"革命"进程中居委会紊乱与失序。1966年，"文革"作为时代变迁中的一个重要事件，使居委会的人员构成、结构设置、中心工作以及功能定位等都发生了"革命"性的变化。

由此可见，城市居委会在1958～1976年的一系列变迁都体现了国家通过刚性的权威，将其自身的逻辑成功地植入（嵌入）了居委会的内部，实现了对居委会的有效统合。

其二，从居委会的属性来看，居委会因应时代的结构制约与形塑也表现出"政治性"与"革命性"的面相。就其"政治性"而言，主要体现为居委会人员选拔与任用上的"政治"标准、居委会配合政治运动的工作实践等。而对于居委会的"革命性"来说，则指涉"文革"时期基层社区空间与组织的无法避免。不可否认，这两重面相实际上是居委会变迁中国家力量与时代情景形塑的"客观映像"。

其三，就居委会的日常工作内容来看，基本可以概括为"革命专政事务"和"居民自治事务"两大类。而且"革命专政事务"在此一时期居委会工作中具有优先性、日常性和主导性。"文革"作为此一时期国家的一项重要政治运动，其开展的范围、涉及的领域以及动员的空间等都已经渗入基层社区居委会，那么居委会的日常工作中为配合这项政治运动而出现"革命专政事务"对"居民自治事务"的优先权就成为必然。

通过对居委会此一时期的变迁考察，我们发现，在居委会的整顿与发展、置换与恢复以及破坏与畸形等演化过程中国家力量时刻"在场"。特定时代的情势又将"政治性"和"革命性"烙刻于居委会的历史变迁中，赋予了居委会更为丰富的"国家性"。国家的力量作为居委会所镶嵌于其中的背景，加之计划经济体制所形塑的时空场域，时刻参与着居委会的内在变迁与演化，成为居委会"生命历程"中挥之不去、改之不掉的内在规定。

第三节　改革的逻辑：从街居制到社区制

一　单位社会与街居制的形成

1978 年，随着党的十一届三中全会的召开，历史进入了转折的新时期。宏观层面上，"以经济建设为中心"全面取代"以阶级斗争为纲"，开启了结构调整与体制改革的新时代，国家各项建设与发展步入正轨。从基层来看，随着大规模群众运动与政治斗争的终结，开启了制度建设与机制完善的常态建设与发展阶段。1979～1990 年，居委会的发展经历了一个恢复、调整与健全的过程，既有存量的改革，更有增量上的发展，涉及组织建设、功能定位、法律属性以及制度规章等方方面面的内容，基本上确立了单位制与街居制并行，单位为主、街居为辅的基层社会管理格局。

首先，居委会的组织恢复。"文革"对社会管理体制所造成的影响是全方位的。1978 年以后，党和政府深刻总结教训，为快速稳定社会、推进改革开放，中央决定取消城市中的人民公社、街道革委会与革命居民委员会，恢复 20 世纪 50 年代中期建立的街道办事处与居民委员会组织架构，实行党政分开、政社分开的基层社会管理体制。居民委员会作为基层的群众性自治组织，严格履行 1954 年《城市居民委员会组织条例》（以下简称《条例》）中规定的五项基本职责，"第一，办理有关居民的公共福利事项；第二，向当地人民委员会或者它的派出机关反映居民的意见和要求；第三，动员居民响应政府号召并遵守法律；第四，领导群众性的治安保卫工作；第五，调解居民间的纠纷"①。笔者在对宜街 XH 社区居委会 1984 年工作汇报②的查阅中发现，该居委会 1984 年的日常工作主要涉及以下 9 个方面：（1）执行政策联系群众方面；（2）维持治安秩序方面；（3）民事纠纷调解方面；（4）环境卫生管理方面；（5）生活后勤服务方面；（6）移风易俗宣传方面；（7）五好家庭评选方面；（8）计划生育工作；（9）其他涉及"委办经济"、组织架构分工合作方面。基本是按照《条例》的规定开展的工作。根据国务院民政部的统计，1984 年底全国已恢复和新建的居民委员会有 69 万个之多。作为基层社会管理体制中的重要环节的居委会的不断恢复为实现城市社会的稳定、推进经济体制的改革发挥了重要的"稳定器"作用。

其次，居委会的功能调整。随着经济体制改革的深入，单位之外的"无（非）单位人"的增加，特别是"文革"时期 1500 万名"上山下乡"知识青年的返城，无疑给城市管理带来了严峻的考验。这些因素都作为"前置变项"进入居委会恢复与新建的过程，这就意味着简单的组织恢复势必难以有效回应这些新的情况。为此，居委会的改革进入功能调整阶段。特别是 1981 年居委会工作归口民政部门管理以来，居委会的功能调整就具有了统一的口径，更加规范。按照刘祖云的研究，该调整大致涉及四个方面。③ 第一，按照《条例》的规定对"文革"以来发生变化的居委会的组织规模和管辖范围进行调整。第二，依据《条例》规定和各地实际（特别是社区实际和服务对象的特征）灵活调整居委会的组织结构与部门设置。这一"灵活性"主要体现了各地发展情况的差异。比如，武汉市的居委会因"委办经济"的发展而设立了生产服务委员会，北京市则因老年人增多，为更好地服务社区老年人而增设了老年工作委员会。此外，也有一些城市为减轻居委会的工作负担，在《条例》规定的基础上简化了居委会的组织结构。也有居委会依据本社区因离、退休职工增多而使党员增多的实际，设立了党支部，以充分发挥党员的作用更好地服务居民。第三，在充分考虑社会发展以及社区实际的基础上改选和充实居委会干部队伍。随着市场经济的发展，获取更多的物质报酬成为人们的合理

① 　具体可参见 1954 年《城市居民委员会组织条例》。

② 　《宜镇政府各居委会八四年工作总结》，1984 年，宜兴市民政局藏，资料号：501 - 1 - 498。

③ 　刘祖云：《中国都市居民委员会的历史沿革及其特点——中国都市社会基层居民组织的结构与功能研究之一》，《社会学研究》1987 年第 6 期。

追求和行动的动机，这就导致中年、青年待业人员大多不愿做居委会的工作，造成居委会在职人员的日益老龄化。这是全国居委会存在的普遍情况。正是在这一事实的基础上，居委会也开创了离休、退休人员作为主体参与居委会工作的新局面。比如，此一时期的统计显示，在北京市海淀区的居委会干部中，离休、退休人员占到了85%，而且全国各地的情况大同小异。第四，在社会主义市场经济改革中，居委会干部生活费补贴日益工资化。为提高居委会工作人员的工作积极性，合理提升与优化居委会干部的工作报酬与补贴问题就成为关键。因此，在此一时期的调整中，对居委会干部的工作报酬进行统筹和调整就成为题中之义。调整后，居委会的正职干部（主任）的工作报酬基本保持在每月30～40元，副职干部（副主任）的工作报酬在25～35元。此外，在"大跃进"中开创的"居办经济"逐渐减少，在市场化改革浪潮中的基层社区以"委办经济"的形式获得了新的发展，不仅解决了一部分无业居民的就业问题，有效地稳定了社区秩序，而且其收入与盈余也成为居委会工作人员工作奖金与其他补贴的重要来源，有效地提高了居委会工作人员的工作积极性。

> 当时（20世纪80年代末）是开办了废品收购站等工厂的，开始积极参与经济活动了。这主要是根据政府的中心工作来的……居委会承包给别人负责，然后每年交给居委会多少钱。居委会有了钱就可以买一些房子（店面），评价居委会的工作好（坏）就是看经济（镇里的考核也是按照经济来的）。这样居委会就千方百计搞经济了。居委会差不多就变成公司了，其他的常规的工作是照样进行的（老年、关工等）。①

1984年宜镇②居委会的工作汇报显示，"1984年宜城建设居委会下有四个商店和八个企业，共安排了57人就业。其中，社会闲散劳动力18人，劳改释放犯11人，残疾人3人，待业青年10人以及半农户15人。1984年企业完成产值（营业额）为357400元，比去年同期增长223%，超额完成镇下达任务的186.1%，利润为22129元，比去年同期增长

---

① 访谈资料：20150606ZQZ。
② 这里指宜镇，2006年之前为宜镇，2006年撤镇设街，之后成为宜街。

315.5%，超额完成镇下达任务的262.9%。而且从利润中拿出430元奖励给了上半年工作突出的居民小组组长，以调动他们工作的积极性"①。

经过上述的调整，实现了居委会组织与改革进程相协调，也充分调动了居委会干部的工作积极性，从而为居委会在基层社区空间中的复兴奠定了重要基础。

最后，居委会的制度化建设。这也是街居体制不断优化与健全的过程，对街居体制的完善发挥了重要的作用。其主要做法就是通过一系列法律法规的制定与颁布，推进居委会建设及其工作开展的制度化。这里又可划分为两个阶段。其一，对以往条例法规的选择性恢复。比如，为保障和规范居委会工作的依法开展，1980年，国家重新颁布了有关居民委员会的4个法律性文件，分别是《治安保卫委员会暂行组织条例》（1952）、《城市居民委员会组织条例》（1954）、《城市街道办事处组织条例》（1954）、《人民调解委员会暂行组织通则》（1954），从条例的角度有效地规范了改革初期居委会工作的开展。其二，为适应新形势发展而进行的制度法律建构。随着社会主义市场经济体制的逐步确立，契约逐渐成为人们日常生活中的重要规则。这时条例所具有的法律属性以及认可性已经不能满足人们对居委会合法性工作的要求了。因此，如何从法律的高度对居委会这一组织定性就成为紧迫的议题。这一制度法律建构主要通过两个步骤来实现，第一，1982年，第五届全国人民代表大会第五次会议颁布的《中华人民共和国宪法》第111条规定，"城市和农村按居民居住地区设立的居民委员会或者村民委员会是基层群众性自治组织"，其任务是"办理本居住地区的公共事务和公益事业，调解民间纠纷，协助维护社会治安，并且向人民政府反映群众的意见、要求和提出建议"②。首次以根本大法的形式规定了居委会的性质和任务，基层自治获得了最高的合法性，而居委会工作的开展也具有了坚实的法律保障。第二，1989年，第七届全国人大常务委员会第十一次会议通过的《中华人民共和国城市居民委员会组织法》进一步规定，"居民委员会是居民自我管理、自我教育、自我服务的基层群众性自治组织""居民委员会向居民会议负责并报告工作""居民会议由十八周岁以上的居民组成""涉及全体居民利益的重要

① 《宜镇政府各居委会八四年工作总结》，1984年，宜兴市民政局藏，资料号：501－1－498。
② 《中华人民共和国宪法》，中国法制出版社2004年版，第35页。

问题，居民委员会必须提请居民会议讨论决定"。这些法律上的规定进一步明确了居委会的"自治属性"，形成了居委会工作组织的"三自原则"和"治理架构"，这是国家通过法律的形式实现居委会"社会属性"的自觉努力与尝试，也构成了后续居委会一系列改革指向"自治性"的法律依据。总之，通过这两部法律建构，居委会的工作开始步入法治化、制度化的轨道。

二 单位制的解体与社区建设的兴起

随着社会主义市场经济体制的逐步确立，以及单位社会的解体，与计划经济体制相耦合的基层社会管理体制——街居制面临严重的内在危机。这一危机主要缘于社会主义市场经济体制的嵌入所带来的国家与社会关系的变迁。可以概括为以下几点。

首先，经济体制改革与政企分开催生体制外空间的出现。随着经济体制改革的推进、现代企业制度在城市社会的建立，城市社会的空间出现了两个方面的变化。第一，在政府之外的市场空间中新生了大量的企业组织，比如各种类型的个体企业、私营企业、外商独资企业等，作为独立的经济单位，它们有着自己独特的运作方式，遵循市场规律为就业人员提供与职业相关的经济保障；第二，政府下属的一些企事业单位开始作为独立的经济实体从行政系统中分离，而原先由单位承担的各项社会服务、社会管理、社会保障等职能都剥离出来，但人们仍然存有对"单位"抑或"集体"的各种依赖与寄托。这种依赖或寄托需要有新的组织来加以承接和满足，否则就会出现较大的社会震荡。这些都是体制外浮现的空间，已有的社会管理体制难以覆盖。

其次，单位制解体，城市管理重心不断下移。单位，不仅是一种职业身份，也是一种福利资源的分配与发送机制，还是一种社会组织方式和治理容器。单位社会中的人被单位所建构的各种身份所俘获，成为单位社会中的"单位人"，而一旦成为"单位人"就意味着从生老病死、工作福利到生活的方方面面都由单位来负责。同时不同的单位也被赋予了不同的行政级别，意味着国家通过纵向的行政级别实现对"单位人"的高度整合。但是20世纪90年代以来，随着单位制的解体，"单位人"开始转为"社会人"，单位变为了纯粹经济意义上的组织，这样国家与社会之间的整合性"中介"消泯，导致国家直面"原子化"个人。如何实现对单位制解体之后随之剥离的社会福利的有效提供，如何将走向社区的"原子化"的个人重新组织起来，如何在社会管理重心不断下移的过程中进行高效的社会管理等成为新形势下政府不得不面对和处理的重要议题。

最后，国企改革催生了新的弱势群体。由于国企改革和单位社会功能的弱化，大量的下岗失业人员沉积到了社会的底层——居住所在的社区，成为"社区人"，在市场经济的浪潮中成为新的弱势群体，成了"断裂社会"中的"边缘人"。在社区中，他们有强烈表达和维护自身利益和参与社区事务的要求，但是缺乏明确的组织化载体对这些弱势群体的声音加以"上达"。此外，社会主义市场经济的改革加速了城乡之间的人口流动，大量的农村人口流入了城市，成为"农民工"。他们居住在城乡接合部，或者是租金较低的城市社区，成为基层社会不稳定的一个诱因，也对城市基层社会的管理提出了新的重大挑战。

单位制的解体与社会主义市场经济体制的建立，引发了体制外空间的拓展、"原子化"个人的出现以及新的弱势群体的结构化再生产，都对基层社会管理提出了严峻的挑战。为应对这一挑战，作为基层群众性自治组织的社区居委会再度进入政府的视野，并在稳定社会与实现社会再组织化的过程中被寄予厚望。居民委员会再次被政府置于社会管理与控制体系的网结位置，成为国家整合基层社会的重要载体。换句话说，单位制的解体重新突出了街居制在城市基层的管理功能，街道办事处作为基层政府的派出机构在城市管理重心下移的过程中被赋予了更多的责任和任务，而作为其伸入基层社会"触角"的居委会也开始了再度的行政化。这就是说城市管理重心的下移、街居地位的提升以及任务量的增加与居委会行政化程度的提高是同步的、并行的。这一过程始于20世纪90年代的一系列基层社会管理体制的改革与创新。

1991年，民政部首次在工作中提出"城市社区建设"的概念，社区建设开始出现在政治话语实践中，体现在社区治理实践中就是基层社区在社会管理重心不断下移的过程中成为重要的改革创新实验区。由于社区建设运动是自上而下开展的，虽不同于"文革"时期的政治运动，但这一展开路径预设了政府的主体地位，以及按照政府的意图进行建设的目标图式，也就难以摆脱在这一过程中政府权力的不断加强。在这一时期的改革与创新中，上海最早开始了探索，并形成了自己的鲜明特色，简述如下。

1995 年，上海率先在十个区的十个街道进行了"两级政府、三级管理"的试点工作，后来又发展为"两级政府、三级管理、四级网络"。在社区治理创新实践中，这一体制越来越成熟，成为上海社区建设的一个主要特点，形成了鲜明的社区建设"上海模式"。其主要做法可以概括为"一个定位、一个下移，一个新的管理层级"，即将社区定位在街道层面，市区行政权能向街道转移，实现城市管理重心的下移，强化街道社区层面也就是第三级的行政权力和效能，同时在街道以下的居民小区层面构筑起第四级管理与服务网络。① 同时，与四级服务网络相匹配，在社区场域中也逐步构筑起领导系统、执行系统和支持系统相结合的街道社区管理体制。首先，街道办事处和城区管理委员会组成了社区管理领导系统，这样街道办事处在城市基层的一级管理地位得到有效明确，实现了权力的下放。与此同时，为了克服以往管理体制中条块分割带来的诸多问题，在街道办事处下，派出所、房管所、环卫所以及市容监察分队等多个部门和单位共同负责协调、督查社区管理与建设的各种事项，制订社区发展规划等。其次，在街道内建立由市政管理委员会、社区发展委员会、社会治安综合治理委员会及财政经济委员会所组成的社区管理执行系统。四个委员会之间分工明确、权责清楚，保障了街道对日常事务的有效处理和协调。再次，辖区内的企事业单位、社会团体、居民群众及自治性组织则构成了社区管理支持系统。社区居民委员会、社区事务咨询会以及协调委员会等组织形式在社区事务中发挥着议事、协调、监督和咨询等支持功能。最后，该体制还将居民委员会作为"四级网络"来进行社区管理，并以此为纽带助推居民参与社区治理。

上述内容鲜明地体现了基层社区作为国家治理单元的属性，治理体系的建构以及横向部门间的联合将社区完全"政治化"。同时，居委会作为这一架构中的"第四级网络"，本身也成为政府基层的"脚"，成为政府的一部分。

改革之后的居民委员会，已经实现了高度的行政化，其行政化②的标

---

① 参见何海兵主编《和谐社区：上海和谐社区建设报告》，学林出版社 2010 年版。
② 这里只做简单的交代，第四章将详细阐述。

志主要体现在以下三个方面。其一，工作内容的高度行政化。主要指的是居委会工作来源——政府的下派性，从居委会所承担的十大类近百项的工作台账中可以发现，绝大多数的工作内容是由上级政府及其条线职能部门布排和下达的，而且除了这些常规性的工作，居委会还要随时对来自政府的阶段性的"中心工作"落实与应对。其二，业务绩效考核的政府主导性。居委会的工作目标的确定、检查考核标准的制定以及具体考核的开展等都由街道政府所决定，这也就决定了居委会工作"对上负责"的取向，也是其工作行政化的主要原因。其三，人员配备以及经费统筹上的政府决定性。社区书记、主任等"干部"的选择、确定以及居委会委员的选举等过程中政府都或多或少地参与并起到了重要的作用。更为重要的是居委会的经费开支、人员津贴等主要依靠政府的财政拨款，这些都造成了居委会对政府的高度依赖以及自身的不断行政化。

　　由此可见，随着社会管理重心的下移，政府在一系列压力的挑战面前，通过体系吸纳和行政改革的逻辑①，建构了与居民委员会之间的上下级关系，重新塑造、强化了居委会的基层政权属性。这就是说，在由社会主义市场经济体制改革引发的社会管理创新实践中，居委会再度变化，它不是居民与政府之间的链接"中介"，而是幻变为政府本身，成为基层政府的"代理人"，在上级政府的领导下行使着对城市基层的行政管理权。

　　此后，以街道-居委会为中心，开始了一系列的基层"治理循环"与创新实践。其核心议题是居委会的行政化以及居委会的去行政化改革。法律定位上的自治性逐渐演化为居委会发展历史中的一个"金箍"，而居委会所处的场域位置以及国家力量的若即若离成为居委会现实实践中挥之不去的"内在构成"。党的十八大以来，宏观层面上，国家推进国家治理体系与治理能力现代化；微观层面上，基层多元治理主体的出现、社会组织的渐次发育等导致居委会面临再度边缘化，做出回归自治的理论与实践努力。居委会去行政化改革似乎是解决基层一切治理问题的关键，只有居委会实现了"自治化"回归，社区才能实现良性运行。但问题远非这么简单，居委会不仅在上述历史沿革中没有完全独立自治的阶段和制度资源，而且在改革完善中行政力量是作为背景因素和构成要件嵌入并参与其

---

① 这一逻辑与策略也延续到了现在的居委会与政府互动中，将在第四章结合案例材料深入分析。

中的。居委会的去行政化问题在多大程度上可以成为一个命题，或者说居委会的去行政化改革在多大程度上可以取得成功是尚需要进一步思考与研究的议题。

三　国家与社会治理空间的转换与变迁

1979 年以来，居委会作为基层社会管理的一个重要环节与设置，先后经历了组织恢复、功能调整以及制度健全的过程，并在体制转轨与社会深度转型的过程中进行新一轮的改革与创新。其背后鲜明地体现了国家与社会关系的变迁与互动。社会的转型与体制的转轨对中国社会特别是社会管理体制产生了深远的影响，但是这一影响在已有的学术研究中是被严重忽视的。比如，对 1990 年以来随着单位制的解体以及城市社会管理重心的下移，政府为加强街道、居委会的治理能力以解决单位制的解体导致的国家对城市社区统合能力下降问题所做的努力，居委会再次行政化过程中所体现的国家与社会各自内部构成的变化，以及彼此间关系性质的微妙变化等的研究缺乏。

特别是在已有的关于国家与社会关系的研究中，如何将市场的因素嵌入国家与社会关系是被忽略的领域，或者说是难以找到有效切入点而被暂时搁置的"学术处女地"，市场似乎总是被当作国家与社会关系研究中的"缺席者"。其实在笔者看来，这是将市场实体化之后所产生的虚幻图景。现有两类研究，一是市场作为外在的变项被"控制"起来，用来分析国家与社会的互动过程。但是这一"控制"无疑是失败的，其实是对市场采取了一种"掩耳盗铃"般的"隔离"，并在这一"隔离"中进行了分析性的研究。二是将市场作为真实的场域，进而在这一场域中研究国家与社会的互动逻辑，以符平的《市场的社会逻辑》为代表。其实在国家与社会关系的研究中，市场作为一种机制与过程的研究视角始终是存在的。1978 年以来，随着社会主义经济体制改革的不断深入，国家与社会都发生了显著变化，而居委会在国家改革逻辑的主导下所发生的一系列变化与调整，成为市场机制嵌入后国家与社会互动的最佳观测点。

第一，社会管理体制实现了由单位制向社区制的转变。单位制作为一套健全的社会管理体制，通过对资源的行政化配置以及对单位人身份的管理而实现了对社会的刚性控制，其本质是国家政权的全能空间。在这一空间中社会的复杂性被建构的单位的同质性所掩盖，社会主义国家将单位制的社会空间成功地转换为行政空间，进而通过对单位的消解与统合实现了对结构化社会的控制。相反，社区制则是为了应对单位制解体后城市基层社会出现的服务与管理真空或漏洞而由中央自上而下设计并推行的整合基层社会的制度安排，是国家与社会合作治理的场域。虽然也是国家的一种制度安排，但是社会的复杂性以及国家职能的有限性意味着不论是国家还是社会的单方面作用都无法成功实现对基层社会的管理。可以说，从单位制到社区制，国家对基层社会的整合已经发生了根本性的转变。

第二，资源配置方式经由计划经济体制过渡到社会主义市场经济体制。新中国成立初期到改革开放之前，国家仿效苏联模式而实行了一套国民经济的计划化管理体系，即计划经济。作为自上而下的一套国家管理经济的体制，其成功运转是通过一系列配套制度的执行和贯彻来实现的，具体到城市社会则是依托单位制和街居制来实现。单位管有单位之人，街居负责无单位之人，城市社会空间被高度挤压与刚性整合，社会被高度结构化于国家序列中，国家与社会叠合。而社会主义市场经济体制则打破了这一刚性体制，效率与理性开始成为基层空间中的主导性逻辑。与计划经济相配套的单位制与街居制在社会主义市场经济体制中走向解体，体制外的空间不断拓展。

第三，从性质上来讲，"国家"也经历由"党政国家"向"社会化国家"的转变。改革开放之前国家是一个整体性的存在，而改革开放以后，国家更多是以"层化"的形象存在的，表现为"社会化国家"的形式。20世纪90年代以来的改革与创新实践，说明国家的现代化过程必然也是国家转变形式与方式融入社会的过程，并在这一融入的过程中进行自我的建构，在国家话语下的社区建设中实现对社会空间的吸纳与统合，这是与以往的一体化国家形象不同的。

第四，功能边界上由"全域国家"向"有限国家"的转变。改革开放以政企分开、分工合作的方式有效地激活了市场活力、提高了生产效率和发展速度。改革进一步深入以政社分开、各司其职、有序合作为关键，这必然激发社会的积极性，提高社会管理（治理）的效度和质量。政企分开与政社分开意味着承认政府的有限性，国家有着自己的边界，不仅是物理区域上的，而且是功能场域中的。1991 年以来，中央政府积极推动社区建设，不断加强街道与居委会的治理能力。这就意味着对"有限国家"的承认，实际上也实现着对社会力量的承认与吸纳。随着国家管理重心下移，社区再次进入国家的视域。与之前不同的是，"有限国家"采取了更为柔性或者说是更为隐蔽的方式，一方面承认社区之社会属性的法律定位，另一方面通过各种形式的统合重建其自身在基层的控制权。

第四节　国家政权建设与居委会行政化的制度过程

国家政权建设，最初由查尔斯·蒂利提出，其主要标志就是国家政权官僚化、科层化与理性化程度不断提高，以及在破除国家整体论，迈向多元、分化国家的基础上对社会统合与控制不断加强的一个持续的过程。吉登斯认为，"国家政权建设的过程即民族—国家的形成过程，也是一个边界逐渐清晰、社会控制更加严密、国家行政力量对社会进行全面渗透的社会的形成过程"。[1] 本章通过对新中国成立以来居委会产生、发展、曲折、改革与完善过程"知识系谱"的历史检视，发现这一过程与现代国家政权建设的过程是"同频共振"的，在居民委员会发展的不同阶段国家通过政权建设的逻辑、革命的逻辑以及改革的逻辑实现了对居委会的不断统合，本质上是国家政权建设在基层社区中的逻辑展演。

强国家与弱社会：基层的政治动员和国家与社会的一体化。新中国成立初期，街居制对于保甲制的取代，是新政权为应对中国社会面临的总体性危机而进行的制度创新，是保甲制废弃之后为实现国家与社会的链接而进行的组织创新，也是新中国成立初期为稳定新生政权而不断建设的探索。

国家统合社会：革命的传统与基层治理的失序。1957 年以后，随着

---

① 〔英〕安东尼·吉登斯：《民族—国家与暴力》，生活·读书·新知三联书店 1998 年版。

"大跃进"和"人民公社化"运动的推行，国家通过以"单位制为主，街居制为辅"的社会管理体制，以及计划经济的调配体制，建构了一种"总体性社会（国家）"，国家通过对物质财富、生存发展机会以及信息等资源的全面垄断，实现了对社会的统合。

国家的融入与社会的成长：国家与社会治理空间的转换与变迁。1979年以来，居委会作为基层社会管理的一个重要环节与设置，先后经历了组织恢复、功能调整以及制度健全的过程，并在体制转轨与社会转型的过程中进行新一轮的改革与创新。但在城市管理重心不断下移以及基层社会组织化过程中，居委会再次被行政化。也就是说，城市管理重心的下移、街居战略位置的凸显与居委会行政化程度的提高是同步的、并行的。

由上观之，居委会作为历史的产物，其前后沿革与发展昭示着两个关键性的变量始终是居委会的建构性力量和形构性因素。其一，居委会作为组织的产生与存在是对居民（居委会范围内的）需求的满足与对接。这也是居委会自治属性的现实来源与法律依据，主要指涉两个方面的内容。一是居委会属性定位与组织原则中的群众性。居委会的法律定位与属性归属可以追溯到1982年的《中华人民共和国宪法》，该法第111条规定，作为基层群众性自治组织，居民委员会的主要任务是"办理本居住地区的公共事务和公益事业，调解民间纠纷，协助维护社会治安，并且向人民政府反映群众的意见、要求和提出建议"①。居委会作为基层群众性自治组织，意味着其存在与功能发挥必然指向群众的需求和利益，这是其作为组织存在的价值和意义。从法律规定的居委会的主要任务来看，无不涉及居民利益与需求，居民的各项公共需求应该成为居委会行事的根本出发点与最终归宿。此外，1989年《中华人民共和国城市居民委员会组织法》进一步界定了居委会的组织原则——三自原则，即"居民委员会是居民自我管理、自我教育、自我服务的基层群众性自治组织"。这一原则性的规定无疑是对居委会群众性的最佳诠释。这些法律上的定位与规定奠定了居委会自治属性的基础，也构成了其合法性的最终来源，成为一系列改革与完善制度不得不考虑、不得不回归的"本真属性"，在某种意义上说也构成了居委会徘徊于行政与自治之间或国家与社会之间张

---

① 《中华人民共和国宪法》，中国法制出版社2004年版，第35页。

力的法律渊源。二是居委会组织结构与部门设置的群众性。作为基层群众性自治组织，居委会的内部结构与功能部门是应居民公共需求的满足与提供而设立的，即居民有什么样的公共需求，居委会就会存在什么样的部门来实现满足。比如，居委会的福利委员会主要是为了满足居民的社会福利而设的；治保委员会则是为了满足居民对社区安全的需要而设的；调解委员会则主要是为了化解居民之间交往可能产生的矛盾与纠纷而设的；等等。从另外一个角度看，正是居委会组织设置的群众性特征，才使得居委会能够随着不同时期、不同阶段居民利益的变化进行动态调整与完善。在笔者看来，这在某种程度上也是居委会存在时间久、难以被其他社会组织所替代的根本原因之所在。其存在固然具有合理性，但容易被忽略的是，随着居民异质性的提高、居民需求的多元化，居委会自身功能调整与机构变迁存在客观必然性，进而出现了居委会"边缘化"或是"存与废"的争论。因此我们在进行居委会改革与创新时必须对此保持足够的敏感性与关注。

其二，居委会作为制度设置的发展与变迁时刻受到来自国家力量的形塑与制约。而这则是居委会行政属性（行政化）的根本原因所在，这其实指的是国家对居委会的建构与影响能力。居委会的历史沿革与学术界已有的研究（特别是关于居委会行政化方面的研究，详见第一章的文献综述）都证明国家力量对居委会有关键性影响与制约。无论是脱胎于维护封建剥削制度，巩固封建专制统治的封建政权的保甲制，还是出于巩固新生政权的现实考虑，或是特定时期居委会的功能调整与架构变革，抑或社区建设中的改革与创新，国家都以各种不同的形式（政治的、行政的、革命的、符号象征性的等），采取不同的手段（从"威权控制"到"体制吸纳"，从"专断性权力"到"基础性权力"、柔性化的手段等）对基层社会进行统合，基层社会中（特别是居民委员会这一组织载体）到处是"看得见"与"看不见"的国家。21世纪以来，随着治理理念的引入以及国家治理体系与治理能力现代化的推进，开始有了国家社会建设①"后来居上"的景观。但是，国家因素在邻里空间、行政性力量在居委会载体中的存在与展演是不可否认的客观现实。

---

① 国家社会建设，是相对于"国家政权建设"过程中国家权力对社会的不断统合的对立面而言的，更多指的是国家与社会双向互动中相互形塑与改变的实践。

而此，我们必须承认正是这两种因素的交织与互动，才有了居委会的治乱兴衰、行政与自治的论辩以及行政化与去行政化改革的争鸣。上述变迁过程也昭示我们，在可以预见的未来，居委会在国家与社会之间、在行政与自治之间的徘徊始终是存在的。

第四章 吸纳与统合：居委会与街道关系实践中的被动行政化*

政府（一般指作为政府派出机关的街道）和居委会的关系问题长期以来就是基层社会治理创新中的核心问题，也是管窥分析居委会行政化的重要维度（现有的研究一般认为居委会行政化根源于政府的融入与统合）。无论是在 20 世纪 90 年代以来的社区建设中，还是在 21 世纪以来的基层社会治理创新中，国家始终占据着主导地位，居委会更多地扮演了"国家在基层社会的代理人"角色，而社区则被建构为"基层治理的基本单元"，基层社会中到处是"看得见"和"看不见"的国家。也就是说，在与居委会的关系实践中，政府通过各种形式的融入实现了对居委会的吸纳与统合。

改革开放以来，社会的深度转型以及利益的多元分化重塑了当代中国国家与社会关系。一方面是社会治理（管理）体制的变迁与重构，另一方面则是宏观的国家与社会关系的变化与调整。加之中国现时开展的治理创新具有复杂性、动态性以及多样性、过程性的特征，继而导致基层社会治理的情势处于动态、过程之中。这就需要将国家与社会关系的变化与调整置于具体的场域和空间中进行观测与分析。

为此，一些学者做了富有创造性的论述，从中观、过程性维度提出了"吸纳"这一极富洞察力的分析概念，比如康晓光、韩恒提出的"行政吸

---

* 本章部分内容已经发表在《深圳大学学报》（人文社会科学版）2019 年第 2 期和 2020 年第 3 期。具体可参见侯利文《行政吸纳社会：国家渗透与居委会行政化》，《深圳大学学报》（人文社会科学版）2019 年第 2 期；侯利文《压力型体制、控制权分配与居委会行政化的生成》，《深圳大学学报》（人文社会科学版）2020 年第 3 期。

纳社会"①，唐文玉的"行政吸纳服务"②。但是，两者对"吸纳"的具体路径、通道以及吸纳发生的具体场域存在明显的解读上的"悬置"与"偏好"。由此要获取对于国家与社会的认识，我们需要建构更具整合性、可操作性的分析路径。这就要求我们必然要转向中国的场域实际和历史纹理，在各种学说传统的发展阶段性以及理论思潮的合流与整合性中去找寻对中国国家与社会关系模式的认识与解读。处于街居制传统中的居委会就具有互动情景的整体性以及具体互动的可操作性，因而成为观测国家与社会关系的重要界面。于此，本部分笔者以街居制传统中的居委会为表述载体，观察国家与社会的流变与互动。

第一节　结构位势：居委会在科层结构中的序贯层级

随着社会治理重心的不断下移，居委会的重要性得以凸显。居委会实际上处于"结构洞"的位置。对国家而言，其拥有更多的居民需求信息；对社会而言，它可以将国家的政策、法令以及福利传送至居民。按照博特的观点，处于"结构洞"位置的主体具有巨大的优势，可以实现资源的交换、信息的沟通以及对互动主动权的绝对控制。但是，对居委会而言，这一"结构洞"的优势并没有发挥的空间。

一　政社之间：居委会在政府层级中的运作

国家管理重心的下移与组织架构的向下延展是同步进行的。随着单位社会的解体、社区建设的推进，国家管理重心的不断下移，"街道－居委"体制再次成为社会管理与统合体系的重要环节。在城市中的表现就是，街道办事处的职能不断扩张，基本上已经涵盖了基层政府的职

---

① 康晓光、韩恒：《行政吸纳社会——当前中国大陆国家与社会关系再研究》，《中国社会科学》（英文版）2007 年第 2 期。
② 唐文玉：《行政吸纳服务——中国大陆国家与社会关系的一种新诠释》，《公共管理学报》2010 年第 1 期。

能，越来越像一级政府，而不只是政府法定的派出机构。2006年，宜街"撤镇设街"，由原来的"宜镇"改为现在的"宜街"，改组后在街道层面基本形成了以办事处为主的行政组织体系和以党工委为首的党组织体系的双重组织体系格局，实行"两块牌子、一班人马"，与一级政府相比，只缺少人大和政协部门。其一，部门的变化。撤镇设街后，街道党工委、办事处机关内设5个机构，分别为党政办公室、经济贸易办公室、城市管理办公室、社会事业办公室、财政所。街道党工委设组织、宣传统战委员岗位。另设纪工委（监察室）、人民武装部，群团组织机构。保留司法所、劳动和保障事务所。为适应城市社区建设和社区服务的需要，提升街道、社区的整体服务水平，2007年10月，宜街新设行政事务中心和社区服务中心（以下简称"两中心"）。"两中心"实行窗口式办公，设有党务接待、政务接待、计生服务、社区服务、民政事务、劳动保障、经营管理、经济服务、综治信访、法律事务等18个服务窗口，实行一站式服务，全面公开政府办事程序，实行负责人问责制。其二，工作内容的变化。这可以从宜市对宜街的考核内容与指标的变化上反映出来。来自宜街的资料显示，2006年以后上级考核内容分经济发展、社区建设与管理、党建精神文明建设、其他重点工作四大方面，其中作为新的工作要求——社区建设与管理是2007年以后新增的考核内容，且考核的分值占总分值的40%以上，而对街道经济发展的考核分值比重明显下降。其三，人员结构数量的变化。首先，领导职数减少。街道党工委、办事处的领导职数实行2正5副配备，其中党工委书记1名，副书记1名，办事处主任1名，副主任4名。比之前镇的16名领导有了明显的减少。其次，岗位变更与人员分流。根据宜市委、市政府《关于进一步明确街道职能和加强社区建设的若干意见》的规定，街道机关核定行政编制63个，街道综合服务中心核定事业编制63个。

由此可见，改组后，街道工作人员减少，但是业务范围反而扩大，特别是多了很多社区建设方面的工作。这"一增一减"使街道办事处陷入了极为被动的局面。为完成上级政府（宜市政府）的各项任务考核和工作部署，宜街将权力的"触角"伸向了其辖区内的34个社区居委会（其中包含4个村委会），将任务层层分解、转嫁到基层社区居委会。与之相伴，社区居委会的工作内容和人员构成也做出了相应的调整，街道以及上级政府各个条线职能部门在居委会中都有了直接对应的居委会工作人员，这样，居委会就成为"国家在基层社会的代理人"，被政府层级所吸纳，在街道与居委会之间就形成了一种"类科层体系"的纵向组织层级关系（见图4-1）。

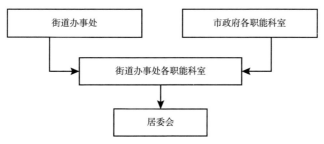

图4-1　居委会所处的行政序列

　　街道职能的扩张和任务量的增加与居委会行政化程度的提高是同步的。随着街道工作触角的下移以及居委会逐渐被置于行政层级中，街道以及政府职能部门开始向居委会转嫁任务、下派工作，使社区居委会陷入繁忙的行政事务落实与应对中，自治性事务被搁浅。首先，从职能性质上讲，居委会作为基层群众性自治组织，开展服务群众的自治工作应该是其职责所在，居委会的结构位置也决定了其要协助街道开展一些政策、法律的宣传等行政辅助性工作。但如今，行政性工作成为居民委员会工作的主轴，辅助街道的角色变成了服从街道指派的角色，直接负责各种行政性指令与摊派的执行。对居委会来说，完成上级政府及其职能部门交付的任务变成了首要工作。XH社区老书记HH[1]在访谈中说道："居委会就是替镇政府办事的，他们是领导，让我们做什么我们就做什么。居民的事情我们当然也操心，但是要优先办好他们（镇领导）交代的事情。"[2]　其次，从职能数量上看，居委会所承担的行政性职能越来越多，负担渐重。"上面千条线，基层一根针"，居委会要完成政府各个条线部门下放的任务，每个部门都有"权力"将自己的工作层层分解，下放到居委会来做。更大的问题则是任务下放权力不下放，经费有限，权责不对等。YT社区的WJH书记就向笔者抱怨："上次暴雨中，路边的树倒了砸到了居民M停

---

① XH社区老书记HH，女，访谈时65岁，任职时间是1993~2006年。她任职的时候建制还是宜镇，故她称"镇政府"。
② 访谈资料：20150613HH。

在路边的车上，车子就被砸坏了。他找保险公司理赔，保险公司让他找我们居委会出一个证明，证明他的车子确实是被树砸到的。你说这个有什么道理让居委会来做呢？而且我们又确实不知情，怎么能随意地给开出证明呢？"① 田毅鹏在对东北社区工作人员的访谈中提到了"社区最难开的证明"，包括：①死亡证明；②民改商用房的工商执照证明；③商业用电改民用电的证明；④无工作证明；⑤无收入证明；⑥人口失踪证明；⑦房屋产权证明；⑧有几个子女证明（无单位人员）；⑨婚姻和单身证明；⑩汽车保险证明；⑪人民币损坏证明；⑫胎儿畸形证明；⑬办麻醉卡证明；⑭住院发票丢失证明；⑮存折丢失证明等。② 同样，笔者调查的宜街的居委会也遭遇了类似的尴尬。

进一步从 XH 社区 2014 年社区居委会工作内容清单③以及台账来看，其承担行政性事务多、责任重也是常态。比如，内容清单中就包括社区党建 18 项，民政工作 8 项，卫生工作 10 项，计划生育 9 项，劳动保障 13 项，信访工作 2 项，宣传、文体、群团、工会工作 6 项，综合治理 8 项，安全生产 8 项，统计及其他 24 项等十大类共 106 大项的内容，再细分小项的话，则超百项内容。

居民委员会与街道之间形成一种特殊的"工具性庇护关系"④。一方面，街道的工具性考量。居委会对街道而言具有较强的工作性价值。在人员有限的情况下，为完成上级政府的各项考核任务和指标，街道需要将居委会作为其下属抓手来实现任务分解后的承接和执行。因此，街道会通过各种途径和方式将居委会吸纳到其行政序列中，进而保证其按照自己的工作倾向和考量运作。另一方面，居委会的庇护需求以及对街道的全方位依赖。街道对居委会而言具有很强的庇护作用。无论是"指导与被指导关系"，还是"领导与被领导关系"，居委会在现实中都有巨大的动力去推进这一"上下级关系"的制度化和日常化。正是这种"工具性庇护关系"

---

① 访谈资料：20150512WJH。

② 田毅鹏等：《"单位共同体"的变迁与城市社区重建》，中央编译出版社 2014 年版，第 215 页。

③ 详见附录 3。

④ 陈伟东等指出，"由于法定的指导与被指导关系，以及长期在街居治理中的共同角色扮演，街道办事处与社区居委会之间已经形成了制度化的上下级关系。这种关系具有庇护关系的特征"。具体可参见陈伟东、张文静《合约理论视角下居委会的制度安排与实践逻辑》，《社会主义研究》2011 年第 2 期。

的存在，使得现实中的居委会始终无法摆脱街道办事处将其内化为自身行政体系组成部分的境遇，其物理结构中的位势被政府层级中的位势所消解，进而其自治的属性定位也逐渐被上级政府的行政性所侵蚀。

二 党社之间：居委会在党组织序列中的运作

社区的工作清单和街道对社区工作的考核中都有一个极其重要的模块——社区党建工作，其在社区治理中有何意义？

从法律意义上来看，居委会是基层群众性自治组织，其主要是服务于社区居民的需求。正如上述分析所示，随着社会治理重心的下移，街道办事处将其工作触角延伸至社区居委会。为加强街道对社区工作的引领，处于国家与社会之间的居委会再次成为街道党工委开展基层工作的"代理人"。其主要做法就是在社区居委会之上设立了社区党总支（支部）这一领导机制，将党的组织网络拓展至基层社区居委会。

从其结构意义上看，居委会在党组织中的结构网络表现为"街道党工委—社区党总支—小区党支部—楼组党小组"的纵向序列（见图 4-2）。街道党工委处于领导核心的地位，其通过党组织网络在居委会层面的设置，有效地实现了"组织边界的基层化"，并借助社区党总支这一载体，将党的意志与政策传达至基层社区，形成了其工作开展的基础结构。而社区党总支，作为党在基层的代表，拥有对社区事务、居委会工作的合法指导与领导权，并通过"楼组党小组""党员中心户"等载体的建设，将服务网络再次延展到居民住宅区域，畅通了党联系群众的路径，也实现了基层社会的再组织。这就使政府的指令经由街道党工委并通过社区党总支的网络加以传达。

宜街的社区党建工作很早便开展并取得了重要的成效。2007 年以来，在街道党工委的坚强领导下，积极推进党总支建在社区、党支部建在小区、党小组建在楼组的社区党组织体系建设，实现了党建工作社区化。目前宜街的 34 个社区（行政村）都建成了社区党总支或支部，成立楼组党小组 200 多个，社区党员服务中心 50 多个，并且在各个小区也都完成了楼组党小组和热心党员的配备与选用，这些党小组和党员成为社区中一支重要的行动力量。

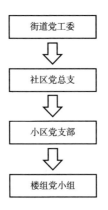

街道党工委

↓

社区党总支

↓

小区党支部

↓

楼组党小组

图 4 - 2 居委会所处的党组序列

2011 年宜街党工委工作总结（节选"党建和精神文明建设"部分）

着力打造"四项党建品牌"，不断提升基层党建工作水平。围绕"新家园、新党建"，着力打造"社区党建品牌"，规范社区党总支的运作，强化社区党组织在小区管理、文化建设、和谐创建等方面的统领职能，突出社区党组织的核心地位，打造了一批特色鲜明的社区新亮点。围绕"新农村、新党建"，着力打造"新农村党建品牌"，实现农村党建工作与经济建设双赢互动。围绕"新经济、新党建"，着力打造"非公经济组织和社会组织党建品牌"，扩大"两新"组织党组织覆盖面，规模以上"两新"组织党组织达 65 家。围绕"新形象、新党建"，着力打造"机关党建品牌"，积极开展机关干部"三走进、三服务"活动。

社区党建从功能维度上看，主要指涉两个方面。其一，党实现了对居委会的直接领导。这一领导可以从两个方面来看，一是组织领导。社区党总支设立，并被作为领导力量置于社区居委会之上，成为居委会实际上的支配性力量。二是社区书记的设置。社区书记经过换届程序，由街道组织部门任命，社区党总支要按照上级部门（街道）的要求行事，即其直接承载了行政权力向社会领域的统合与融入。由此，街道党工委实现了对社区的直接、绝对领导。从调研地的情况来看，宜街的 34 个社区居委会都配备有社区书记，并且在 14 个纯社区①中社区书记兼任了社区居委会主任，对于有集体经济形式的社区则是书记与主任各由一人担任，并且所有的社区书记都是由党员选举并经过街道党工委以及组织部门任命而产生的，这些社区书记也会不定期地交叉、互换任职。在对社区工作者（书记除外）以及社区居民的访谈中，他们都认为，"社区书记就是社区的一把手"。耿敬、姚华对上海市 J 居委会直选过程的个案研究生动详细地展演了这一重要角色被动员并发挥作用的过程，② 而笔者在宜街的调查则呈现了与其不同的选举与任用图景，下文中笔者会进行重点分析。

其二，党实现了对社区的有效动员。党员是居委会工作中一支非常重要的动员与行动力量，而"街道党工委—社区党总支—小区党支部—楼组党小组"的组织序列也是一种非常重要的工作方法和工作开展抓手。通过党组织的嵌入，一方面，实现了"街道党工委—社区党总支—小区党支部—楼组党小组"动员与工作方法的积极建构，使社区工作有了具体的组织依托；另一方面，也实现了对党员以及社区居民的有效动员。通过社区党建工作的推进，社区内的党员（大多数是离退休党员）被有效整合进居委会的工作网络，作为重要的资源构成了居委会工作开展的核心依靠。社区所承担的众多街道下放的行政性事务必须通过社区工作者来落实，但是社区工作者的数量与所承担的工作事务严重失衡，为保障工作的完成，必须借助民间的力量。这样社区内的党员（主要是离退休党员）及其组织形式就成为社区党总支和居委会的重要争取对象。宜街在社区中的各种党员在社区党建的过程中被建构成执行和开展社区工作的重要支持力量，有效地保障了社区工作的开展。

实际上，处于党组织序列下端的社区党总支与街道党工委之间形成了一种"上下级科层体系"。一方面，街道党工委对社区党总支具有领导权，并通过党的体系将其影响力扩大到基层社区；另一方面，社区党总支作为党建引领的核心抓手通过社区书记的设置实现对居委会工作的领导。

由此，居委会在党政两个系统的吸纳与统合下，逐渐被建构在科层

---

① 按照街道党工委 CP 书记的说法，"纯社区"指的是没有集体经济分成的单一社区。在宜街的 34 个社区中有 14 个是纯社区，本研究也主要针对此类社区而展开。无特殊说明，本书中所说社区书记同时兼任居委会主任。

② 详见耿敬、姚华《行政权力的生产与再生产——以上海市 J 居委会直选过程为个案》，《社会学研究》2011 年第 3 期。

序贯层级中，结构位势的优势被科层权力统合为"党和政府在基层社区的代言人"，展现结构性力量制约下"被动行政化"的组织面相（见图4-3）。

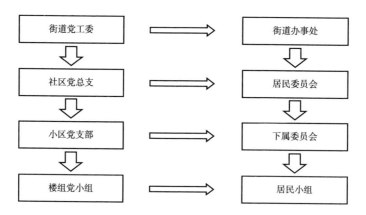

图4-3 结构位势：居委会在科层结构中的序贯层级

第二节 体制吸纳、国家统合与居委会的 被动行政化

那么，居委会的上述物理结构位势是如何被嵌入的科层结构位势消解的，具体是怎样的一个过程？这就是本部分所要回答的问题，即国家的统合过程。

一 国家统合能力建设：行政权力在基层的生产与再生产

国家统合能力是国家能力中的一种。"国家能力"的概念建基于"国家自主性"的预设之上，即将"国家"视为一个具有独立意志、利益、逻辑和能力的"自主行动者"，以迈克尔·曼的国家能力理论为代表。他在《社会权力的来源》中指出，国家权力存在两个向度：一是专制性权力；二是基础性权力。前者是国家精英针对市民社会的国家个别权力和能力，其权力的实施不需要与市民社会各个群体、集团进行制度化的协商或沟通，通常以国家的强制性为保障；后者是中央集权国家的制度能力和集体权力，它借助国家基础来协调市民社会生活，可以是专制的，也可以是非专制的。① 就社会形态来看，传统社会以专制性权力为主，现代社会则以基础性权力的扩张为主。在基础性权力研究的基础上，衍生了学术界对"国家能力构成"以及"国家统合能力"的相关讨论。

其中米格代尔在曼"基础性权力"概念的基础上，提出了"强国家"的标准。他认为，"强国家"是拥有强大的提取、统合、规划与分配能力的国家，② 其中包括从社会中汲取资源的能力、将影响扩展至社会基层的能力、调节社会关系与规划权利义务关系的能力，以及按既定方式分配与调控资源的能力，这些能力的高低分布就决定了国家"强"与"弱"态势。其中国家的统合能力涉及两个方面，一是代表国家利益的机构与人员的统合过程，并且国家在这一过程中将自己制定和运行的规则置于社会场域中，实现对基层民众日常行为的规制；二是国家建构资源通道汲取资源的过程，在这一过程中国家实现了对社会中资源的有效汲取，并按照自己的规则对这些资源进行配置。米格代尔认为，国家统合市民社会过程中可能出现四种结果（见第二章的分析）。这四种结果就表征为现实中国家与社会的互动与统合，即"社会中的国家"的真实内涵。

国家对基层社会的统合，是国家通过多种形式再造其组织架构，并将其影响扩展至社会空间的持续过程。此一统合过程中存在多种可能性。就中国城市社区的研究而言，宏观层面的国家政权建设与微观场域中的国家统合能力建设相互耦合、互相推进，其结果呈现为"基层社会中各种'看得见'与'看不见'的国家"，即行政权力在基层的生产与再生产，进而国家可以对基层社会进行统合与管理。学术界的系列研究表明国家的这一统合在基层场域中是极为有力的。朱健刚通过对上海市社区的人类学考察，回答了"国家权力是如何统合基层社区的"，并将这一过程概括为"权力的三叠网络"，即由街道党工委和社区党总支构成的第一叠党组织

---

① 〔英〕迈克尔·曼：《社会权力的来源》（第二卷·上），陈海宏等译，世纪出版集团、上海人民出版社 2007 年版，第 68~69 页。

② 〔美〕乔尔·S. 米格代尔：《强社会与弱国家：第三世界的国家社会关系及国家能力》，张长东等译，江苏人民出版社 2012 年版，第 17 页。

网络、由街道办事处和居委会构成的第二叠行政权力网络，以及由非正式权力网络或各种非行政的社会组织构成的第三叠地方性权力网络。① 桂勇从"邻里政治"的视域发现，城市社区建设运动中国家权力向基层社会下移是一个不容置疑的事实，进而提出了国家与社会的"粘连"模式。② 王汉生、吴莹以新型商品房小区中的故事为线索，通过追踪和辨析国家在基层社区中的角色扮演、行动轨迹以及策略选择，发现国家对社会的统合从来没有停止过，基层社会中到处是"看得见"与"看不见"的国家。③ 肖林以国家能力建设为主题，通过对新形势下国家统合社会的组织渠道、功能渠道、程序渠道的分析以及与国家统合相伴而来的各种效应的思考，发现国家加强统合能力建设是其在社区治理新挑战下的主动策略。④

由此可见，国家权力对基层社会的统合是基层治理结构变迁过程中最稳固、最清晰的常量。⑤ 因此我们对居委会的属性判断、学理辨析以及改革实践就不得不考虑这一常量的"植入"或"统合"效应。

二 多渠道并举：国家统合的方式路径

为实现对基层社会的统合，国家采取理念统合、组织统合、程序统合和服务统合等多种方式不断将触角伸向基层、持续将影响和社会治理重心下移。

1. 理念统合与潜移默化中的"认知"变迁

理念统合是国家保持在基层"在场"并发挥作用的关键前提和重要变量。理念通过"认知情景"的新构在人们与组织的认识中设定一种"情景定义"，国家通过一定的方式将此种"理念情景"植入人们的认知结构，形塑人们的认知，进而实现行动（为）的改变和对基层的意识控

① 朱健刚：《城市街区的权力变迁：强国家与强社会模式——对一个街区权力结构的分析》，《战略与管理》1997 年第 4 期。
② 桂勇：《邻里政治：城市基层的权力操作策略与国家－社会的粘连模式》，《社会》2007 年第 6 期。
③ 王汉生、吴莹：《基层社会中"看得见"与"看不见"的国家——发生在一个商品房小区中的几个"故事"》，《社会学研究》2011 年第 1 期。
④ 肖林：《国家渗透能力建设：社区治理挑战下的国家应对策略》，《哈尔滨工业大学学报》（社会科学版）2013 年第 6 期。
⑤ 陈伟东、张文静：《合约理论视角下居委会的制度安排与实践逻辑》，《社会主义研究》2011 年第 2 期。

制。这一"情景定义"主要涵括两种情况。

第一，上下级关系的强化。街道在与居委会的互动实践中，不断将其建构为自身的下属部门，同时通过压力型体制的传导将这种关系渗入居委会的理念惯习，成为其工作和行动的出发点。一方面，政府通过科层吸纳和各种情景中的宣传将居委会建构成其"当然"的下级；另一方面，压力型体制的实际存在和作用发挥为这一建构提供了强大的体制支撑，两者"合谋"完成了街居之间的上下级关系的建构。上下级关系的强化过程是政府借助各种与居委会互动的场景，将自身的意志、要求、任务等转嫁和分解到居委会的过程。街道办事处作为政府的派出机构，本身就是政府序列中行政体系的末端，但是社会治理重心下移的过程并没有伴随街道人员、资源和权力的匹配增加，这样街道就具有极强的动力和刺激来将其工作的触角延伸至居民委员会（具体的结构建构过程见上文的分析）。这一过程是通过"双重吸纳"① 完成的，街道和居委会之间的上下级关系也是在此过程中得以强化的。一方面，将"权力的金字塔体系"向下扩展至居委会层面，建构政府与居委会之间的"工具性庇护关系"②，实现了政府体制对居委会的行政吸纳；另一方面，通过"党的总支建在居委会"、"支部建在小区"以及"小组建在楼组"，实现了党的组织边界扩大化与影响力的社区拓展同步完成，党组体系对居委会的领导得以名正言顺。特别是随着社会环境的变化，基层社会治理创新中"权力下放""费随事转"等原则的提出，一些政府部门以此为口实将大量行政性的事务转嫁给社区居委会，并且在下放权力的同时也将负载其上的科层等级思想一并转嫁于基层场域中。例如，笔者在对宜街 2010 年以来的"城发"的上百份文件的统计中发现，其主要的下达对象包括居委会，其格式化的用语结构为：

城发（20XX）X 号
宜街 20XX 年度 XXXX 的通知/意见
各社区居委会、机关各部门

---

① 这里指的是街道行政路径和街道党工委的党组织路径。
② 陈伟东、张文静：《合约理论视角下居委会的制度安排与实践逻辑》，《社会主义研究》2011 年第 2 期。

由此可见，街道将社区看作其明确和当然的下级，和街道的其他部门一样。此外，笔者在调研期间也多次参与街道召开的一系列会议（涉及方方面面的内容），发现绝大多数会议都有社区工作者的身影，特别是在一些任务部署与安排的会议中。并且凡是大型会议还定有"签到制度"，累计3次没有到会者就需要社区的书记或主任亲自到街道领导处说明情况，并会在年终的考核中扣除相应的分值。[①]

此外，国家也通过各种政策和文件强化与建构街居之间的"上下级"关系。比如，2010年11月9日，中共中央办公厅、国务院办公厅《关于加强和改进城市社区居民委员会建设工作的意见》（以下简称《意见》）中规定，社区居委会要自觉接受社区党组织的领导。《意见》提出，"社区党组织是党在社区全部工作和战斗力的基础，是社区各类组织和各项工作的领导核心。社区居民委员会要自觉接受社区党组织的领导，社区党组织要不断加强自身建设、改进工作方式，切实领导和指导好社区居民委员会工作"，《意见》还指出，"提倡社区党组织班子成员与社区居民委员会成员交叉任职，健全社区党组织领导社区居民委员会开展工作的相关制度，确保社区党建与和谐社区建设紧密结合，确保党的路线方针政策和各项工作得到贯彻落实"。2011年初，宜街召开大大小小各种类型的会议来学习《意见》精神，不断在社区工作中强化这一领导关系，并且在实践中超越党组织的范畴，不断扩大"领导"的范围。其结果就是居委会理念上产生变化以及实践中发生变化。

第二，居委会的两个转变。街道在主动建构上下级关系的过程中取得了符合预期的效果，居委会发生了两个转变，完成了对自身下级地位的角色认知，这主要体现在两个方面。一是街道办事处与居委会之间由"指导与被指导"的关系转换为"领导与被领导"的关系。无论是从街道办事处与居委会之间的"工具性庇护关系"来看，还是从街道党工委与居委会之间的"上下级党组关系"来说，街居之间的关系都不再只是业务上以及法律文本中的"指导与被指导"关系，而是科层序列中与现实运作中的"领导与被领导"关系，而且这一"领导"关系是考核、财政、

---

① 资料来源于笔者对2015年4月16日召开的街道关于"转型发展"会议上的一名负责签到的工作人员的访谈，笔者发现每次的签到名单上呈现的都是街道的各职能部门人员的名字和各个社区的名称，即社区必须有一名人员过来参会，以保证街道的指令和精神可以传到每一个社区居委会。

人员等多维度领导关系的叠加，是现实中制度化的上下级关系。这在笔者
对宜街十多位社区书记（居委会主任）（包括社区老书记）的访谈中都得
到了印证，他们一致认为，街道（镇）领导是他们的直接领导，社区工
作主要围绕他们的指令和要求开展。二是居委会由配合、协助角色转变为
任务与工作中的实际执行者与主体。《意见》中提出，"进一步明确城市
社区居民委员会的主要职责"，并具体规定居委会要"依法协助城市基层
人民政府或者它的派出机关开展工作。社区居民委员会是党和政府联系社
区居民群众的桥梁和纽带，要协助城市基层人民政府或者它的派出机关做
好与居民利益有关的社会治安、社区矫正、公共卫生、计划生育、优抚救
济、社区教育、劳动就业、社会保障、社会救助、住房保障、文化体育、
消费维权以及老年人、残疾人、未成年人、流动人口权益保障等工作，推
动政府社会管理和公共服务覆盖到全社区"。由此观之，居委会具有在多
个方面协助政府及其派出机关开展社区服务的义务，但是笔者在调研中发
现，这一"协助"角色已然发生了置换。居委会在实际社区工作中要处
理和完成街道及其职能部门转嫁的上述行政性事项多达100多项，而且每
一项工作都要有工作台账以备上级检查和考核。这些行政性工作主要是通
过社区的"一站式服务大厅"来开展的。宜街的每个社区都有这样一个
大厅——一站式服务大厅。它一般设置在社区办公楼的一楼，大厅中有党
群工作、劳动保障、综合治理、环境卫生、物业管理、宣传文卫、老龄工
作、人口信息、妇女计生、民政残联、志愿者服务站以及巾帼文明岗等十
多个服务窗口，由3~4个社区工作人员来具体负责这些项目，类似于街
道的社区行政事务服务中心，并且一站式服务大厅与街道之间保持了密切
的联系，一站式服务大厅负责街道及其职能部门转移过来的各项登记、审
查与资料整理等工作。由此可以发现，政府工作人员将本该由自己负责的
各项行政性事务通过各条线在居委会找到了各自的对应人员（或窗口），
他们只负责任务的分解与层层下放，而具体的实施则是由居委会的工作人
员来进行的。XH社区的社区工作者JQ是街道2010年统一招录的一名大
学生村官，他告诉笔者他在XH社区主要负责社会治安、优抚救济、养老
保障、统计调查等多项具体工作的开展。XH社区书记CH说："现在街道
把社区压得很紧，又不从自身做起，一有点什么事情，就先往社区堆，汇
到我这，我工作结束了，各条线也是这样。现在都是属地化管理，连安
全、消防、稳控都是社区管理。一是我们没这个权，二是我们也没这个能

力。"一份来自 YX 社区的 2015 年终总结①更能说明这一问题。具体如下。

　　2015 年开展的主要社区服务工作有以下几类。1. 热心做好社区劳动保障工作，为 422 名社区居民办理医保，为 71 人办理城乡居民养老保险，为 139 人办理 "4050" 补贴。2. 认真做好弱势群体的帮扶工作。今年为 5 户家庭申报慈善救助，救助金额为 18000 元，对 18 个贫困学生开展结对助学，助学金额为 35300 元。低保工作做到在动态管理下应保尽保。3. 认真做好廉租房的相关工作，社区今年申报廉租公租住房的有 28 人，改善了居民的居住环境。4. 居家养老贴心服务，为 38 个空巢老人结对服务、17 个老人办理配送餐、13 个独居老人申领老年手机、12 个 80 周岁老人办理尊老金、632 个老人进行免费体检、10 对夫妻举办金婚活动、26 个寿星做寿。5. 做好人口计生工作，加强对已婚育龄妇女的计生服务，283 名育龄妇女参加了免费体检，流动人口管理到位、社区计生的系统资料健全，做到底子清、情况明。6. 物业管理有序推进，继续做好急报应修，上报维修 345 起，每月开展卫生评比，对华要新村 35 幢和阳美 29 幢进行重点维修，改善了环境，居民生活更加舒适。

　　故此，在居委会与街道相遇的地方，或者是在居委会与街道发生互动的场域空间，科层序列的等级关系就成为统合居委会行动逻辑与策略选择中的一种 "情景惯习"。

　　2. 组织统合与党建网络化

　　组织统合是国家进行与实现对社区社会影响的核心载体和主要渠道。国家力量必须借助一定的渠道和载体来实现与基层社区的联通与桥接，因此，组织载体的建设就显得尤为关键。宜街的实践呈现了街道进行组织统合的两条路径。其一，对已有组织的制度化统合，并且建立常规的工作机制。这主要是指国家对其在基层社区中的代理组织，如社区党组织、社区居委会等的统合。其二，新建组织载体以增强统合的效果，如以 "社区减负" 名义出现的社区工作站或社区服务站等。因此，不仅党建工作成为街道考核社区的重要指标，成为社区工作中重要的、日常化的工作，而

――――――――――

① 节选自 YX 社区党总支书记、居委会主任 2015 年的工作总结。

且社区党建在新时期、新形势下也获得了新的发展空间和扩展载体。

就前者来说，社区党组织和社区居委会作为基层政府在社区的"代理人"，毫无疑问是其统合的最佳对象，上文的分析也彰显了这些组织化载体中的"国家在场"，并且居委会在开展工作的过程中也将这一体制进行了有效的传导与复制（将在下一章详细论述），国家的触角已延伸至社会的肌体之中，其常规的工作机制即社区党组织建设工作。众所周知，社区党组织的建设对于巩固党在城市社区的执政基础，加强党掌控全局、统筹发展的能力具有重要的意义，被称为政权建设的"强基工程"。就后者来说，新建组织载体中党组织的统合更为直接和全面。这主要指的是以"社区减负"名义出现的社区工作站或社区服务站（在宜街的基本情况是，社区居委会与这些新设机构或组织其实是"两块牌子、一班人马"①，实际上这也是目前全国大部分社区的做法）。社区工作站的负责人由街道直接任命，社区工作站的工作人员也基本是通过街道的统一考试和招聘而进行聘用的，其绩效的考核、工资的发放、职位的晋升等方方面面都直接受街道的领导。

为深入推进社区转型发展，进一步深化社区党建工作内涵，扎实开展"固本强基"工程，宜街多策并举，深入推进社区党建工作。2010年以来，宜街的社区党建呈现前后两个明显的发展阶段。第一阶段，制度化体系建设。第一，社区党组织网络的全覆盖。以社区转型发展为契机，建立和完善"社区党总支—小区党支部—楼道（幢）党小组—党员中心户"四级网络体系，同时加强特色党支部、楼道（幢）党小组和党员中心户建设工作。第二，以网格化管理和片区化服务为依托，以党员为核心建立"片长—党小组组长—居民小组组长—楼道长—热心人"扁平化管理、片区化服务模式，使社区党组织服务体系更优化，服务半径更合理，不断提升社区党建工作整体水平。

第二阶段，党建工作创新。第一，以单独组建、区域联建、行业统建为主要形式，突出商业楼宇、中介组织等重点领域，加大在非公有制企业和社会组织中组建党组织力度。第二，探索建立网络党组织，通过微博、

———————————

① 就宜街的实际来看，主要体现在对2010年以来招聘进来的大学生村官（基本上都是在社区居委会做社区工作者）的使用上，他们是作为社区工作站的工作人员由街道聘用而来的，但实际中基本上是作为社区工作者使用的。

微信等开展党的活动，拓宽党建工作网络阵地。第三，探索在志向相投、兴趣相近、活动相似的社区居民群体中建立党组织，以增强党组织活动的内在驱动力。第四，以社区为主导，推广大党委兼职委员制工作经验，深化区域化党建工作，建立完善驻区单位党组织到社区联系报到制度，推动区域内各级各类党组织互联互补互动，共同做好服务工作。

此外，组织人员间兼职、轮岗以及交叉任职等也是党组织加强统合的一个重要手段。就宜街的实际来看，存在两个方面特征。一方面，社区党总支书记兼任社区居委会主任的现象非常普遍。在宜街的 34 个社区中有14 个社区的党总支书记兼任社区居委会主任。另一方面，定期的轮岗轮训制度。这里面有几种情况。一是宜街的社区工作人员（特别是大学生村官）经常会被借调到街道的一些职能部门进行工作。一般是在某一特定时期，某项工作成为街道的中心工作，但是时间紧、任务重，这时街道组织部门就会向社区借调能力较强的工作人员，使其参与到部门的阶段性工作中。二是社区书记彼此之间的换岗，这种换岗是基于街道领导的考虑而没有明确的具体的成文规定。三是社区书记与宜街居家养老服务中心①主任彼此之间的轮职。比如，居家养老服务中心的现任主任 TM 即原来的社区书记，由于他做得比较好，而被委以重任，调任居家养老服务中心主任。四是社区老书记、老党员在网格化体制中的兼职，一般是作为片长，比如，XH 社区老书记是睦邻点负责人。

街道转型发展文件中也指出，"加大对大学生村官的培养使用力度，完善街道机关、基层优秀年轻干部'上挂下派'任职挂职锻炼机制。加强基层党组织书记教育培训和岗位目标管理，实施基层干部能力提升工程，建立定期轮训制度，帮助他们提高服务本领"②。可见这一人事交叉已经形成制度并运行于宜街治理空间。

3. 程序统合与选举中的"前战"

程序统合是建构与提升国家对基层社区统合合法性与合理性的技术性手段和操作性策略。其主要是通过政策文本的形式，将相关工作的程序置于政策文件的权威性表述之下，在程序执行的过程中实现国家力量的同步

① 宜街居家养老服务中心是街道下属的一个具有官方性质的社会组织。就笔者的调研来看，其基本上是作为街道的一个下属部门来运作的。
② 资料来源：宜街《关于加强基层服务型党组织建设的实施意见》。

下移。换句话说，程序是由政府制定并实施于基层社区空间的，旨在建构社会治理重心下移的合理性和获得居民认可的可能性。特别是在"依法治国""法治保障"的宏观语境中，程序性的建构又具有了统合的宏观依据和舆论环境。这一程序性的统合典型地体现在社区居委会的选举中。虽然《中华人民共和国城市居民委员会组织法》明确规定了居委会的选举方式，但是各地政府仍然可以通过具体操作程序上的设计与安排来实现对居委会选举的引领和统合。

　　20 世纪 90 年代以来，学界对居委会选举的研究越来越多，主要围绕两个主题来展开。其一，居委会选举的性质以及其所具有的基层民主价值。相关研究呈现了明显的分化。有学者认为居委会的选举（包括直选）① 都是在党和基层政府主导下进行的，选举只是一个形式，是将政府"信得过"的居民通过特定的程序"选出来"的过程，旨在加强政府对基层社会的统合，因而其所具有的民主价值有限。② 也有学者认为居委会选举可以将一些政治权力意识与言语带进居民的生活中，在潜移默化中也可能会发挥一定的民主效应。比如，"政治赋权"、"权利意识"、"社区归属感"和"社会资本培育"等话语进入学者视野并成长为基层选举话语的过程，本身就代表了一定的进步。③ 其二，将居委会选举作为一个事件，进行"过程－事件"的操演，并在"国家与社会"的框架中，具体分析党组织、政府、居委会以及居民在选举事件中的策略运用与博弈过程，并在此基础上概括或提炼中观层面的分析框架或范式。已有的研究存在两种路向。一是社会自主成长。居委会开始作为一种社会力量的代表在社区治理中发挥自治的功能。④ 二是行政权力的生产与再生产。社区仍然是"国家治理的基本单元"，而不是"社会生活的共同体"，居委会成为国家统合基层社会的重要组织载体和通道。⑤ 笔者在宜街的调研更倾向于支持后者。

---

① 根据《中华人民共和国城市居民委员会组织法》的规定，居委会的产生有三种办法：一是由本居住地区全体有选举权的居民一人一票选举产生；二是由户代表选举产生；三是由居民代表选举产生。第一种为"直接选举"（简称"直选"），后两种选举通常被称为"间接选举"。

② 桂勇、黄荣贵、李洁莲、袁静：《直选：是社会资本开发还是行政推销民主?》，《上海城市管理职业技术学院学报》2003 年第 6 期。

③ 刘春荣：《国家介入与邻里社会资本的生成》，《社会学研究》2007 年第 2 期。

④ 可以参考 Pan、朱健刚、林尚立等的相关研究成果。

⑤ 杨敏：《作为国家治理单元的社区——对城市社区建设运动过程中居民社区参与和社区认知的个案研究》，《社会学研究》2007 年第 4 期。

总之，对居委会的选举过程，学界已经进行了较为充分的研究，取得了较为丰富的研究成果。故此，笔者不打算展开居委会选举的"过程－事件"分析，而是将研究的重心转向政府为实现统合的目标而进行的宏观布局与程序安排，并具体结合宜街 2012 年的居委会换届选举程序。一般而言，正式的选举是按照固定的程序来进行的，包括选举的准备、动员、选举的过程以及结果的公示等流程，在宜街居委会换届选举之前，宜街就召开了多次会议，为换届选举工作统一思想、规范行动，并进行了调查摸底，确定初步人选，明确目标。这已形成制度化的程序，成为宜街居委会换届选举之前必须要打好的"前战"。

其一，换届选举之前的筹备与动员，目的在于凝心聚力、统一认识。一般通过街道内部的动员与筹备会来进行，参会人员主要是街道各科室相关人员。下面是宜街党工委书记 XZJ 在社区换届选举工作筹备会议上的讲话节选。

宜街"三早三先行"为社区（村）"两委"换届选举做准备

宜街将社区（村）"两委"换届选举作为加强基层党建工作的重要内容，积极谋划，周密部署，采取三项举措，为换届选举工作打牢基础。一是早准备，调查摸底先行。针对社区（村）"两委"换届选举工作重点和存在的突出问题，进行深入细致的调查研究，充分听取党员、群众及社区党组织意见。街道组织人事部门分两个专项调研组，对全街 34 个社区（村）"两委"班子的结构、年龄、能力、工作实绩、干部威信、群众认可度等情况进行全面的调查摸底。二是早部署，教育培训先行。有针对性地对各社区（村）专职党务工作者进行专题培训，使其详细掌握换届选举工作相关程序、法规、制度，提高依法指导换届选举工作能力和水平，为规范有序开展换届选举工作提供基本保证。三是早介入，化解矛盾先行。根据以往社区（村）"两委"换届选举工作经验，对可能出现的新情况、新问题进行认真深入分析，建立换届选举应急处置机制，及时排查和解决影响换届选举工作的倾向性、苗头性问题，加强对突发事件的防范、掌控和处理。

其二，换届选举之前的调查摸底，目的在于初步筛选候选人、锁定目标。一般于选举之前的 6 个月进行，由街道组织委员（党委委员）带队进入社区进行调查摸底，主要针对对象是社区班子成员及其助理，通过个别谈话和民主测评等方式，对社区班子成员思想、能力、工作、作风，社区班子人员结构、工作运行情况，以及工作人员职数配备现状、优秀年轻干部情况等进行摸底和了解，进而确定初步的候选人名单。

其三，确定换届选举工作的流程与计划，目的在于保证选举的成功、程序性。这可以从宜市和宜街、社区为居委会的换届选举颁布的五个文件以及街道层面的动员大会中体现。这五个文件分别是《宜市社区居委会选举工作规则》、《宜市社区居委会选举工作流程》、《宜街社区居委会换届选举工作的实施意见》、《宜街社区居委会换届选举工作计划表》以及《XH 社区居委会换届选举工作计划》。同时召开了街道层面的换届选举动员大会。这些文件（会议）从程序的角度对居委会的选举进行了具体的谋划。下面笔者以这些文件为研究文本，就其中的程序设计进行梳理。

首先，关于选举工作规则的设计。①居委会的选举由市政府统一领导，各街道办事处具体负责组织实施。②市级成立社区居委会换届选举工作指导小组，下设办公室；街道办事处设立换届选举工作指导小组，负责指导、协调社区居民选举委员会工作。③设立社区居民选举委员会，负责主持社区居委会换届选举工作。社区居民选举委员会由 7~9 人组成，其成员应当具有一定的代表性，由居民会议或者各居民小组推选产生。社区居民选举委员会成员名单由社区党组织予以公布。

其次，关于选举工作流程的规则和实施意见。①组织准备工作，主要是建立机构、制订方案、培训骨干、进行部署、确定选举日等。其中，街道要在党工委的领导下，成立社区居委会换届选举工作指导小组①，社区居委会要在社区党组织的领导下，成立社区居民选举委员会。②产生居民代表、户代表和居民小组组长。居民代表按照每个居民小组 2~3 名或每30~50 户 1 名的标准，由社区居民选举委员会或社区居委会召开居民小组会议投票选举产生，并由社区居民选举委员会张榜公布。由社区居委会

---

① 这一指导小组由街道党工委书记和街道办事处主任共任组长，副组长有三人，由具体负责换届选举的街道副书记和副主任担任，成员则主要是街道各条线部门的负责人，指导小组成员共计 30人。指导小组下设办公室，负责换届选举日常工作，办公室设在宜街社会事业办公室（2015 年改为社区建设办公室）中。

召开或指导居民小组会议推选居民小组组长，任期三年，可连选连任。③工作要求。一是高度重视，加强领导。要认真组织、精心安排，尤其是社区党总支书记要肩负起换届选举工作的领导责任，要详细过问、具体负责。成立以社区党总支书记为组长的选举领导小组和工作班子，做到"准备充分、情况吃准、方法得当、措施扎实"。① 二是规范操作，充分发扬民主。三是优化结构，强化班子功能。

再次，街道领导对社区居委会换届选举工作的动员。会议由负责社区建设的街道副主任主持并讲话。①在换届选举的总体要求中，社区党组织领导班子成员与社区居委会中的党员成员可以交叉任职，提倡社区党组织负责人通过法定程序担任社区居委会主任。②工作步骤，分为组织准备阶段、宣传发动阶段、正式选举阶段、总结完善阶段。③工作要求，要在加强联系、协调沟通上下功夫。街道要协调相关部门搞好换届选举的检查与监督工作，保证选举质量。居委会要加强与相关部门的联系，形成工作合力。要全面掌握选举动态，及时发现和纠正各种违法行为。要发挥党组织的战斗堡垒作用和党员的先锋模范作用。

最后，制定宜街居委会换届选举工作计划表。主要是按照选举阶段进行时间安排与内容部署，是对选举过程的具体程序性规定。这里仅列出组织准备阶段的工作安排。①拟定换届选举方案、计划，成立领导小组，确定选举指导员；②组织对各社区居委会班子进行考察；③召开党委会，研究换届选举有关事宜；④召开社区居委会换届选举动员会，并进行业务培训。

由上述文件梳理可见，街道对居委会的选举工作进行了全方位的指导，从换届选举的工作规则、工作流程、动员到具体的进度安排等方面都进行了具体的程序制定、规划与安排，从选举的组织领导、宣传动员、方法到选举过程、结果公示、建章立制等方面都进行了具体的程序设计、部署与规范，以保证居委会选举工作的有效进行。而这一指导的效果可以从 XH 社区的选举工作计划中得到证实。

---

① 笔者原先认为，这些要求只是书面文章，是形式化的语言和惯例。但是从实际选举工作的开展来看，每一点要求都具有特别重要的意义，被演绎和操演得淋漓尽致，"准备充分、情况吃准、方法得当、措施扎实"每一条要求在基层书记的手中都变成了其可以策略性调控选举的程序手段和策略技巧，而居委会主任也正是在这一过程中得以"合法化"产生的。这一过程已被学术界的很多相关研究"深描"。

为做好居委会换届选举工作，依据国家、宜市以及宜街的相关政策文本以及程序性规定，XH 社区制订换届选举工作计划。我们可以从社区居民选举委员会成员名单以及选举工作计划表中窥见一斑。

第一，选举小组成员身份与名单的"安排性"与"先定性"。在宜街的程序性规范下，在社区书记的安排下，以主任助理为组长，包括社区工作人员、党总支委员、片长以及党小组组长在内的 11 名成员组成 XH 社区居委会换届选举小组（见表 4-1），并切实在居委会选举中发挥着重要作用。在成员的构成、党员的比例以及组织机构方面，XH 社区与宜街的其他社区一样。

表 4-1 XH 社区居委会换届选举小组成员基本情况

姓名	性别	职务	政治面貌	在选举工作中的角色
GY	女	主任助理	党员	选举小组组长
YJH	男	主任助理	团员	选举小组组员
DZ	女	社区工作人员	党员	选举小组组员
QYP	女	社区工作人员	党员	选举小组组员
PGD	女	党总支委员、片长	党员	选举小组组员
WMS	男	党总支委员	党员	选举小组组员
SJK	男	片长	党员	选举小组组员
ZSB	男	副片长	党员	选举小组组员
HH	女	党小组组长、片长	党员	居务监督小组组长
GKQ	男	片长	党员	居务监督小组组员
YMY	女	党小组组长、片长	党员	居务监督小组组员

第二，换届选举工作计划的"同构性"。这是其程序性的必然要求，典型地体现了程序的规范化过程。选举分为组织准备阶段、宣传发动阶段、正式选举阶段、总结完善阶段四个阶段。一方面与街道的政策性指导和规则要求保持一致（居委会主任告诉笔者社区具体工作计划的制订，基本上就是对街道文件的"复制粘贴"，同时按照社区实际进行"程序化"修改，其他文件基本与此一致。"省事，而且不会出大问题"[①]）。另一方面也与宜街其他社区，甚至全国其他地方的居委会选举一样，具有大

———————
① 来源于笔者对 XH 社区老书记 HH 的访谈。

体一致的选举流程。这就保证了居委会选举的规范操作，为其程序合法性奠定坚实基础。

第三，选举进行过程的"日常性"与"同质性"①。这主要体现在选举之前的准备、摸底与组织和安排上。一方面，这一过程大多是在日常工作中进行的，参与人员以社区居民小组组长、老党员、热心人等平时与社区居委会打交道（接触与互动）较为频繁的人为主，而且是在社区书记多次开会、统一思想、培训教育的基础上参与的。另一方面，体现为具体操演中的"高度同质性"。这一同质性实际上构成了居委会选举工作中的另外一种制度化的程序。当然，也是在所有人都"知晓"、"默许"或者"沉默"的基础上发挥作用的。一旦有人提出了异议，就会马上启动一系列的"做工作""走门路"等应对策略，社区书记表现出了高超的政治智慧，这是保证选举顺利进行与完成的重要因素。可见，街道对居委会的"程序"规范和引领不仅指涉一系列文件的下发，也包括社区居民选举委员会在街道授意下的"工作程序"。前者保证了居委会选举的规范性和程序性，提高了选举结果的"合法律性"；后者保证了选举出符合街道要求的人员。两者虽在价值层面存在张力，但在技术层面上实现了高度的耦合，进而保证了社会治理重心的下移。

由此观之，国家虽规定了居委会的民主选举，让渡了社会成长与发育的部分空间，但是国家内部的层级化差异以及权力的不同又导致其不断地对其在基层场域中的代理人或组织进行组织和程序上的一系列统合，进而将这些成长中的社会因素吸纳到其有效统合的轨道中。

4. 服务统合与多重统合的叠合

社会治理重心向基层下移与国家权力对基层社会统合是并行的。新时代基层社会面临新的治理情势和创新诉求，国家的统合与引领也调整与变换了新的策略，服务统合即典型。

服务统合是新形势下国家加强对基层社会统合的形式拓展与内涵提升。其主要途径是政府通过公共服务的提供，将其意图嵌入服务的过程一并传递给基层社会。在这一过程中，基层社会形成对政府的依从和认同，而国家则在服务传递的过程中实现了其权力在基层的再建构。服务统合作为基层社会治理场域中的新常态，本身就是国家实现其统合意图、提升其

---

① 这一部分主要是笔者在对 XH 社区居委会选举过程调研后的思考。

合法性的一种创制性策略，其运行与发挥作用是与其他统合路径叠合的。

其一，从某种程度上看，服务统合也是一种理念上的统合，传送服务也在传递一种"执政为民"的正面力量，是国家基础性权力的重要举措。此即"寓管理于服务之中""在服务的同时实现有效管理"，是服务统合与理念统合的合一。按照宜街党工委书记 CP 的说法，"随着宜市城市化、现代化的加速推进，街道工作的重心已经从以经济发展为主转为以社会治理为主，街道城镇建设的方向已经从以建为主转为以管为主，街道社区治理的内容已经从以管理为主转为以服务为主。要适应这种新常态，作为街道工作的基本单位，社区的工作理念、管理模式等都须与街道现代化建设相适应、相融合"①。为此，社区要从五个方面进行转型，这五个方面就构成了宜街转型的基本理念，并且这一理念已经完全进入社区场域和居委会工作人员的行为惯习，成为 2015 年宜街的中心工作和主要工作。第一，以社区扁平化管理、片区化服务为重要抓手，寓管理于服务之中，实现管理模式由重管理向重服务转变。第二，切实纠正社区工作机关化倾向，实现工作方法由"请上来"向"沉下去"转变。第三，以"满足民需、改善民生、化解民怨、稳定民心"为重点，实现服务内容由行政事务向社会事务转变。第四，多途径、多渠道引进和选用社区工作人员，注重对这些人员的培训，实现社区队伍由以培养为主向引育并重转变。第五，支持居民自治组织自主开展活动，实现组织架构由单一管理向多元共治转变。这五个方面的转型，不仅是社区工作的转型，也是工作理念和服务意识的转型，转型作为一种契机，建构了治理主体的理念，也凝合了服务与管理，在宜街的实践中持续进行。

其二，在服务的过程中，国家仍然是通过既有的组织体系来将服务传送至基层社会的，处于科层结构序列中的居委会作为国家的"代理人"，实现服务与居民的对接，在此过程中居委会代表的是国家。服务的传递过程是与统合的过程统一的。宜街在转型发展中提出了加强基层服务型党组织建设的议题，这是一种鲜明的混融型统合策略。下面笔者以宜街转型发展的"1＋7"文件中的《关于加强基层服务型党组织建设的实施意见》（以下简称《意见》）为例来加以证明。第一，《意见》提出服务与建设并重。深入贯彻落实市委关于加强基层服务型党组织建设的精神，强化基

---

① 访谈资料：20150320CP。

层党组织的服务功能，密切党同人民群众的血肉联系，全面提高党建工作科学化水平，为巩固党的执政根基提供坚实的组织保证。可见《意见》的出台，一方面加强了党组织建设，另一方面也赋予了党组织新的服务性功能。通过强调党组织的服务性功能来进行党组织的建设。第二，建设要求中的服务定位。宜街把服务改革作为要务、服务发展作为方向、服务民生作为关键、服务群众作为根本、服务党员作为基础，推动基层党组织强化以服务为核心的功能定位。将服务作为其建设的基本要求，并将这一服务的功能定位操作化为服务意识进一步强化、服务功能进一步拓展、服务能力进一步提升、服务保障进一步加强、服务成效进一步彰显"五个进一步"。第三，主要措施中的服务统合。《意见》从以下五个方面进行论述：明确服务职责，强化服务功能；优化组织设置，扩大服务覆盖；促进素质升级，提升服务能力；完善服务平台，拓展服务载体；完善保障激励，夯实服务基础。每个方面建设的重点都是以党组织为载体的服务拓展过程。

其三，服务的传递与提供也要遵循基本的程序性规定。而国家则是程序的设计与制定者。这样公共服务的传递所依凭的程序就烙刻着国家的利益和考量，公共服务按照国家所设定的逻辑传递到基层社会。这也鲜明地体现了服务统合与程序性统合的结合。宜街的转型发展开始于2006年的"撤镇设街"，在2010年"两工程"建设奠定坚实的硬件基础后进入快车道，在多年调研、论证与谋划的基础上成型于2015年的宜街"1号文件"。该文件包含1个主体文件和7个附件文件，每个文件都从指导思想、基本原则、工作重点和组织保障四个方面做出了清晰的、具体化的规定，特别是工作重点中对各个环节的精细程式化规定，使得社区服务工作的开展变得程序化、制度化与日常化。比如，从附件文件《关于深化社区扁平化管理全面实行片区化服务的实施意见》对服务片区的设置等做的具体规定中可见一斑。如下，按照"任务相当、方便管理、界定清晰"的要求，由社区根据实际情况合理设置社区片区，对片区进行综合服务管理。社区一般以300~500户为一个片区，60~100户设一个居民小组，老城区以每幢楼、新开发小区小高层以每个楼道口设一个楼道长，片区划分要横向到边、纵向到底，不留空白区域，不得交叉重叠，将各社区区域内所有主次干道、背街小巷、公共场所、居民小区等全部纳入社区片区，实现全面覆盖。

由此观之，在新时代社区建设与基层治理创新过程中，国家通过治理理念引入、话语建构等无形的"理念统合"与"服务统合"的策略调整与转换，成功地将基层社区吸纳与融合，继而整合进国家体制。

三　行政吸纳社会：失衡的互动与单向度的治理

国家力量对基层社会的统合是基层社会治理场域中最稳固、最清晰的常量。这一常量在居委会的发展历程中功能恒定，但性质有变迁。功能恒定，指的是国家对社会的影响从来没有停止过。就基层社区而言，国家推动与主导居委会的建立，使其发挥组织与引领基层民众的功能，这是恒定的。性质变迁，指的是社会的转型发展、社会主义市场经济体制的嵌入以及社会的不断成长，使国家改变了其对社会进行统合的形式与途径，其依凭的力量和统合的强度等都发生了改变。国家不断改变与调整着自己的存在状态（"看得见"的与"看不见"的）、实践操演的方式以及功能发挥的向度。这就是说，在基层社会治理中，治理的规则和资源都发生了变化，国家也相应地改变了自己的策略和逻辑。一方面，国家对社会的"控制"让位于国家与社会互动中的"统合"[1]，这是其策略的调整；另一方面，国家由"威权控制"转向"体制吸纳"[2] 和"行政统合"，这是其逻辑的改变。由此，国家实现了对居委会的行政化与制度化。国家统合所依凭的权力边界扩大化以及策略逻辑的弹性化，保证其始终具有将成长中的社会力量（因素）吸纳入可控范畴内的能力[3]。从整体上看，在国家与社会的关系格局中，国家占据主导性地位，社会依附于国家，呈现行政吸纳社会的逻辑，不仅强调治理方法和途径上的统合，即行政吸纳社会；还特别注重治理过程与结果上的耦合，即国家统合的合法性、可控性与开放性。

---

[1]　这一调整可从第三章居委会的历史变迁中窥见一斑。

[2]　可参见国云丹《从威权控制到体制吸纳：国家与上海邻里空间，1949—2008》，博士学位论文，复旦大学，2009 年。但是居委会被体制吸纳之后，"威权控制"仍是左右其发展以及与街道互动的主体逻辑。

[3]　也是在这一意义上，居委会去行政化的过程必然是对负载其内的国家体制惯性的剥离。从现时中国来，既不可行，也不科学。居委会的行政性（化）应成为重要的制度资源推进居委会的功能新构和角色变迁。

从国家层面上看，《关于加强和改进城市社区居民委员会建设工作的意见》指出，"城市基层正在发生新的深刻变革，社区居民委员会承担的社会管理任务更加繁重、维护社会稳定的功能更加突出，居民群众对社区居民委员会的服务需求更加迫切"，由此，进行社会管理、维护社会稳定就成为居委会的法定义务，这一定位本身就是将居委会作为行政性组织来看待的。国家通过政策文本对居委会的功能赋予过程即构成了国家体制吸纳的一个重要环节。就宜街来看，无论是《关于加快社区转型发展的意见》，还是2015年的中心工作（扁平化管理、片区化服务）都是街道自上而下的行政诉求与体制延伸下的统合过程。笔者通过调研发现，在这些过程中居委会并无任何"讨价还价"的意识和举动，呈现的都是各个社区书记（主任）为更好地落实这些政策意见和中心工作而进行的潜在竞争。宜街不断地通过各种类型的政策文件的出台、会议座谈、党组织建设、程序设置以及党员战斗堡垒作用的宣传与激励等措施，建构着居委会的"下级"属性，这样街道与居委会的互动由于居委会归属"下级"地位的自觉意识和行动而走向失衡，基层社区场域到处是"国家"的力量。

宜街与居委会互动过程中的单向度治理呈现为上述理念统合、组织统合、程序统合以及服务统合并进与嵌合中的居委会行政化以及行政吸纳社会的过程。其中理念统合，旨在通过认知情景的新构在人们与组织的认知中设定街居的"上下级关系图谱"，它是国家统合的结果，也是实现国家更深层次统合的重要中介。组织统合，意在建立与加强国家组织力量在基层社区的整合与引领，它是国家统合的重要载体。程序统合，则聚焦于技术性策略与国家意图的融合，将国家力量通过"编程"有序植入社区空间，是实现国家统合的重要手段。服务统合，致力于服务形式与行政力量的合一，强调在服务传递的过程中实现国家权力在基层的再建构，是国家统合的新拓展。

由此观之，在国家和居委会的关系实践中，一方面是国家治理重心的下移以及引领基层社会能力扩展的过程，透过各种途径和渠道的体制吸纳不断地将基层社会中成长的社会力量纳入治理的范畴之内，再构其在基层社会中的影响。另一方面则是居委会在国家统合过程中的被动行政化的过程。居委会在国家理念统合中的两个转变以及相伴而来的"下属"定位，在组织统合中被动"让渡"国家对自身的领导权，在程序统合中对国家策略性建构程序的积极认受，以及在服务统合中对国家同步的权力植入的"无意识"或"有意识的无意识"中呈现明显的行政化。

总之，理念惯习的塑造、组织边界的扩大、程序设计的规范以及服务价值的嵌入在彼此叠合与促进的过程中协同完成了国家对社会的有效引领与整合，居委会也在这一协同中被国家统合，在党组织体制和行政吸纳的过程中被行政化。这也是居委会在压力型体制的国家统合与行政吸纳的过程中，与之互动并融合而达成的"未预期之果"。

第三节　行政传导、压力型体制与居委会的被动行政化

在上述体制吸纳与国家统合的过程中，国家更多地以"政党国家"的面貌出现。米格代尔的"国家观"提出了实践中国家的多元形象，从最基本的实体想象维度来看，国家可以被看作"政党国家"和"行政国家"的合一，而且国家也是"层化"的，不同层级间存在"注意力分殊"①，即国家不是"铁板一块"，而是呈现为部门上的切割和功能上的分野。政党国家在国家统合过程中，理念、组织、程序以及服务统合等更多是通过党组织这一载体和平台进行的，在基层社区工作中则呈现为"社区党建"这一模块。而行政国家完成对基层社会引领与统合的过程明显不同于政党国家，其主要借助行政传导与压力型体制来实现对居委会的吸纳与统合，主要途径就是将其本身所处的压力型体制复制与拓展进基层社会中，在社区居委会中复制与重构行政的纵向管理体制，进而使社区（居委会）成为其传递公共服务、实现社会治理的重要载体。无疑，这一"二元分割"的国家意象就延伸了我们对国家与社会在基层社区场域内发生不同的互动关系的想象空间。

为丰富国家与居委会的互动图景，接下来我们就侧重于行政国家的

---

① 张磊的研究呈现了不同国家维度，以及不同层次国家的"利益分殊"和"互动过程"，"注意力分殊"指彼此考虑和关注的侧重点是有细微差异的，因此，不仅政策的出台是多方博弈的结果，而且政策的执行过程中也是存在"偏离"的可能空间的。具体可参见张磊《业主维权运动：产生原因及动员机制——对北京市几个小区个案的考查》，《社会学研究》2005年第6期。

维度，围绕研究的主体与内容，重点从基层政府派出机构——街道办事处与居委会的关系实践来研析居委会的被动行政化之路。本部分的行文逻辑主要是整合"压力型体制"和"控制权分配"两个分析模型，这一整合并不是概念的简单堆砌或者叠加，而是以居委会为载体，同时将两者纳入分析框架，对居委会行政化的现实过程和内在逻辑进行深度解析，这才有可能对居委会的行政化进行全景式而不是片段式的研析。

一　压力型体制：行政传导中基层社会被俘获的一个分析框架

基层政府与社会之间的关系与互动状态是一个重要的研究领域。经济学、政治学以及社会学等学科都从本学科的理论前提、基本范式与分析路向出发进行了大量的研究，取得了丰富的研究成果。[①] 从经济学的假设出发，一些经济学家和社会学家围绕乡镇政府的资源汲取过程提出了"地方政府公司"[②]、"地方公司主义"[③]、"基层政府公司化"[④] 以及"进取型地方政府、保护型地方政府和掠夺型地方政府"[⑤] 等分析性概念，用以解释乡镇政府与基层社会之间的互动过程。从国家与社会关系出发，一些社会学者和政治学者借用经济学的"委托－代理"模型，围绕基层政府与社会的关系转型，提炼出"代理型政权经营者"、"谋利型政权经营者"[⑥]，以及"汲取型政权"、"悬浮型政权"[⑦] 等具有较高辨识度的分析性概念。

前者将政府假设为"理性的经纪人"，未免言过其实；而后者从"代理人"的角度做出预判而对其缘何代理的过程语焉不详，并且过于

①　杨雪冬：《压力型体制：一个概念的简明史》，《社会科学》2012 年第 11 期。

②　Andrew G. Walder, "Local Governments as Industrial Firms: An Organization Analysis of China's Transitional Economy," *American Journal of Sociology*, Vol. 101, No. 2, 1995, pp. 263 – 301.

③　Jean Oi, *Rural China Takes off: Institutional Foundations of Economic Reform*, University of California Press, 1999, p. 135.

④　赵树凯：《农村发展与"基层政府公司化"》，《中国发展观察》2006 年第 10 期。

⑤　周业安、赵晓男：《地方政府竞争模式研究——构建地方政府间良性竞争秩序的理论和政策分析》，《管理世界》2002 年第 12 期。

⑥　杨善华、苏红：《从"代理型政权经营者"到"谋利型政权经营者"——向市场经济转型背景下的乡镇政权》，《社会学研究》2002 年第 1 期。

⑦　周飞舟：《从汲取型政权到"悬浮型"政权——税费改革对国家与农民关系之影响》，《社会学研究》2006 年第 3 期。

强调利益的博弈，也难以准确描摹政府与社会的关系全貌。因此，笔者借用压力型体制的概念，同时结合宜街的实践对基层政府（作为政府派出机构的街道办事处）与社区居委会的互动机制进行分析。

压力型体制，最先见于由荣敬本教授等负责的课题组于1997年在《经济社会体制比较》上发表的《县乡两级的政治体制改革，如何建立民主的合作新体制——新密市县乡两级人民代表大会制度运作机制的调查研究报告》，它是由课题组在对郑州新密市的县乡两级政治体制改革进行调查后提炼出的一个概念，指的是"一级政治组织（县、乡）为了实现经济赶超，完成上级下达的各项指标而采取的数量化任务分解管理方式和物质化评价体系"[1]。

由此观之，压力型体制本质上是一种行政压力的运行、分解以及传导的机制。一般而言，首先是上级政府部门发起数量化的指标任务，形成压力源，并通过科层体系自上而下地传导；然后是下级政府感受到压力，形成动力，并进一步通过对科层层级的复制将压力分解与配送，以保证任务的完成和考核的通过。其核心机制有以下五点。

其一，数量化的任务分解机制。这是一个层层分解与任务派发的过程，本质上是一个压力传导的过程。通行的做法就是上级政府将接收到的来自更高层级政府的行政任务一一拆解，按照其所管辖的区域范围和下属层级部门进行匹配，要求下属层级部门在规定时间内完成，并制定数量化的考核指标对下级的完成情况进行评比。

其二，多部门联动与协作的任务完成机制。这里指的是在上级政府的行政传导与任务部署下，下级部门的应对方式，主要体现为两个路径。一是常规模式，下级部门的工作围绕上级的任务分解而展开，其工作计划和工作重点也按照上级的要求进行联动与协作。对居委会而言，就是其日常工作的展开过程。二是动员模式，这主要表现在上级高强度的、临时性的工作安排中，这时下级部门通行的做法是抽调人员或者整个部门一起行动将日常工作暂停或做出让步，以完成来自上级的临时性任务或工作。这就意味着该任务与工作具有绝对的优先权与完成权，下

---

[1] 《县乡人大运行机制研究》课题组：《县乡两级的政治体制改革，如何建立民主的合作新体制——新密市县乡两级人民代表大会制度运作机制的调查研究报告》，《经济社会体制比较》1997年第4期。

级部门在一段时间内不得不将所有的人力集中来完成或应对。对居委会而言，则表现为中心工作的开展。

其三，指标化、数量化考核评价机制。这是压力型体制的重要构成要素，可以对下级产生督查与激励的效果。一方面是督查。检查与考核下级对上级安排的任务的完成情况，通常可以是阶段性的检查、考察与督导，也可以是临时性的突击检查等。另一方面则是激励。这一过程对政府的价值选择和行为选择都具有直接的激励功效。第一，正向奖励。对贯彻上级政府的指示、精神较为积极，完成与执行上级政府下派任务、指标较为有效的组织和个人给予各种物质性和精神性的奖励，比如提拔、提资以及授予荣誉称号和进行媒体宣传等，树立典型，起到榜样示范效应。第二，负向问责。对一些在执行指令、落实任务以及开展工作过程中"打折扣"、"不积极"以及"无效率"的组织和个人进行惩罚，树立负面典型，通报批评，以儆效尤。比如将在压力型体制中较为盛行的"一票否决"① 制与"一把手负责制"② 相结合，这就把下级的工作重心和责任人有效地纳入了这一压力型体制中，成为体制中的一个"零件"。更为重要的是，压力型体制中的考核评价机制通常都是高度数量化和指标化的。数量化与指标化就建构了一种较为客观的、外显的，以及较为透明的、可以比较与竞争的氛围，这样"任务"就得以有效分解，"压力"得以有效传导，而"目标"则得到有效落实。

其四，财政制度中的多维度约束机制。在压力型体制中，任务的分解与传递过程同时伴有财政预算的安排，进而为下级政府完成任务提供经费保障。上级政府也在财政拨款的方式以及分配中进行着对下级政府的督查与压力的传导，下级政府在这一约束机制中则呈现了"低度的自主性"以及对上级政府的"高度依赖性"。经费拨付方式中嵌含激励导向。特别是计划外的财政拨付对于下级的激励具有重要的导向作用，是形成平行下级单位间"竞争"的重要方式。

其五，人事安排与任命机制。在压力型体制中，下级政府的人员任命

---

① "一票否决"是针对一些在上级看来特别重要的任务所实行的措施，一旦该任务没有完成或达标，其他方面的工作做得再好也视为"不合格"，其评价周期内（通常是一年）工作业绩为零，不能获得任何先进称号和奖励，直到下一次考核达标为止。

② "一把手负责制"指的是行政上的领导通常也作为责任上的第一负责人，对工作中的成绩和问题承担责任。

与考核都由直接的上级来进行或者主要由其进行操持，这样在上下级之间必然会形成行政压力的传导，下级为获得上级的认可，必然会形成科层等级中的"对上负责"的制度惯例。越到达行政序列的下端，这一特征就越显著。

此外，近年来项目制出现在政府治理的各个层级中，已然成为国家治理的重要模式。项目制以"治理目标的专项化、权责运作的条线化以及程序规范技术化"① 的特点在国家治理中发挥重要作用，以应对科层序列以及政府层级分化所造成的效率损耗。在项目运作中，上级政府的统合有效扩展，延伸了行动空间；而下级政府的统筹能力被削弱，但是责任约束也相对上移，下级政府也具有了一定的对上级政府进行"反控"的机会空间。② 但是，困囿于科层制与项目制之间的系统性张力③，项目的运行呈现出低效甚至是无效态势，表现为"科层为体、项目为用"式的项目运作机制。项目制与科层制的并联使用，使得压力型体制效应在项目制运作中被不断放大。

从本研究来看，压力型体制也构成了基层政府与居委会互动的体制生态与逻辑生态，也应该成为居委会行政化中的重要变量。

二 控制权分配：一个内嵌激励设计的机制补充

压力型体制作为一种方向性传导机制，本身就预设了互动的单向度性，继而造成逻辑推演中的内生性困境，即对互动中上级压力源的重视相对遮蔽了下级承接方的策略行为。从中国上下级政府间的互动来看，上级对下级政府工作进行频繁的检查与考核，而下级政府则在政策的间隙与获取信息的速度优势中采取各种应对之策，以通过上级的考核。④ 对于街道办事处与社区居委会之间"考核"与"应对"的过程，相关的专题性研

---

① 陈家建、张琼文、胡俞：《项目制与政府间权责关系演变：机制及其影响》，《社会》2015 年第 5 期。

② 陈家建、张琼文、胡俞：《项目制与政府间权责关系演变：机制及其影响》，《社会》2015 年第 5 期。

③ 史普原将项目制与科层制之间的系统性张力概括为"项目统一规划与科层条线传递之间的张力，项目的时段性与科层的常态性之间的张力，项目的目标导向与科层的规则导向之间的张力"。具体可参见史普原《科层为体、项目为用：一个中央项目运作的组织探讨》，《社会》2015 年第 5 期。

④ 艾云：《上下级政府间"考核检查"与"应对"过程的组织学分析——以 A 县"计划生育"年终考核为例》，《社会》2011 年第 3 期。

究较少。本部分笔者以宜街道办（以下简称"宜街"）的实践为线索来分析这一过程。

宜街对其辖区内的社区居委会的考核与激励构成了其压力传导的重要一环，考核是一个系统工程，是单向度（宜街对居委会）展开的，也是分步骤、按程序、多方法与多阶段并行的过程。考核具有激励和导向的重要功能，本质上是街道实现对居委会统合的一种制度设置。下面笔者主要以2015年宜街对居委会开展的年终考核为例，来展演这一压力传导的过程。

1. 目标设定权与考核标准的制定权

目标设定权，即宜街为其辖区内的社区居委会设定年度工作目标的权力，是对上级政府考核指标分解，而后向居委会发送任务的过程。这是科层关系中的核心权能。从宜街的实际来看，考核目标主要是街道办事处单方面设定的。其主要依据是对上级政府（宜市）考核目标层层分解后，街道认为需要社区负责实施的工作内容。这是目标设定的核心维度。也就是说，考核目标是街道办事处对上级政府考核指标分解后转嫁到社区居委会的子目标，以社区工作的内容（通常是街道办及其相关职能部门下放的工作任务）为主要构成。街道办在此目标导向下，具体制定考核的办法以及标准，以保证目标的实现。《宜街2015年度社区工作考核意见》（街发〔2015〕30号）指出，为进一步加快社区转型发展，创新社区治理模式，理顺社区管理体制，全面提高社区建设水平。在此基础上，以街道全年的"中心工作"——"扁平化管理、片区化服务"为重点，围绕社区建设、社区管理、社区服务、社区教育以及社区经济五个方面进行目标和任务的设定。

以考核目标为准绳，宜街制定了具体的、量化的考核指标体系，即《宜街2015年社区工作百分考核细则》，对社区建设（20分）、社区管理（20分）、社区服务（30分）、社区教育（20分）、社区经济（10分）五个栏目（基本上对应了社区工作的主要内容）共60个考核指标进行操作，并且就"考核标准"以及"加减分说明"进行了详细的可操作化规定。一方面提高了考核指标的数量化以及客观化程度，使人一目了然；另一方面统一了各项指标的可操作化口径，使人清楚明白，这就极大地提高了考核工作的规范性和标准化程度。

此外，宜街对居委会的考核目标的设定以及标准的制定其实也是

"层层细化"和"任务分解"的过程。这可以从宜市对宜街以及宜街对居委会的考核目标比较中得到验证。《中共宜市委宜市人民政府关于 2015 年镇、园区、街道工作考核意见》（市发〔2015〕20 号）中指出，2015 年镇、园区、街道工作考核内容仍为经济发展、社会管理、民生工作、生态环境、城乡建设管理、党的建设、精神文明、重点工作八个方面。考核采取分值制（基本分 300 分、限加分 200 分）。其中，经济发展基本分 88 分、限加分 182 分；社会管理基本分 48 分；民生工作基本分 40 分；生态环境基本分 32 分，限加分 18 分；城乡建设管理基本分 30 分；党的建设基本分 30 分；精神文明基本分 32 分；重点工作按实绩加分，加分不设上限，完成率先基本实现现代化年度目标按优秀、良好、一般三个等级折合系数考核计分。除去针对镇和园区的专项考核，以及由市发展改革委同市有关职能部门针对宜街制定的专项考核指标，大致来看，宜市对宜街的考核与宜街对居委会的考核具有考核项目的"同构性"、项目内容和考核标准的"相似性"以及加减分值的"同向性"。

2. 检查验收权与考核的程序过程

检查验收权，即对上述考核目标和考核标准与实际工作开展情况进行匹配与比对的控制权。这就是说宜街具有对居委会工作开展情况进行检查与验收的权力。检查验收权依附于目标设定权，是对目标落实情况的评估，与考核的具体过程相嵌套。考核的具体过程就是对居委会工作与设定目标一致情况的检查与验收过程。与政府上下级考核验收过程不同的是，由于社会空间距离的接近性以及街道人员与社区生活空间的重叠性，街道对居委会的考核较少会因为信息的不对称性而存在失败的可能。当然，居委会的策略性行动空间[①]还是存在的，但是笔者通过调研发现，这一空间是极为狭小的。

从宜街 2015 年对居委会的年终考核来看，其考核的程序、过程具体如下。其一，考核的组织领导。在街道成立社区居委会考核领导小组和办公室，考核领导小组由街道党工委、办事处及相关职能部门负责人组成，LWJ（办事处主任）任领导小组组长，ZXQ（党工委副书记）、XWB（办事处副主任，主管社区建设）任副组长，组员是街道党政办、宣统办、社事办（社会事业

---

① 杨爱平、余雁鸿：《选择性应付：社区居委会行动逻辑的组织分析——以 G 市 L 社区为例》，《社会学研究》2012 年第 4 期。

办公室）、社建办（社区建设事业办公室）、综治办、物管办（物业管理办公室）等职能部门负责人，考核办公室设在街道办事处社会事业办公室，下设三个考核工作组集中时间整体推进具体考核验收工作。

其二，考核的内容。主要涉及以下两个方面。第一，居委会工作的考核，重点围绕社区党建、物业管理、社区宣传、妇女计生、社区服务、劳动保障、综合治理、社区教育等方面（基本上是社区一站式服务中心的服务窗口，实际上对应了街道的各职能科室）综合评价居委会工作开展情况。第二，居委会成员工作业绩的考核，包括社区书记、居委会主任，以及退休返聘的居委会成员及专职副书记等，从德、能、勤、绩、廉等方面综合评价居委会成员。

其三，考核的流程与方式。考核的时间节点与流程安排如下。（1）撰写总结（2015年12月25日前），居委会撰写年度工作总结；居委会成员撰写年度个人工作总结，总结材料上报社会事业办公室。（2）开展测评（2015年12月30日前），各居委会、街道职能部门完成相关测评，测评结果交考核办公室统计汇总。（3）考核领导小组考核（2016年1月16日前），考核领导小组进入社区座谈，听取汇报、查验工作台账。（4）结果汇总（2016年1月31日前），由街道考核办公室分别对居委会工作、居委会成员（主要是主任）的测评分值进行核算，综合评价后提出考核等次建议，报街道党工委（扩大）会议决定。（5）备案登记（2016年1月31日后），考核领导小组将评价结果做好登记并存档。

具体的考核分两类进行。一是对居委会工作的考核，二是对居委会成员的考核。对居委会工作的考核主要由群众满意度测评、街道测评、领导小组测评及加分项目四块组成。第一，群众满意度测评。街道考核领导小组派人组织开展测评工作，各居委会组织召开居民代表会议，居委会主任代表本届居委会进行工作汇报，条线社区工作人员汇报各自工作情况。其中居民代表要涵盖本居民区中各界人士，主要团队负责人、社区志愿者、小区公众人物、意见领袖、热心社区事务的居民等都要参加，要具有充分的代表性。从实际参与人员来看，基本上是居民小组组长、楼栋长、各类社区党员以及热心人，在街道考核领导小组看来，只要符合人数规定和相关比例要求，他们基本上是能代表社区居民的。[①] 一方面，这些人是居委

---

① 访谈资料：20150416XWB。

会可以充分调动的人员。另一方面，这些人也确实对居委会工作比较了解，是与被评议人有经常性互动的人，而且也是具有一定参与积极性的人。主要通过简单设计的问卷对居委会辖区的治理情况、居委会对人民群众的服务水平及居民对居委会主要工作的满意度等项目进行测评。第二，街道测评。主要指的是街道各职能部门根据各自的工作要求，确定评价内容及分值进行综合评分，基本上是各职能部门独立开展的测评，具有一定的灵活性，测评内容以居委会对其下放工作的落实与执行情况为主，最后经分管领导确认后报社会事业办公室。第三，领导小组测评。街道考核领导小组分成不同的工作组在年底（阴历年，对 2015 年的工作考核是 2016年 1 月 13~16 日集中进行的）到每个社区居委会进行工作测评。以领导小组 2016 年 1 月 13 日对 XH 社区居委会 2015 年工作考核为例，其流程基本上是：（1）听取社区书记（居委会主任）的工作汇报，领导小组首先听取 XH 社区书记 WQ（也是居委会主任）2015 年度工作汇报；（2）对照细则查看台账，领导小组成员从社区党建、物业管理、社区宣传、妇女计生、社区服务、劳动保障、综合治理、社区教育等方面对社区一年来的工作进行考核，对照《宜街 2015 年度社区工作考核意见》及《宜街 2015年社区工作百分考核细则》详细查看社区工作台账，综合评价打分；（3）总结发言，由考核领导小组组长对 XH 社区 2015 年度社区工作从成绩、不足、意见和希望等方面进行简单总结。考核分为优秀、合格、基本合格、不合格四个等次。

　　需要注意的是，在对居委会工作的考核中，也有一些加分的项目和"一票否决"的情况。比如，居委会工作对街道整体工作有突出贡献，获得国家级荣誉加 8 分，省级荣誉加 5 分，等等。"一票否决"指的是在本年度出现以下情况之一，居委会工作考核不能为"优秀"①：（1）产生重大影响的恶性刑事案件、群死群伤火灾事故；（2）没有开展"网格化管理、片区化服务"中心工作；（3）在精神文明建设中给整个街道"抹黑"；（4）受到市级及以上新闻媒体通报批评，造成恶劣影响；等等。这些都需要由考核领导小组和街道主要领导讨论决定。此外，在

---

① 笔者曾就该议题对 XWB 组长进行了访谈。他认为，"一票否决"是一种片面、极端的考核手段，这对社区工作不太公平。近年来，计生工作、环保工作、安全生产（食品、工厂等安全）以及维稳等工作先后成为街道考核中"一票否决"的项目。

2015 年的考核中，还出现了一个"参考项目"——执行制度的情况。主要指的是财务制度、用人制度、津补贴发放制度以及三公经费支出制度等制度的执行情况。作为考核中的参考项目，各项规章制度都能按照要求严格执行到位的酌情加分，而不严格执行相关制度的视情况扣 5 ~ 10 分。

对居委会成员的考核则较为简单，分两类进行。第一，对社区书记与主任的考核。① 主要由街道进行，一般采取个别谈话、工作汇报及居委会委员评价等方式，而且与街道对居委会的考核结果直接相关。第二，对居委会委员的工作考核。基本上是社区内部自己组织的，以居委会委员工作能力、积极性以及工作成效为依据，由社区书记具体进行考核加分，这就进一步强化了社区书记在居委会中的权力，巩固了核心地位。对居委会委员的考核也分为优秀、合格、基本合格、不合格四个等次。

3. 激励分配权与考核结果的应用

激励分配权，即街道依据考核结果对居委会进行奖惩的制度设置和控制权，是对上述考核结果的应用。就宜街的情况来说，首先，分配的是"优秀"的名额，这一分配的过程是激励的重要环节。无论是对居委会工作的考核还是对居委会人员的考核，其结果都分为优秀、合格、基本合格、不合格四个等次，即"优良中差"。诚然，"优秀"是一种稀缺的资源，那么就存在一个如何分配的问题。在宜街的考核结果中，居委会考核等级为"优秀"的比例原则上不超过 20%，"合格"及以上的比例不超过 60%；社区书记（主任）"优秀"的比例原则上不超过本街道社区书记（主任）总人数的 20%，其他居委会委员"优秀"名额则根据居委会考核等级确定。具体是这样的：考核等级为"优秀"的居委会，成员有 2 个"优秀"名额（按考核分值排名）；考核等级为"合格"的居委会，成员有 1 个"优秀"名额；考核等级为"基本合格"或"不合格"的居委会，成员考核中不设"优秀"等级；而考核等级为"不合格"的居委会，成员考核等级只能是"基本合格"或"不合格"。一方面，"优秀"的名额是极为有限的，"不合格"的风险也是存在的，无疑加剧了居委会彼此之间的竞争，有利于居委会

---

① 笔者在宜街调研期间没有机会参与到街道对社区书记（居委会主任）的考评过程中，此部分主要是根据对街道副主任 XWB 的访谈做的整理。

按照街道激励的方向前进，也加深了街道对居委会的统合。另一方面，居委会成员的考核等级与居委会工作的考核等级直接相关，这就在居委会工作与居委会成员之间形成了"捆绑"效应，有利于强化街道对居委会成员的激励。

其次，分配的是"奖惩差异"。奖惩差异是激励分配权的核心内容，与考核等级匹配，旨在为居委会提供驱动力去执行与完成来自宜街的任务部署。这直接就体现在《宜街 2015 年度社区工作考核意见》（以下简称《意见》）关于"考核报酬和奖励办法"的规定中。《意见》指出，社区居委会工作人员全年报酬由基本工资、职称工资、工龄工资和奖金四个部分构成。其中具有"奖惩差异"的部分是奖金。《意见》规定，工作人员奖金以社区书记的奖金为标准测算。社区居委会主任享受书记奖金的 90%，社区副书记、副主任享受书记奖金的 85%，社区居委会会计（原街管定额干部）享受书记奖金的 85%，主任助理享受书记奖金的 80%，其他工作人员享受书记奖金的 70%。按以下四个方面对社区居委会进行奖励。（1）社区规模基数奖。以 2000 户为基数，奖 2000 元，每增加 100 户加 50 元，以此类推（以社会事业办公室核准的户数为准）。（2）社区经济净收益奖。按本年度产生的净收益，每一万元奖 0.2% ~0.5%（以经管办年度审计结果为依据，按资产性收入和共驻共建收入比例核定奖励比例）。（3）社区工作考核奖。按百分制考核，每得 1 分奖 150 元（以考核领导小组的考核结果为依据）。（4）社区重点业绩单项奖。工作上得到宜市及以上等级表彰的奖 1000 元；不出现安全、计生、环保等重大问题的奖 1000 元；开展"深化社区扁平化管理，全面实行片区化服务"工作的奖 1000 元；社区建设有内涵、有特色、有品牌的奖 1000 元；党的建设全面加强，战斗堡垒作用发挥明显的奖 1000 元；"社区文化百千万"工作有创新的奖 1000 元。

对于考核"优秀"的居委会委员，全额发放年终绩效考核奖并给予一次性奖励；对于"合格"的居委会委员全额发放年终绩效考核奖；对于"基本合格"的居委会委员减半发放年终绩效考核奖；对于"不合格"的居委会委员不发放年终绩效考核奖。街道对考核结果不理想的居委会领导及委员进行专门的劝勉谈话，对于考核结果为"基本合格"或"不合格"的居委会委员，由街道社会事业办公室进行诫勉谈话，督促其改进工作作风和工作行为。对于考核等级为"基本合格"或"不合格"的居委会干部，第一次由街道领导（一般是书记）予以诫勉谈话，累计两次则街道与其解约，不再聘任其为社区工作者。考核的具体结果不对外公开，仅作为街道领导工作的参考。

最后，分配的也是"机会"。这里主要指的是各种外出学习与考察的机会、试点的机会等。虽然考核的具体结果不对外公开，但是宜街的 34 个社区居委会在考核后基本上形成了"三个梯队"①，这也构成了街道各种"机会分配"的重要依据。比如，作为宜街转型发展重要的工作之一——"扁平化管理、片区化服务"，也是宜街 2015 年的中心工作。2014 年下半年首先在 XH 社区和 MZ 社区进行初步的探索，2015 年初开始在 DT 社区、TJG 社区等 12 个社区进行开展，之后（2015 年 7 月）开始才在其余 20 个社区展开。而率先开展的 14 个社区即在街道的考核中处于"第一梯队"的社区。它们获得了优先试点与探索的机会，也就赢得了在下一轮次的考核中胜出的更大机会，这也是街道治理中"树典型"②的逻辑。

外出学习对于基层社会治理创新而言也具有特别重要的意义，一些新的想法、理念也都是在与同行进行交流与沟通的过程中形成的。而外出学习与考察的机会也是以"梯队"归属为主要考量的。为深入推进宜街"扁平化管理、片区化服务"工作，研判社区转型发展新形势，学习外地先进社区管理服务理念，2015 年 6 月 10~12 日，宜街党工委书记 CP、党工委副书记 ZXQ、办事处副主任 XWB，率街道已实施"扁平化管理、片区化服务"的 14 个社区"一把手"（社区书记）以及部分街道科室的同志一行 30 多人先后到南京 XL 街道、浙江 DS 街道进行考察调研学习，笔者有幸作为考察团成员之一，参与了此次宜街的外出考察学习。而其他两个梯队的社区则是在 10 月外出学习与考察的。这就形成了发展上的"机会差"。MZ 社区的 CLJ 书记告诉笔者："其实我们的很多做法也是从别人那里学来的。比如 XH 社区的睦邻点建设就是到上海学习后开始弄的，而 TJG 社区搞的下午四点半学校也是到外面学习后照搬过来的。所以，你看每次我们出来学习，大家的积极性和主动性都很高呢。"③ 其实，笔者也看到在每个考察点各社区书记都听得很认真，都会针对自己感兴趣的内容

① 其实这"三个梯队"的考核结果，没有充分考虑社区本身资源禀赋的差异和原先所处的发展态势。从笔者的调研来看，这"三个梯队"的社区归属三年来是很少发生变动的。这也就说明了"机会分配"的重要性。从这个意义上讲，宜街的考核体系也是存在缺陷的。

② 冯仕政：《典型：一个政治社会学的研究》，《学海》2003 年第 3 期。

③ 访谈资料：20150522CLJ。

进行提问、拍照以及记笔记等。

由此可见，一方面，以社区书记的奖金数额为标准进行其他社区工作者奖金的核算，这就实现了社区领导班子与其他工作人员之间的激励一致性，有利于形成团结的社区居委会工作队伍；另一方面，街道在考核中将各种物质性的奖励嵌入其年度的中心工作以及各个条线工作，实现了激励导向与奖惩结构的融合，这就有利于在社区中开展各类争先创优的"创建锦标赛"①。

三　钟摆逻辑：常规模式与动员模式间的自由切换与政治附加

就政府的治理模式而言，常规模式和动员模式是两种最为常见的范式，实际上是上级政府动员下级政府的一种策略集。练宏指出，"常规模式是指基于规则和程序的政府治理方式。动员模式，通常采取临时或者突击式的检查、叫停和惩罚等措施实施治理，具有非常规和随意性的专断特点"②，并且进一步分析了这两种机制之间的切换与转换启动、过程、条件，以及存在的"钟摆运作"逻辑。那么，街道与居委会这一"类行政关系"之间是否也存在这样一种"钟摆逻辑"？下面笔者将结合宜街的治理实践来进行求证。

从居委会的工作性质来看，现有的居委会工作可分为三种：日常工作、中心工作以及突击性工作。日常工作主要指涉居委会办理的日常事务，包括自治性的事务以及街道和各个条线部门下放的行政性事务，基本上可以对应宜街每个社区的一站式服务大厅中的服务窗口所开展的工作，而这也构成了居委会的程序性工作范式，具有日常性、制度性以及惯常性特点。中心工作则主要是街道按照其发展规划每年为社区设定的发展与建设主题工作。2010 年以来，转型发展就成为街道以及居委会的工作重心，或者说是主轴，贯穿于居委会的日常工作中，具有背景性、中心性以及阶

---

① 从宜街的实际来看，社区之间存在各类以街道为主导的"创建锦标赛"，激励机制是一致的。笔者在对宜街居委会的调查中也强烈地感受到了各居委会之间潜在的竞争，主要表现在对各类荣誉称号的争评上。特别是在公益创投以及 2015 年以来的社区社会组织发展、孵化与创新（因此这是街道的工作重点和考核重点）等方面的工作中，彼此之间的竞争"火药味"十足。

② 练宏：《激励设计、上下级互动和政企关系》，《公共行政评论》2013 年第 1 期。

段性的特点。突击性工作则主要指的是为了应对来自更高层级政府或者相关条线部门的检查与验收而由街道分解后交付居委会的临时性事务，具有临时性、突发性以及短暂性特点（见表4－2）。

表4－2　居委会的工作类型以及特征

居委工作性质	街道策略集（模式）	时间跨度	政府逻辑	居委会策略	优先等级	特点
日常工作	常规模式	长存	例行化安排部署	照章办事	一般	日常性、制度性、惯常性
中心工作	常规模式动员模式	长存（呈现一定的阶段性）	政治高度的战略部署	灵活嵌入日常工作	较高	背景性、中心性、阶段性
突击性工作	动员模式	短期	超常规推进、一票否决	高度配合	最高	临时性、突发性、短暂性

从宜街的治理经验来看，虽然居委会的工作性质与类型是由街道决定的，但是宜街也具有在动员模式与常规模式间进行转换与切换的主动权。居委会作为主体对自己的工作基本上处于被动和应对的境地，策略性行动的空间极为有限。而且无论是居委会的策略性行动空间的存在还是其选择性应对[①]策略（其通俗性表达都是"应付"或"应对"），都例证了居委会与街道之间的不对等关系与地位（无论是资源，还是权力等）。在通常意义上，"应对"可分为两种情况：一是敷衍了事，不想完成；二是力不从心，完成不了。就居委会对街道的"应对"来看，理论分析和实践研究基本指向后一类，居委会由于不具备相应的资源、能力、权力等来完成来自街道的任务，客观上成为街道的"社区代理人"。下面笔者以XH社区居委会的日常工作、中心工作以及突击性工作的交叉推进为例来说明压力型体制下街居互动中的"钟摆逻辑"。[②]

XH社区居委会是宜市1958年最早成立的八个社区居委会之一，位

---

① 杨爱平、余雁鸿：《选择性应付：社区居委会行动逻辑的组织分析——以G市L社区为例》，《社会学研究》2012年第4期。

② 与练宏的研究不同，本书的重点不在于这一切换的"条件与机制"，而在于例证"钟摆逻辑"的存在，以及政府在这一切换中的主动权，这也是本书研究内容的要求。

于市城区中心，文化底蕴深厚，民风淳朴。辖区内现代商业楼林立，流动人口众多。区域面积 0.52 平方公里，现有住宅楼 113 幢，有 2420 户 7308 人，下设 35 个居民小组，辖区单位 13 个。2000 年 12 月成立社区党支部，2007 年 11 月成立社区党总支部，现有在册党员 130 多名。先后获得全国和谐邻里建设示范社区、江苏省和谐示范社区、江苏省文明社区、江苏省绿色社区、江苏省民主法治建设示范社区、江苏省科普文明社区等多项荣誉称号。现共有社区工作者 7 人，书记（兼任主任）1 名，副书记、副主任各 1 名，其他社区工作者 4 名，其中包含 1 名大学生村官（见表 4-3）。

首先，制度化与规范化的日常工作。就 XH 居委会的日常工作开展而言，其制度化、规范化程度较高。基本上是每个社区工作者按照自己负责的各个条线开展工作，对书记（主任）负责，职能清晰、台账齐全。

表 4-3　XH 社区工作的分工情况

姓名	角色	分工
CH	社区书记、主任	负责社区党政全面工作
TWW	副书记	党群工作、党员服务
GY	副主任	物业管理
JQ	社区工作者（大学生村官、主任助理）	社区服务、教育宣传、人民武装、老龄关工
CX	社区工作者	优抚社救
DZ	社区工作者	综合治理、劳动保障、民事调解
CLF	社区工作者	计划生育、人口信息

其次，背景性与主题化的中心工作。2015 年宜街的中心工作可以概括为"一个工程和一个重心"。"一个工程"指的是街道的"一号工程"，即"社区转型发展"工程，是街道宏观层面上的谋篇布局与发展规划。经过一年的酝酿与前期准备，2015 年初宜街提出开展"转型发展推进年""社会治理提升年""党建工作加强年"活动，简称"三个年"活动，以此作为街道全年工作的"三驾马车"。"社区转型发展"既是街道转型发展的重要一环，又与社会治理、党建工作息息相关，是"三个年"活动的基础环节，是街道工作的"一号工程"。社会治理水平的提升与党建工作的加强作为手段要服务于深化社区的转型发展。2015 年 3

月，宜街召开社区转型发展工作会议，达成了统一思想、推动社区转型的共识，进一步明确了社区管理模式、工作方法、服务内容、队伍建设、组织建设等转型重点，安排部署具体的工作任务，全力开启社区转型发展的新征程，吹响社区转型发展的号角。"一个重心"指的是推进街道"一号工程"的重要手段和途径，即"扁平化管理、片区化服务"，是街道微观层面上的具体工作要求与组织结构。《关于深化社区扁平化管理全面实行片区化服务的实施意见》基本上成为"一号工程"落实与推进的指导文件，也成为街道考核奖惩社区的重要依据之一，构成了居委会工作开展的先在逻辑和主题背景。为此，XH 社区 2015 年的工作也基本上是以"扁平化管理、片区化服务"为主轴展开的，同时XH 社区将其日常工作的开展与中心工作的完成进行了合并与规整，有效地实现了居委会的减负。

> 访问员：我们的中心工作和日常工作怎么兼容？
>
> 社区书记 CH：中心工作有时间性、阶段性，中心工作来的时候我们的日常工作确实要缓一缓，一般来说，会把中心工作融入日常工作中。比如说文明城市创建，范围很广，卫生、思想宣传、日常创建也是这里面的，本来这个月要搞卫生，我们就以文明城市创建的旗号来搞卫生。我们居民组长开会时，先说一段文明城市创建的内容，再说我们的日常工作。就是要把中心工作融入日常工作中。①

这就是说，中心工作和日常工作的开展不是相互冲突的，而是实现了很好的融合和互相促进，其中当然不乏社区书记（主任）的策略性变通与灵活性调整，其结果也实现了"帕累托最优"。一方面是同时完成了日常工作和中心工作的业务内容，通过了年终的考核；另一方面则是居委会的行政化与自治化的和谐共存。

再次，超常规与高强度的突击性工作。突击性工作一般不在居委会工作预期之内，多来自更高层级政府及其职能部门的临时性工作安排，其一般始于街道层面的动员与部署大会，这时突击性工作成为居委会工作的中心和重心，通常伴有超常规的人、财、物的投入与使用。

---

① 访谈资料：20150506HH、20150509CH。

　　例如，XH社区为全面贯彻落实"宜街全国文明城市创建工作动员大会"精神，召开了由社区组织片长、居民组长、党员志愿者参与的XH社区创建全国文明城市动员大会。会上，社区书记CH阐述了创建全国文明城市的重要意义，并传达了街道LWJ主任在街道动员大会上的讲话精神，通过对"广泛开展思想道德教育、切实提高居民群众的整体素质、积极培育健康向上的文明新风、不断丰富市民群众的精神生活、共同营造优美整洁的人居环境"五个方面意见的详细解读，明确了社区创建工作方向。最后，CH书记号召在座每位工作人员要配合社区做好宣传发动工作，发挥示范带动作用，引导居民进一步领会创建全国文明城市的目的、意义和要求，自觉参与到创建工作中，提升文明素质，积极主动地投身到"争创全国文明城市，共建美好幸福家园"的热潮之中。社区进一步按照街道党工委的部署和要求，制订详细创建工作方案，营造浓厚氛围，依托"扁平化管理、片区化服务"层层分解、责任到人，严格对照考评标准，进一步查缺补漏，对存在的问题认真、及时进行整改，进一步增强对创建工作的紧迫感和责任感，确保各项创建工作措施落到实处，为成功创建全国文明城市做出应有的贡献。

　　　　因为创建文明城市，今年只是个启动仪式，真正检查（要）到2017年。从我们宜市街道社区来说，文明城市创建已经是日常规范性活动了，跟这几年文明社区、和谐社区的创建分不开。宜街的社区都是市和谐社区。只要把日常工作做到位，文明社区就做好了。所以我们心里不着急，我们的日常工作已经融入这块了。①

　　由此可见，突击性的工作虽具有高标准的动员和考核要求，具有优先性，但是居委会在这一过程中也不是完全被动的。由于居委会日常工作以及中心工作中的众多内容与文明城市创建具有内在的一致性和耦合性，其在街道突击检查过程中就具有了应对之策，那就是将其与日常工作、中心工作进行合并规整，将台账整合。宜街具有在不同工作之间进行切换的主动性和权力，居委会则具有在不同工作之间进行"合并同类项"和台账规

① 访谈资料：20150509CH。

整以应付"一票否决"的积极性和空间。

此外，笔者所经历的一件事情也说明了突击性工作的优先性。事情是这样的，我们原计划与宜街联合召开一个社区治理创新研讨会，与会的都是全国知名的专家学者。但是宜街宣统办主任 CLR 找到笔者说："现在有更紧迫的一件事情需要做，那就是需要你们邀请 BZH（某大学知名教授，文明城市评估专家）到宜市来做一场专业的指导，这是宜市委宣传部部长（市委常委之一）交代我做的极为重要和紧迫的事情。"由此可见，临时性的突击性工作被置于居委会日常工作之上，随着考核日期的临近而逐渐成为社区工作的中心。练宏指出，"行政链条越往下的地方政府，由于上下级政府之间易受到各种非正式关系的影响，上级政府部门难以启动动员模式"。① 而笔者的宜街实践则表明，由于地方政府处于行政链条的最底端，虽存在各种非正式的互动关系，但一旦面临来自更高层级政府的检查与考核，在"一票否决"的压力下，它对居委会的动员以及行政压力传导是极为高效的，在动员模式与常规模式之间的切换与转变也是极为得心应手的。其典型的做法就是召开动员大会、成立领导小组以及工作小组，制定具体可操作的"一票否决"考核指标和建立第一责任人负责制。各种非正式关系此时也成了动员工作得以开展的重要手段，而不是障碍。

四　居财街管：财政拨款与公益创投中的压力形成与方向性授权

2010 年，《关于加强和改进城市社区居民委员会建设工作的意见》第二十六条规定，"要将社区居民委员会的工作经费、人员报酬以及服务设施和社区信息化建设等项经费纳入财政预算。……街道办事处要将社区居民委员会工作经费纳入街道办事处银行账户管理，实行专款专用，分账核算，不得挪用、挤占、截留，并定期向社区居民委员会及居民公开使用情况，接受居民监督"。② 这样，就从法律文件的高度确定了街道对居委会的经费保障和财力支持。以宜市为例，社区居委会经费纳入市、街两级财政预

---

① 练宏：《激励设计、上下级互动和政企关系》，《公共行政评论》2013 年第 1 期。
② 中共中央办公厅、国务院办公厅：《关于加强和改进城市社区居民委员会建设工作的意见》，中国政府网站，2010 年 11 月 9 日，http://www.gov.cn/jrzg/2010-11/09/content_1741643.htm。

算，社区党组织和居委会工作人员的工资福利待遇参照事业单位人员的工资福利标准进行考核发放。具体来说，宜街的治理实践显示了一种典型的"居财街管"的财政关系模式。一方面体现为财政拨款的政府兜底；另一方面也存在准项目制运营中的公益创投。这两者构成了居委会人员工资、活动经费的主要来源。具体体现为以下几点。

首先，宜街形成了独特的"居财街管"体制。所谓"居财街管"，指的是社区的资产、资金收入等（主要是股份合作社的资产、社区房屋的租金等）主要由宜街的经济管理办公室（以下简称"经管办"）下设的财务代理结算中心托管，社区的账户、收支等都由经管办来统一进行业务办理。每年年底宜街经管办都需要对社区的主要经济指标进行核算、审计以及汇总。第一，社区的主要资产，包括固定资产和银行存款等资金是由街道进行管理的，只允许社区保留 5 万元以内的流动资金。第二，社区主要的收入有四类，财政补助收入、事业收入、赞助收入以及房租收入，这也是由街道进行托管的，现收现支，凭发票到宜街财政所进行规范报销。第三，社区工作人员的工资、福利待遇以及居委会的活动经费等都是由街道财政统一进行分配的，由街道财政所按月进行划拨以及活动经费的报销等。比如宜街 2014 年为 XH 社区财政补助 121.64 万元用于社区工作人员工资福利以及活动经费支出。第四，支出的签字与限额原则。社区的每笔支出都需要获得书记与主任的授权与认可，一般在 500 元以内社区具有支出的权力。支取超过一定的限额（含 500 元），就需要由社区书记、主任签名，向街道提出申请，主管社区工作的街道副主任签字后，由街道财政所从社区账户中进行支出。这一方面有利于社区资产的保值增值以及规范化，另一方面则可以降低基层社区领导的贪污腐败风险。

笔者在对 YB 社区书记 WJH 的访谈中询问："去年（2014 年）一年，社区与街道哪个部门打交道最多？"WJH 回答："像经管办（下设的三资中心）比较多。主要涉及集体经济的财务报账，我们现在社区、股份的账户都是政府托管的，因为我们是集中记账的，只能跑。每月 30 日前将发票送至街道审计办经主任签字后交由三资中心对账。我们这边流动资金只能保留 5 万块钱，一个月要跑好几趟记账。"①

其次，社区的硬件设施是由街道投资建设的，或者主要是由街道财政

---

① 访谈资料：20150512WJH。

进行保障的。自 2006 年撤镇设街以来，宜街每年都投入大量的资金进行社区建设。截至 2007 年底街道共投入资金近 2000 万元，用于社区软硬件基础设施建设，即"两工程"建设。80% 的社区办公服务活动用房达到了500 平方米以上，初步建成了"六室四站二栏一校一场所"[六室：党组织和社区居委会办公室、图书室阅览室（电子阅览室）、党员活动室（多功能）、健身康复室、老年活动室、社区警务室（调解室、综治站）；四站：社区（志愿）服务站、物业管理站、劳动保障工作站、卫生计生服务站；二栏：居务公开栏、宣传（法治、科普教育）栏；一校：社区居民（市民）学校；一场所：社区室外活动场所（健身点）] 等场地与空间，进一步夯实了以"有人干事、有钱办事、有章理事、有场地做事"为主要内容的和谐社区工作基础。截至 2010 年底，绝大部分社区的硬件基础设施得到了明显的改善，达到了"六室四站二栏一校一场所"的标准，"两工程"建设硬件到位率达 90% 以上，年投资 800 万元的老小区综合改造工程建设覆盖面不断扩大，各项投入持续增加，等等。这也可以从宜街历年的《政府工作报告》以及《政府财政收支预算表》① 中看出来。在宜街财政的有力支撑下，社区的公共环境、服务设施等都得到了根本的改善。此外，XH 社区的居家养老服务站也是由宜街拨付 70% 的建设经费，社区自筹 30%。而且宜街每年为 XH 社区居家养老服务站投入 4 万元的经费，为每个小区建设的养老服务点提供 2000 元左右的活动经费，以保障养老服务的开展。

最后，公益创投，调剂余缺。这属于计划外的经费拨付。公益创投，是一种"准项目制"② 的运作方式，是存在于宜街治理空间中的一种资源配置途径。作为一种制度设置，公益创投是政府及其条线职能部门（比如宜市民政局）与社区居委会之间的一种非科层化的竞争性授权，不同于行政指令性的互动。公益创投是由社区居委会自下而上进行项目申请，宜街或相关条线职能部门自上而下在不同项目间进行筛选、评估与立项的过程。作为一种治理机制，公益创投在集权模式下实现了市场化竞争

① 2012 年以来，在宜街的财政支出项目中，用于"城乡社区事务"的支出在财政支出结构中占最高比例。2013 年为 33.3%（5969.73 万元），2014 年为 33.3%（6197.49 万元）。

② 之所以称为"准项目制"，是因为宜街的公益创投虽具有项目制的形式，但是其项目报告、申请、立项、完成以及评估等过程都与严格意义上的项目制相差较大，不够规范，而且存在重申报、轻评估和验收的情况。

机制与分权弹性处置的有机结合，通过平行社区之间的项目竞争进行资源分配，是一种全新的国家治理模式。

从宜街的角度看，公益创投无疑是适应社会治理新常态的一种制度创新，有利于提升居委会对社区工作的积极性，特别是这种计划外的财政拨付对社区的激励具有重要的导向作用，是形成平行社区间"创建锦标赛"的重要形式创新。从居委会的角度看，通过公益创投的项目竞选，不仅可以实现社区治理工作的创新与服务居民水平的提高，而且可以为居委会工作争取到额外的经费。笔者在宜街的调研中发现，各个社区都具有极高的积极性来进行项目的策划与申请，其中与项目配套的经费是其重要的考量。从宜街的实际来看，每个社区基本上有 2~3 个公益创投的项目，其数额为 5000~50000 元，这基本成为居委会经费的另一个重要来源。以下是笔者就公益创投访谈 MZ 社区书记 CLJ 的部分内容。

> CLJ：我今年有一个方案，今年马上要搞一个公益创投项目。今年文明城市创建，我准备搞一个主题活动："邻里结伴，走向文明。"
>
> 访谈员：刚好与现在中心工作切题。
>
> CLJ：这个服装都买来了，一个片区一个颜色。也是借助这个公益活动，社区付账，在社区也置办一些财产。
>
> 访谈员：你这个创投已经拿下来了？
>
> CLJ：拿下来了。要不自己得出钱的嘛，服装要五六千（元）的。每个片区 200 多件，这个钱就放在创投基金下面。
>
> 访谈员：这个创投项目大概给了多少钱？
>
> CLJ：3 万（元），一年之内必须用完。我这几年的钱基本都是靠创投项目来的。我这边的"爱心天使员"活动，就是把边上的早教机构都利用起来。让这个早教机构的老师到我们社区来帮我搞这个活动。①

从笔者的调查来看，因公益创投得来的项目经费的自由支配权实际上成为社区具有极高积极性的重要原因。

---

① 访谈资料：20150522CLJ。

五 选聘结合：人员选用与考核培训中的行政主导与制度创设

在压力型体制中，上级政府具有对其下级人员任命与安排的权力。在基层社区的治理实践中街道在居委会人员的选用上也具有类似的权力，或者发挥着重要作用和影响。特别是宜街转型发展文件《关于加强社区工作者队伍建设的意见》中提出了对社区工作者队伍的总体要求，要加大社区工作者准入、培养、选拔、使用、考核、激励力度，提升社区工作者的整体素质和职业能力。由此可见，宜街具有对居委会工作人员的全方位的、系统化的管理规章，实际情况如下。

首先，社区书记的任命与轮换。社区党总支书记作为社区党组织的领导，事实上也是宜街社区居委会的实际"掌门人"。在宜街的 34 个社区居委会中社区书记都是所在社区的"一把手"，即使是在社区书记与居委会主任分设的情况下。在宜街的 34 个社区中有 20 个社区书记与主任是分设的，书记与主任虽有工作业务上的分工，但是社区书记是作为社区的"首长"发挥作用的。正如前文的分析，社区书记都是由宜街直接任命的。一般是街道党工委书记与街道办事处主任等街道党政领导班子成员出于社区发展的需要，从街道整体层面出发通盘考虑的选择，具体由街道组织部门进行任命，每届任期三年。

其次，社区书记与居委会主任的兼任制。无论是 2010 年的中共中央办公厅、国务院办公厅出台的《关于加强和改进城市社区居民委员会建设工作的意见》，还是宜街《关于社区居委会换届选举工作的实施意见》，抑或宜街转型发展文件《关于加强社区工作者队伍建设的意见》，都表达了对社区书记通过合法的程序与途径兼任社区居委会主任的认可与支持。也就是说，经过街道任命，社区书记通过合法的选举流程兼任居委会主任，具有程序和操作上的合法性。宜街的 34 个社区中有 14 个社区的书记与主任是兼任的。其中，社区党组织的专职人员按照组织程序通过选举产生，或由街道党工委任命，现实中基本上是由党工委直接任命的，社区居委会专职人员按照法定程序通过选举产生。此外，与全国的情况一致，宜街在基层社会治理创新中也在社区设置了社区事务工作站，与居委会并行办公。并规定社区事务工作站专职人员按照 300～400 户配备 1 名的标准设置，每个社区不少于6人，由街道聘任。但是社区居委会与社区事务工作站实行"两块牌子、一班人马"管理，人员是重叠和交叉的。比如，XH社区居委会主任CH同时也是XH社区事务工作站的站长，XH社区居委会副主任TWW兼任社区事务工作站副站长。

再次，大学生村官（书记助理）的选聘。以往对于社区工作人员（除了书记与主任）的选用，一般由社区居委会自己负责，面向社区招聘一些退休人员，年龄结构相对老化，知识水平也相对不高，以女性为主。2010年，宜街开启了一项社区工作者人才招录与培训工作，由宜街有关部门面向社会（全国）统一招收大学生作为社区工作者。2015年4月，笔者见证了街道层面的统一招录工作。此次招聘录用工作按照"公开、平等、竞争、择优"的原则，严格实行笔试、面试、考核、聘用等程序，采取面向社会公开招聘的办法，由街道会同市相关部门组织实施。被聘用为社区工作者的，按照有关规定签订劳动合同，最终录用了26名大学生村官（社区工作者），充实了社区工作者队伍。基本上实现了在每个社区配备一名大学生村官。大学生村官一般兼任书记或主任助理，是街道的重点培养对象。比如，XH社区的JQ是2010年首批招录进来的社区工作者，现在已经是XH社区居委会的骨干，也是社区书记CH的助理，主要负责社区服务、教育宣传、人民武装、老龄关工等多个条线的工作。

最后，对社区工作人员的考核与培训。宜街按照职业化和专业化的要求制定了系统的社区工作者教育、培训与考核制度，以实现对社区工作人员的系统化管理。一方面是全面、系统的教育与培训。第一，建立健全社区工作者教育培训制度，积极开展多层次、多形式、多条线的应知应会和实务培训。除所有社区工作者参加市有关部门组织的统一培训外，街道社会事业办公室要结合社区工作和社区工作者队伍的实际，牵头相关部门每年至少组织1次社区工作者业务培训，社区工作者全年参加集中培训的时间累计不少于3天，并作为年度考核评议的依据之一。培训经费纳入街道年度财政预算。加大"走出去"培训力度，组织优秀社区工作者到先进地区参观学习，鼓励社区工作者参加全国社会工作者职业水平考试，不断提高社区工作者队伍的专业化水平。第二，社会工作者职业资格认证。社区工作者要积极参与社会工作相关培训，并考取社会工作者证书。第三，推行轮岗交流，储备选拔干部。通过上挂、外挂、轮岗、横向交流等形式，全面加强社区工作者的岗位交流，进一步拓宽社区工作者工作思路、锻炼工作能力、挖掘工作潜力、提高综合素质。把优秀社区工作者作为街管干部重点培养对象，加大平时的教育、培养、锻炼、考察力度，将各方面表现特别优秀的年轻社区工作者纳入街道后备干部人选，列入优先考察对象或提拔使用。另一方面则是严格、规范的考核与激励。第一，建立健全绩效考核制度。宜街制定了规范的社区工作者考核管理办法。社区工作者要接受街道、社区和群众的考核和评议，考核结果由街道评估、社区考核、群众评议三者有机结合得出。考核由综合考核（组织考核）和分片包干考核（群众评议）两部分构成。其中综合考核主要是从德、能、勤、绩、廉五个方面考核社区工作者工作态度、敬业精神、履职情况、业务技能、执行能力等，现实中基本上是由社区书记（主任）来进行的；分片包干考核的内容主要包括社区工作者熟悉片区、走访居民、为民排忧解难的情况。考核分为优秀、合格、基本合格、不合格四个等次，考核结果作为社区工作者续聘、解聘、奖惩和提拔的重要依据。第二，在考核的基础上探索建立退出制度。探索建立社区工作者淘汰机制，疏通"出口"。对工作热情不高、服务意识不强、考核业绩不达标、群众满意度不高的社区工作者，逐步实行梯次退出制度，以达到提升个体素质、优化整体结构、保持优胜劣汰、促进良性循环的目的。宜街规定对年度考核不合格或连续两年基本合格的社区工作者，解除劳动合同；对无正当理由不参加社会工作者职业水平考试者，合同期满时不再续签劳动合同；对连续三次未通过社会工作者职业水平考试的人员，合同期满时不再续签劳动合同。这无疑提升了街道对社区工作者能力的要求。第三，系统的保障激励机制。对社区工作者实行基本工资加绩效奖金的福利待遇制度，并且建立专项津补贴制度。这包括社会工作者职业资格津贴、职业工龄补贴、其他补贴和特殊荣誉津贴。比如，取得高级社会工作师、社会工作师、助理社会工作师资格证书的社区工作人员，每月分别享受800元、500元、200元的职业资格津贴；专职从事社区工作，年度考核达到合格及以上等次的社区工作者，每人每月享受30元的职业工龄补贴；对在社区工作20年以上的社区工作者，给予一次性2000元的特殊荣誉津贴，同时颁发荣誉证书。将业绩与收入进行挂钩，有效地实现了收入与工作的激励相容。

第四节　吸纳与统合：压力型体制下
居委会行政化的生成

　　压力型体制，本质上是一种行政压力自上而下运行、分解以及传导的体制。在宜街的历史空间中，街道作为正式科层序列的底端，承接了来自更高层级政府（宜市政府）及其职能部门的行政性任务转嫁以及体制内压力的传导。宜街转而将传导来的任务分解，将压力复制并派发到社区居委会，有效地拓展了压力型体制的触角范围，实现了行政压力在社区居委会中的传导，居委会被行政体制吸纳和统合，呈现出被动行政化的面相。

　　以上环节层层相扣，较为全面地展现了居委会被动行政化的命题，而压力型体制则是贯穿其中的主线，这一压力型体制具体是通过以下几个方面的嵌套与匹配运作来进行压力传导的。

　　首先，激励相容原则下的激励系统设计。在数量化的任务分解过程中，宜街不仅将来自上级政府的行政任务进行分解，而且将考核指标进行拆解，在向居委会转嫁任务的过程中，将数量化的考核指标一并转嫁到社区，这是保障其任务完成与目标实现的重要环节。宜街对其辖区内的社区居委会的考核与激励构成了其压力传导的重要一环，考核是一个系统的工程，兼有激励和导向的双重功能。考核的过程也伴随行政控制权的匹配统合，这包括对居委会工作的目标设定权以及与目标完成相匹配的数量化考核指标的制定，对居委会工作的检查验收权以及考核的具体程序与办法的制定与执行，与考核结果应用相一致的激励分配权的行使等，其本质是街道实现对居委会全面统合的一种制度设置。

　　其次，常规模式与动员模式间切换的钟摆逻辑。常规模式与动员模式是宜街开展工作的两种方式。其具体体现在宜街与居委会就不同性质的工作展开的策略性互动上。第一，对于居委会的日常性工作，宜街多采取常规模式，通过例行化的会议、通知以及文件等形式与居委会进行互动，居委会则按部就班、照章办事，彼此之间的互动具有日常性、制度性、惯常性的特征。第二，对于居委会的中心工作，宜街以常规模式为主，兼有动员模式。街道一般借助专门的会议、文件，并成立专门的领导小组和工作小组，通过高度政治化的方式来加以推进，让中心工作成为街道一段时间内的工作主轴，具有较高的优先等级，居委会则可以通过"合并同类项"的方式，将日常工作融入或者嵌套进中心工作，以维护与街道的背景性、中心性、阶段性的关系互动。第三，对于具有偶然性的突击性工作，宜街必然通过高度动员的策略来进行超常规的人、财、物的投入以应对"一票否决制"下的考核，而居委会则暂停一切日常工作与中心工作来配合或者说完成这一短暂的互动。之所以称之为钟摆逻辑，是因为政府的策略是时刻处于变动的过程中的，徘徊与游走于常规模式与动员模式之间。同时宜街按照感受到的压力的大小，在这两者之间进行转换与切换，以保证压力型体制中行政任务的传导以及考核指标的完成。

再次，财政拨款与公益创投中的"居财街管"。宜街通过"居财街管"的制度创新复制或者说再现了压力型体制下的财政制度。在压力型体制中，任务的分解与传递过程伴有财政预算的安排，并且上级政府在财政拨款的方式以及分配中进行对下级的督查与压力传导。宜街通过对社区建设的资金投入、对社区工作人员待遇以及办公经费的兜底、实报实销以及专门的社区资金管理制度与办法等有效地实现了对社区工作的统合，"居财街管"体制下的居委会的自治权进一步弱化，不得不更加依赖和服从于街道办事处，在现实中呈现出"低度的自主性"以及对街道的"高度依赖性"，这样宜街通过财政的支出倾斜有效地影响了居委会的注意力分配，也引导了社区工作的方向。特别是准项目制运作逻辑下的公益创投的制度创新也形成了政府导向下社区居委会之间的"创建锦标赛"。

最后，选聘结合下社区工作者的选用与考核培训机制。在基层社区的治理实践中，宜街在对居委会工作人员的选用和考核上也具有制度性的权力或者起着重要作用。一方面，不仅社区领导队伍的选任是由宜街负责的，而且社区工作者也是由街道进行统一招录的；另一方面，宜街也建立健全了社区工作者准入、培养、选拔、使用、考核、激励等全方位的用人制度规章，实现了对社区工作者的行政化管理与体制性使用。

由此观之，在宜街与社区居委会之间基本上形成了具有实然意义的上下级关系，姑且称之为"类上下级关系"。两者已然具备了上下级科层关系的几乎所有要素。居委会与宜街之间的关系互动是通过压力型体制进行的。一方面，街道办事处通过财政、人事、考核等对社区居委会进行统合；另一方面，街道办事处通过职能部门各项行政性事务的分配推动居委会工作的开展。街居之间的这种支配性权力关系，通过层层分解的目标责任制、自上而下的社区书记任命制以及严格的财务管理、财政兜底和激励得以有效维系。孙柏瑛从国家权威治理结构的现实出发，也发现了居委会行政化的必然性。他认为，"在国家权力向上集中的同时，国家也通过政权建设以及向下的渗透进行着对基层的组织化。即国家通过政治的、行政的以及社会的动员，使党和政府的力量自上而下进行延伸和拓展，不断将社会资本和社会性因素吸纳、包容进既有的体制空间中。从这个意义上看，社区居委会的'行政化'具有现实的必然性，它是国家威权治理体制实际运行的必然结果，也是威权体制内在逻辑和行为惯性使然"①，本质上就是居委会在压力型体制下被动行政化的过程。主要可以概括为两个方面的进路，"一方面，行政管理体制具有强烈的向下动员、吸纳及嵌入的内生冲动，形成特有的统合机制；另一方面，作为国家在基层社会的政策传导者、执行者和协助者，社区居委会对政府资源的非对称性单向依赖，固化了政府与居委会的行政性联结，进而造成其自治转向的困难"②。一言以蔽之，社区居委会上有街道政府之分配，旁有垂直职能部门之延伸，内有"居财街管""选聘结合"体制之管理，其被动行政化就是必然之结果。

　　本部分将街道与居委会的互动置于压力型体制范畴中，同时嵌入"控制权分配"③范畴中进行分析。但统合的三维度分析难以概括基层社区层面互动实践的丰富性、不同议题上的多变性以及"类行政关系"转变中的复杂性。从本质上看，"控制权分配"是内嵌于压力型体制之中的，且随着研究重心的不断下移，压力型体制在基层场域中的解释有限性也更明显，统合视角的分析效度也会下降。由此，在以社区为本、以居委会为行为主体的研究中如何吸纳这个分析视角，统合维度如何实现自身的拓展以适用于新的情势是需要进一步思考的。

---

①　孙柏瑛：《城市社区居委会"去行政化"何以可能?》，《南京社会科学》2016 年第 7 期。
②　孙柏瑛：《城市社区居委会"去行政化"何以可能?》，《南京社会科学》2016 年第 7 期。
③　周雪光、练宏：《中国政府的治理模式：一个"控制权"理论》，《社会学研究》2012 年第 5 期。

第五章 拟制与延续：居委会在社区治理实践中的主动行政化*

第一节 居委会行政化论争：作为研究议题的再提出

一 问题再出发：作为"未预期结果"的居委会行政化

居委会行政化指的是居委会在组织设置、内部架构、组织功能、自治章程和工作制度制定、人事任免决定、经费收支和考核机制等方面的行政化取向，以及运行方式"机关化"的不断强化过程，[①] 具有丰富的实践内涵，本质上是居民委员会在实际运作、功能作用，以及利益代表等方面越来越偏移自治组织属性，并越来越接近行政科层组织，呈现一系列行政性的过程。[②] 这典型地表现为居委会作为组织，其工作职责的指派化、组织架构的网格化、工作人员的体制化、工作方式的机关化、运行机制的行政化、权力行使的集中化，也表现为居委会作为行为主体在社区场域中行为逻辑背后所嵌含的行政化倾向。已有的对居委会行政化议题的论述主要遵循"结构－功能"范式，将居委会放置于街居制的制度传统与

＊ 本章节内容具体可参见侯利文、文军《科层为体、自治为用：居委会主动行政化的内生逻辑——以苏南地区宜街为例》，《社会学研究》2022 年第 1 期。

① 向德平：《社区组织行政化：表现、原因及对策分析》，《学海》2006 年第 3 期；潘小娟：《社区行政化问题探究》，《国家行政学院学报》2007 年第 1 期。

② 侯利文：《去行政化的悖论：被困的居委会及其解困的路径》，《社会主义研究》2018 年第 2 期。

物理场域中进行研究，以"街道－居委会"互动为关系实践，以"居委会行政化的归因—居委会行政化的后果—居委会去行政化的对策"为逻辑线索。

居委会是政府行政管理的最低层级，是中国政治体系的重要组成部分。[①] 有学者认为居委会的行政化倾向是"强国家－弱社会"管理模式下制度发展的必然趋势，[②] 而权威主义行政体制则是居委会行政化的根本原因，行政体制的惯性运行以及"总体性社会"下民间资源的缺乏就决定了社区空间行政化和社区居委会的命运。[③] 居委会及其行政化本质上是对旧有的基层行政管理体制（单位制）的一种替代性选择。[④] 居委会运行所嵌入的行政管理体制、制度环境以及政府的运作逻辑，主导了居委会的行政化。

也有研究认为主体责任分工的模糊、法律定位的不清晰、矛盾等制度法规的空隙[⑤]是居委会行政化的重要原因，[⑥] 社区已被各级政府建构成一个具有严格边界的"政治空间"，发挥着社会整合的功能，[⑦] 被重组进现

① Ngeowcnow Bing. ，"The Residents' Committee in China's Political System：Democracy，Stability，Mobilization，"*Issues & Studies*，Vol. 48，No. 2，2012，pp. 71 – 126.

② 耿曙、胡玉松：《突发事件中的国家－社会关系——上海基层社区"抗非"考察》，《社会》2011年第6期；王汉生、吴莹：《基层社会中"看得见"与"看不见"的国家——发生在一个商品房小区中的几个"故事"》，《社会学研究》2011年第1期。

③ 孙柏瑛：《城市社区居委会"去行政化"何以可能?》，《南京社会科学》2016年第7期。

④ 王邦佐等编著《居委会与社区治理——城市社区居民委员会组织研究》，上海人民出版社2003年版；James Derleth and Daniel R. Koldyk. ，"The Shequ Experiment：Grassroots Political Reform in Urban China，"*Journal of Contemporary China*，Vol. 13，No. 41，2004，pp. 747 – 777.

⑤ 比如我国《宪法》第3章第111条明确界定，居民委员会是基层群众性自治组织。但是，《中华人民共和国城市居民委员会组织法》（2018年最新修订）规定："不设区的市、市辖区的人民政府或者它的派出机关对居民委员会的工作给予指导、支持和帮助。居民委员会协助不设区的市、市辖区的人民政府或者它的派出机关开展工作。"并进一步明确规定，居委会要"协助人民政府或者它的派出机关做好与居民利益有关的公共卫生、计划生育、优抚救济、青少年教育等项工作"。同时，政府还可以"设立、撤销、调整"居民委员会及其规模，"规定并划拨"居民委员会成员的"工作经费"和"生活补贴"。一方面界定了居委会的自治法律定位，另一方面也指出了"协助"政府以及政府"指导"居委会的现实逻辑。

⑥ 石发勇：《城市社区民主建设与制度性约束——上海市居委会改革个案研究》，《社会》2005年第2期。

⑦ 文军：《反思社区建设的几个关键问题》，《清华社会学评论》2017年第1期。

有的城市行政结构，① 逐渐演变为"国家治理的基本单元"②，成为政府的"脚"，自治性受到削弱。其直接的结果就是居委会高度行政化、各类社区组织缺乏、居委会自治功能萎缩，以及居民参与低水平和公民意识发育迟缓等"内卷化的治理困境"。③

在此基础上，学者们多认为政府职能转变，多策并举提升居委会的自治能力，培育社会组织等社会空间有序、规范承接社区多样化的服务，创新体制机制等应该是治理居委会行政化的重要途径。④ 也有学者指出，在社区"去行政化"的问题上，应该充分估量其复杂性。要在关系和关联中解读社区"去行政化"，在关系中去理解、去改革，偏向"过度行政化"或"纯净自治"中的任何一极，都是非常危险的。⑤

综上，学术界对居委会行政化进行了丰富且深入的研究，但也呈现了以下问题。其一，只注重规范分析，缺少针对事实的反思性研究。现有的关于居委会行政化的研究，大多将其放置于街居制的传统中，预设居委会行政化的观念前提与事实前提，并且假定居委会去行政化的现实改革方向，这是进行居委会研究的学者都要遵循和具备的"库存知识"。处于街居制传统中的居委会一直是被动的组织载体，接受压力型体制的行政传导，表现为被动行政化的面相，在现实中导向居委会去行政化的治理改

---

① Miu Chung Yan and Jian Guo Gao. , "Social Engineering of Community Building: Examination of Policy Process and Characteristics of Community Construction in China," *Community Development Journal*, Vol. 42, No. 2, 2007, pp. 222 – 236; Leslie Shieh and John Friedmann. , "Restructuring Urban Governance Community Construction in Contemporany China," *City*, Vol. 12, No. 2, 2008, pp. 183 – 195.

② David Bray. , "Building 'Community': New Strategies of Governance in Urban China," *Economy and Society*, Vol. 35, No. 4, 2006, pp. 530 – 549; 杨敏：《作为国家治理单元的社区——对城市社区建设运动过程中居民社区参与和社区认知的个案研究》，《社会学研究》2007 年第 4 期。

③ 何艳玲、蔡禾：《中国城市基层自治组织的"内卷化"及其成因》，《中山大学学报》（社会科学版）2005 年第 5 期；马卫红：《内卷化省思：重解基层治理的"改而不变"现象》，《中国行政管理》2016 年第 5 期；Benjamin L. Read. , "Revitalizing the State's Urban 'Nerve Tip'," *The China Quarterly*, Vol. 163, 2000 .

④ 何海兵：《我国城市基层社会管理体制的变迁：从单位制、街居制到社区制》，《管理世界》2003 年第 6 期；潘小娟：《社区行政化问题探究》，《国家行政学院学报》2007 年第 1 期；吴越菲、文军：《作为"命名政治"的中国社区建设：问题、风险及超越》，《江苏行政学院学报》2015 年第 5 期；陈鹏：《社区去行政化：主要模式及其运作逻辑——基于全国的经验观察与分析》，《学习与实践》2018 年第 2 期。

⑤ 田毅鹏：《城市社区的"行政化"与"去行政化"》，《清华社会学评论》2017 年第 1 期。

革。已有的关于居委会行政化的研究多是将其看作一个理想的去行政化的自治组织，聚焦于其能否在现实中运行以及如何实现去行政化改革的理路，对现实中早已高度行政化的居委会从何而来，居委会的运行逻辑、现实功能以及居委会作为主体可能产生的自主性问题缺乏关注。

其二，只是功能主义分析进路下的循环式研究，知识累积不足。已有研究多呈现为"居委会高度行政化—居委会去行政化改革—居委会行政性不断强化"的循环，学者们通过实地调查获取的资料，就可能存在"用既有观念裁剪已有现实"的倾向，对资料的使用也带上了"选择性取舍"的痕迹，即他们的经验资料主要还是用来佐证已存的观念和假设，而不是用来说明、解释社会事实以及对社会事实进行反思、对理论预设进行质疑。缺乏对已有研究进路的前置反思，造成知识累积困难。

其三，被动分析有余，主体策略下的积极面相则鲜有提及。研究多聚焦于压力型体制下基层政府的被动应对策略。比如，学者们提出"变通"①"共谋"②"应对"③"选择性政策执行"④"选择性应对"⑤等概念来分析地方政府尤其是基层政府在各种环境和条件的约束下所呈现的策略行为，应当说较好地把握与透视了基层政府的行为逻辑和策略选择。无疑对认识居委会的行为逻辑具有重要的启示意义，特别是对于回答居委会在压力型体制下如何被动行政化⑥具有重要的参考价值。

但社区居委会毕竟不是基层政府，尤为重要的是居委会作为组织载体

① 王汉生、刘世定、孙立平：《作为制度运作和制度变迁方式的变通》，《中国社会科学季刊》（香港）1997 年第 21 期。
② 周雪光：《基层政府间的"共谋现象"——一个政府行为的制度逻辑》，《社会学研究》2008 年第 6 期。
③ 艾云：《上下级政府间"考核检查"与"应对"过程的组织学分析——以 A 县"计划生育"年终考核为例》，《社会》2011 年第 3 期。
④ Kevin J. O'Brien and Lianjiang Li., "Selective Policy Implementation in Rural China," *Comparative Politics*, Vol. 31, No. 2, 1999, pp. 167 – 186.
⑤ 杨爱平、余雁鸿：《选择性应付：社区居委会行动逻辑的组织分析——以 G 市 L 社区为例》，《社会学研究》2012 年第 4 期。
⑥ 居委会的被动行政化主要体现在"街居制"传统中居委会与街道办事处之间的依附关系中，是国家统合以及压力型体制传导下居委会被吸纳与统合的被动化过程，在此过程中居委会作为被动者接受了来自街道的压力传导、任务下放以及行政扩张，逐渐被吸纳进行政链条，成为压力型体制中的一环。从各学者对居委会行政化的定义中也可窥见一斑。

发生的"下向"① 互动实践在某种意义上被学者们有意或无意忽视了，即作为主体的居委会在社区场域中与社区社会组织、辖区企事业单位以及社区居民，也包括居委会作为实体自身各部分之间的关系和互动的情景呈现与逻辑表达存在空白或者说缺憾。而笔者认为对该路向的认识与解读是对于探究居委会行政化议题具有更大价值意义的分析面相。由此，在拉长街－居研究传统链条的基础上，以社区居委会为中心和对象，对居委会在社区治理关系实践中所呈现的行动逻辑的洞悉，则构成了对居委会行政化考量的另一个面相，即居委会在社区治理关系实践中可能存在的主动或者说积极行政化②，而此则构成了本书的主要关切。

二 新制度主义：从"被动"到"主动"的组织逻辑

事实上，从压力型体制③角度分析居委会被动行政化的面相，只是部分解释了居委会行政化现象。或许居委会本身就存在主动行政化的动机、行为与逻辑，而此则是居委会行政化研究中一直存在但尚未被有效挖掘的"黑箱"，更是理解居委会行政化的关键。居委会主动行政化指的是作为行为主体的居委会在社区场域通过对"类行政关系"的复制与新构、对党政资源的援引和嵌入、对社会力量的吸纳和汲取等一系列行为策略和组织逻辑而在实际运作、功能作用以及组织逻辑等方面行政化取向不断强化与凸显的过程。其中组织架构"网格化"、运行方式"机关化"、行为功能"体制化"，以及关系实践中行为倾向（类）行政化是其典型表征。为打开上述"黑箱"，笔者提出以下假设：居委会作为组织具有主动行政化的面相。进一步推演出如下两个互为累进的假设前提：其一，居委会作为行为主体具有行为选择空间和自由；其二，居委会在选择空间中的选择具有行政化的偏好。在此基础上，尝试回答两个

① "下向"具体指社区场域，是相对于"街－居"互动而言的研究阈限。本研究延长街－居研究链条，将居委会放置于社区场域中来看居委会的主动行为。实际上该阈限是研究居委会行为的重要观测点，是分析其作为组织主体可能存在的主动行政倾向的重要领地。而此正是本研究的设计考量。

② 本研究的重点在于发掘和找到居委会"主动行政化"的组织惯习和行为痕迹，向学术界揭示以往被忽略的居委会主动行政化面相，而非否定居委会的"被动行政化"面相。

③ 荣敬本：《"压力型体制"研究的回顾》，《经济社会体制比较》2013 年第 6 期。

问题：第一，居委会是否存在明显的主动行政化面相？第二，居委会的主动行政化是如何展开的？

为验证或证伪上述假设（推论）① 和回答上述问题，笔者提出以下分析策略。

第一，作为前置因素的社区公共议题与居委会行政化的逻辑关联。即将社区公共议题作为控制变量，进而分析居委会行政化中的主动与被动行为。依据社区公共议题的来源不同，可以将其分为承接上级政府（街道）及其职能部门任务的"外生议题"以及社区自发而生的"内生议题"。单凭外生议题中居委会措施呈现行政化的倾向尚不足以支持主动行政化的判断。但是如果我们在社区内生议题中，在居委会行为逻辑中发现行政化痕迹，那么就可以认为，居委会具有行政化的主动性和积极性。因此，本部分笔者将重点放在内生议题中居委会所展演的策略实践上。

第二，作为分析场域的行为选择空间与行政化偏好的匹配。其一，这主要涉及对居委会主动行政化中"主动"的理解。主动，有两个条件：首先，意味着居委会具有选择的自由度，即居委会在社区治理场域中具有行为可选择的集束空间（当然，在不同的情势下该空间可大可小）；其次，居委会作为一个组织载体，也具有自己特有的利益诉求，其行为选择的过程必然朝向其利益诉求的达成（尽管可能存在程度上的不同）。其二，在可选择的行为空间中居委会的行为策略中是否存在行政化的偏好，主要通过在宜街场域中围绕存在的主要关系实践过程来分析居委会互动展演的不同策略与行为中所体现的主动行政化倾向。其问题论域的展开有两个向度：一是社区居委会与社区社会组织的互动；二是社区居委会与辖区企事业单位的互动。

第三，组织与制度的分析进路。作为新制度主义的集大成者，Meyer和Rowan认为，要从组织与组织所嵌入环境的互动的角度来认识和理解各类组织现象。② 具体来看，他们认为必须从组织环境的角度去研究、认

---

① 当然这里是借用量化研究的思维。笔者尝试通过"统计控制"的思维来最大化地实现对上述假设的非严格意义上的验证，旨在说明居委会具有主动行政化的面相，至于其主动成分与被动成分孰轻孰重的问题，则不在本书的考虑范围之内。

② John W. Meyer and Brian Rowan. , "Institutionalized Organisations: Formal Structures as Myth and Ceremony," *American Journal of Sociology*, Vol. 83, No. 2, 1977, pp. 340 – 363.

识和理解各种组织行为，去解释各种各样的组织现象（居委会作为组织的行政化现象无疑也在其中）。组织环境是一个复杂的范畴，对其中的技术环境，特别是制度环境必须进行具体分析。进一步，这两种类型的环境对组织所提出的要求是不一样的，甚至是相反的。技术环境要求组织有效率，即按照效率最大化的原则组织生产，完成任务；而组织所嵌入的制度环境（比如法律制度、文化期待以及社会规范等）则要求组织具有合法性，即组织的行为与逻辑要符合法律的规定、社区的期许以及文化的期待，不然就会遭遇"合法化危机"。①

但问题是，组织对技术环境的回应往往导致对制度环境的舍弃；相反，组织对制度环境的适应在某种程度上也会存在对技术环境的忽视。制度环境要求组织按照社会期许的方式存在与发挥作用，组织嵌生于制度环境所建构的客观"社会事实"中，这样就不能完全舍弃或者说忽视对"合法性"的追寻。而技术环境所要求的高效率本身就意味着组织生存的必要性，是组织在一定的生态序列中所必须具有的技能，组织只有在一定程度上满足了技术性的要求，才能持续生存。正是两者的矛盾运动以及组织的策略应对与平衡导致了各种各样的组织现象出现。很多组织现象的出现本身就是技术环境与制度环境相互形塑、矛盾互动的结果。

居委会行政化的现象也可以看作上述矛盾性互动与形塑的结果，或者说技术环境与制度环境之间的张力造就了居委会的"双重属性"，即居委会所具有的"两重性"本身就是技术环境与制度环境在居委会平台上的直接投射。由此，我们转向对居委会作为组织所嵌入的场域环境结构的分析，试图从制度环境与技术环境的博弈中发现居委会行政化的"密匙"。我们的策略是转向对作为组织主体的居委会进行人类学"深描"，挖掘其在环境约制中所呈现的策略行动构成以及其与环境中其他组织、主体的关系实践，从"制度环境与技术环境的博弈互动中"，借助"讲故事"② 的叙述方式，在深入经验研究基础上进行逻辑推理，以验证上述的研究假设——居委会作为组织具有主动行政化的面相（见图 5 - 1）。

---

① Di Maggio, Paul J. and Walter W. Powell., "The Iron Cage Revisited: Institutional Isomorphism and Collective Rationality in Organizational Fields," *American Sociological Review*, Vol. 48, No. 2, 1983, pp. 147 - 160.

② 叶启政：《社会学家作为说故事者》，《社会》2016 年第 2 期。

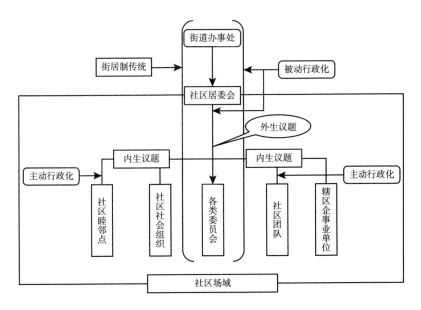

图 5 - 1　分析框架

　　注：上述框架中的内生议题与外生议题都是相对而言的，内生议题中的组织也会存在外生议题。但需要说明的是，本书的重点在于发掘和找到居委会主动行政化的面相和痕迹，即探讨居委会行政化中是否存在"主动面相"，而"被动"和"主动"之间的关系问题则不是本书的核心关切。

第二节　组织拟制：社区场域中
居委会的运作架构

　　居委会是社区场域中存续时间最久、影响最大的组织载体。居委会处于国家与社会之间，虽名为基层群众性自治组织，但更多的是作为"国家在基层的代理人"而存在与运作的。作为组织载体，其职责构成、运行架构必然具有独特的征象。从新制度主义学派的角度看，居委会的运行架构的建构必然是对环境回应的结果，是在技术环境与制度环境约束下的主动建构。

一　网格化管理：类行政关系的"复制与新构"

所谓网格化，就是按照一定的标准将一个管辖的地域范围划分成若干个网格状的单元，由专人对网格内居民的诉求与存在的问题进行差异化、具体化、个性化、跟踪式、全时段的服务与管理。其实质是建构一种"横向到边、纵向到底"的"网络架构"，并通过人员的配备以及职责的赋予展开服务与管理，其基本要求是"社区有网、网中有格、格中定人、人负其责"，是一种技术化的管理手段，具有科层等级的性质。

宜街的"扁平化管理、片区化服务"就是网格化管理的一种典型形态。"片区化服务"是方法与手段，而实现"扁平化管理"，即"小事不出片，大事不出居"，使社区在服务居民群众、加强社会治理、促进社会和谐等方面发挥更加重要的作用，实现"民情联系无遗漏、社区治理无盲点、社区服务无缝隙"是其根本目的。所谓"片区化服务"，是将社区范围内的物业公司、社会组织、居民楼院、商务楼宇、市场、学校、医院、文化体育场馆等归类于各个片区，将社区事务逐项分解、层层下放到每个片区，将社区信息定位到每个片区，以片区化的方式来整合社区资源，实现社区工作者组团服务与片区内居民自我管理和互助服务的有机结合。

"扁平化管理、片区化服务"在宜街社区治理体系中的具体实践就表现为以下几点。第一，科学设置片区。以社区为管理的基本单元，通过标准化的方式划分出社区管理的若干网格或片区。科学设置好片区是实行"扁平化管理、片区化服务"的重要前提。MZ 社区现有常住居民 2628户，总人口有 6812 人，分为 32 个居民小组，大部分为开放式老旧小区。MZ 社区结合自身特点，通过广泛征求民意、调查摸底，逐步建立起片区化框架，并按照"界线清晰、任务适当、相对集中、便于管理"的原则划分片区，以街巷、小区、楼栋、居民小组为基础将整个社区划分成 6片，每片有 5~6 个居民小组，300~500 户为一片，60~100 户设一个居民小组，并将片区党员、驻区单位、流动人口属地归片，实现了片区划分横向到边、纵向到底，不留空白区域，不交叉重叠，社区全覆盖。

第二，以网格片区为依托，健全片区管理队伍。实行"扁平化管理、片区化服务"，片长、指导员和骨干队伍是重点。片区内设指导员、片长、居民小组组长、楼道长，原则上由社区"两委"成员、社区工作人员、社区社会组织负责人、居民小组组长、居民代表、物业人员、业主委员会成员及社区志愿者等担任。社区书记、主任担任各片区工作的督导员；片区指导员由社区工作人员担任；片长由片区内熟悉基本情况、组织协调能力强、办事公道、热心公益、有奉献精神且有一定文化基础的同志担任。就 MZ 社区而言，社区实行社区工作人员定片分工，6 名社区工作人员分别担任各片区指导员，指导联络片区各项工作。社区党总支部召开各片区党员、居民代表会议，要求在本片区内推荐一名政治素养好、为人公道正派、有较好的群众基础和沟通协调能力、热心公益的同志担任片长。通过片区推荐、社区审核，最终确定各片区片长人选，建成"一员三长"组织架构。"一员"即以社区工作人员为主体的指导员；"三长"即片长、居民小组组长、楼道长。

其中楼道长的聘任过程大致如下：一是社区先物色合适的人选，一般是经常参加社区活动的热心人、志愿者等；二是通过走访楼道居民等形式，征求楼道居民的意见与看法；三是上门交流与谈话，向其说明楼道长的角色要求与责任义务等；四是列出考察名单，召开居民小组组长预备会议，讨论合适的人选，拟定初步的名单；五是将名单在居民区以及楼道内进行公示；六是召开楼道长聘任大会，颁发聘书。

第三，明确片区人员分工与工作职责。片区管理"定人、定位、定责、定时"，建立片长、指导员、居民小组组长的岗位职责、管理服务制度和考核评比制度，使管理更加规范化、服务更加精细化。社区书记、居委会主任作为督导员，负责督促、指导、协调各片区治理工作，要求每周不少于 1 次巡查，并通过实地检查、协调处置等方式，确保各片区治理工作有效开展。社区工作人员作为片区指导员，负责并指导片区工作，督促片长及片区其他管理人员抓好片区内治理，确保片区和谐稳定；片长是片区工作负责人，要求在片区指导员的指导下认真开展工作，并坚持每天到片区巡查，掌握片区内各类情况并及时反馈处理。

片区负责人工作职责

一、认真宣传党和国家的方针政策、法律法规，积极做好片区内居民的思想政治工作。

二、负责采集信息，了解掌握居民基本情况、社情动态以及困难群体、特殊群体、重点人员等情况。

三、组织片区内居民群众开展自助互助、志愿者服务。

四、做好各类矛盾纠纷的调解，协助做好重点人员的稳控工作，化解不安定因素，维护社会稳定。

五、负责对困难群体进行摸底调查，及时做好低保、救助等帮扶服务工作。

六、掌握劳动力就业、下岗失业人员状况，协助做好再就业、社会保险等工作。

七、对片区内有关环境卫生、生产建设等的违法违规行为进行劝阻、制止、报告、监督。

八、按照相关规定为片区内居民提供各类代理代办服务。

九、完成社区交办的其他事项。

第四，建立社区绩效考核机制。建立健全信息掌握、问题处理、效果考评之间相互制约配套的管理机制，坚持"分级考核、分类考核、定量考核"并行，量化、细化、实化考核指标，明确项目、责任、时效，自查、互查、抽查、检查相结合，年终考评兑现奖惩。对长期不能适应工作要求的片区管理人员，按照有关规定予以调整。同时，社区每月对各片区责任人片区化服务和信息系统运转情况进行督查，对排查各类信息是否全面、准确、及时，处置各类问题的时效与实效情况等内容进行督查。

由此可见，社区在推行"扁平化管理、片区化服务"的过程中复制与新构了一种类行政关系网络，其工作也是依托这一类行政关系网络展开的。具体来看，呈现了以下鲜明的特征。其一，网络架构的类行政性。这主要指的是社区片区设置与人员构成中的拟行政化取向。具体指涉以下几个方面。第一，区域划分中的"条线性"。在"扁平化管理、片区化服务"中，按照"社区—片区—居民小组—楼栋"的组织网络体系，将社区编织进这一"横向到边、纵向到底"的网络中。社区居委会是整个"网格化管理"的中枢，并成立了以社区书记为组长的社区扁平化管理片区化服务工作领导小组，统筹片区的划分与工作的开展。MZ 社区被划分为 6 个片区，每片有 5~6 个居民小组，每个居民小组则以小区为单位，包含多个楼栋。这一网络中的区域之间虽然不像科层体系那样具有严格的行政隶属关系，但权威匹配也是很明显的。第二，片区岗位设有"一员三长"。社区的片区内设有"指导员、片长、居民小组组长、楼道长"岗位，分工明确。指导员是片区化服务工作中的"指令中心"，负责片区工作的宏观指导，每月向社区报告片区情况，遇特殊情况要写特殊报告；片长是片区化工作的"核心"与"中心"，具体策划与执行来自社区的任务，片长遇突发事件及时向指导员或社区报告；而居民小组组长和楼道长则构成了片区化工作的"核心力量"，其要在片长的指导下开展工作。这就意味着片区中的"一员三长"彼此之间虽不像科层制体系中上下级一样存在严格的等级关系，但其彼此之间的权威关系也是很明显的。第三，职责考核中的"岗位责任制"。在片区化服务工作的开展中，每个岗位都被赋予了不同的职责要求与规范（比如，片区化工作人员岗位职责中的"三知三清三掌握"以及"四要六必访"的工作要求）。MZ 社区在具体操作上，坚持小区包干、明确到人、落实到人，实行一级抓一级的逐级负责制；坚持"小事不出片，大事不出居""谁的地盘谁管理，谁出问题谁负责"的岗位责任制。做到"深入片区情况明，走家入户底数清，上情下传及时性，下情上报分责任"。并且建立了指导员、片长、居民小组组长的岗位职责、管理服务制度和考核评比制度等，这样社区就影响或者说决定了片区工作人员的"注意力分配"。虽然这一"岗位责任制"不像科层体系中的责权激励制度那样严格，但其制度设置与程序执行延续了科层惯性。

片区负责人工作要求

一、开展工作"三个一"：一日一巡查，一周一交流，一月一小结。

二、片区巡查"四查看"：一看有无闲散、流浪和陌生人员流动；二看有无婚丧嫁娶及住户迁入迁出情况；三看有无违法建设及环境脏乱差现象；四看有无突发事件及其他异常情况。

三、走访居民"四必问"：一问居民是否有烦心事；二问对社区服务是否满意；三问对小区管理有何建议；四问是否需要社区提供帮助。

四、日常管理"四必要"：一要每天记录"民情日志"；二要准确记录采集的信息，做到楼不漏房、房不漏户、户不漏人；三要认真做好片区指导员交办的工作事项；四要及时报告片区内发生的重要事项。

其二，工作开展的行政取向。居委会上述片区化服务的组织架构同时也是一种工作开展的载体，其本身就是一种工作方法，是一种"上下联动、运转有序、逐层管理、逐级负责"的社区工作开展模式。一方面，"扁平化管理、片区化服务"的操作流程具有"层层分解"的程序规范性。这可以从"宜街'扁平化管理、片区化服务'操作流程"图中得到证实（见图5-2）。

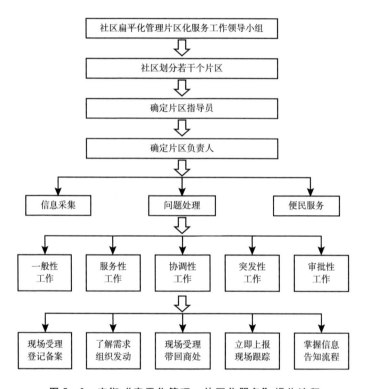

图5-2 宜街"扁平化管理、片区化服务"操作流程

从图5-2可以发现，从划片分区到人员配备以及工作的具体开展等呈现出一个逐级分解、层层落实的过程。

另一方面，任务的布排与落实具有自上而下的路径惯性。这也是居委会工作开展的基本路数。MZ社区在片区化服务中建立健全了"社区—片区—居民小组—楼栋"的组织网络体系，每个片区都选齐配强了"指导员—片长—居民小组组长—楼道长"的工作人员队伍，并且两者具有耦合性与嵌套性。这就使得居民自治管理和政府的各项服务工作可以通过这个网络体系和人员队伍落实到每户居民，这已经成为一种典型的社区工作开展模式与套路。无论是行政性的工作还是自治性的事务，其落实与执行都是通过此"路径"进行的。基本的工作思路是这样的。首先，社区接受来自街道的工作任务（事项），或是社区依据居民的需要开展服务工作，社区居委会依据片区将任务分解，具体交由各个片区来开展。比如，社区 CLJ 书记告诉笔者，社区的一些具体工作计划（活动方案）基本上就是对街道下发文件的复述，同时按照社区的实际进行"程序化"修改，然后交给各工作人员具体负责。绝大多数来自街道的工作都是这样进行分配的。其次，片区指导员作为社区专职工作者对分解下放的任务负责，并具体策划活动方案，报社区审核，并申请活动的经费（一般数额较小）。再次，片区指导员召开服务片区会议，将活动方案一一拆解，部署任务与安排具体执行人员。最后，片区将活动的开展情况形成报告呈送社区，由社区进行相关的报道与宣传。下面是 MZ 社区为迎接端午节策划开展的一次活动的方案文稿。

宜街 MZ 社区 DRX 片区包粽子活动方案

端午节包粽子是中华民族的传统习俗，为传承传统文化，切实加强社区居民间的联系和沟通，丰富居民的精神文化生活，营造邻里和谐一家亲的良好氛围，MZ 社区在端午节来临之际，组织 DRX 片区社区居民相聚在一起包粽子，提前感受浓浓的端午节文化气息。

一、活动主题："浓情端午粽飘香　邻里欢聚共分享。"

二、活动内容：搭建居民之间相互沟通与交流的平台，居民在包粽子过程中增进邻里情感。社区居民代表把包好的粽子上门赠送给 15 位独居老人，力所能及地帮助他们解决精神、生活上的困难，让他们真切感受到节日的温馨和来自社区的关爱。

三、活动时间：2015 年 6 月 9 日下午 2：00。

四、活动地点：DRX 小区居民家中。

五、活动分工

总负责人：DH（DRX 片区指导员）。

具体负责人：SDY（DRX 片长）。

买粽叶 8 斤：TXQ、RQQ（居民小组组长、楼道长）。

买糯米 20 斤：LHF、JHC（居民小组组长、楼道长）。

买肉 6 斤、调料、准备扎线等工具：SDY、SAF（居民小组组长、楼道长）。

活动当天，DRX 片区的指导员、片长、居民小组组长、楼道长以及热心社区居民共计 20 多人参加了包粽子活动。最后由指导员和片长及小组组长等代表社区将包好的粽子送到辖区内的侨眷、残疾人以及孤老家庭中。上述内容是社区工作开展的一个典型过程。MZ 社区的 CLJ 书记告诉笔者："基本上社区的工作都是这样开展的，只有将社区居民（主要指的是片长、居民小组组长、楼道长以及社区老党员等）充分动员起来，社区工作才能做好，街道交付的工作也才能及时完成。单凭我们社区 7 个人是根本不可能做完这么多工作的。"

XH 社区的老书记 HH 在谈到社区工作的开展思路时说道："社区要紧紧抓住居民小组组长、楼道长等，以他们为依托开展工作。关键要在各楼道和组长之间形成'争先创优'的竞争。比如评比'优秀小组长'，这个荣誉他们都很在乎的……有这样一批居民骨干，无论什么检查都不怕了。"①

由此观之，通过"社区—片区—居民小组—楼栋"的组织网络体系以及"指导员—片长—居民小组组长—楼道长"的人员队伍的匹配与耦合，社区在"网格化管理"中实现了一种"类行政关系"的复制与新构。社区的"网格"中被赋予了一种管理的层级，任务也通过层级进行着层层的分解，人员构成与分工相对明确，岗位责任制度也相对健全。"网格化管理"规模虽小、层级虽低，但构成了结构完整的行政工作系统，是社区治理的重要组织载体和工具手段。因此，社区中内在延续着"市—街道—社区—片区"四级科层管理结构的逻辑和惯习，本质上是对科层体制的拟制以及行政压力的延续。如此一来，居委会的行政化就成为必然。需要注意的是，居委会的行政化，此时已不再是上一章描述的"被动化"的过程，而演化成一个"被动的主动"过程，是先"被动"而后"主动"的过程，形式的存在可能是"被动"之结果，但是实际上的存在以及作用的发挥，必然伴随着"主动"为之的过程。"扁平化管理、片区化服务"本是宜街层面上 2015 年的一项中心工作，是作为"外生议题"进入居委会平台的，但是从社区的具体开展情况来

①　访谈资料：20150613HH。

看，各社区具有极高的积极性和主动性来推进这一工作。扁平化管理与片区化服务中社区积极建构网络，本身就是被动与主动积极统一的过程，并且通过组织网络的搭建，实现了"内生议题"的展开。在笔者的访谈中，XH 社区的 CH 书记认为："这不仅是街道层面的中心工作与要求，更是我们社区自己的工作，是实现居委会减负的重要举措。因为我们工作人员有限，总共 7 个人，7 个人如果面面俱到，任何工作都要做好，真的很难。你发挥居民的作用，帮我们承担一部分居民的工作，我们就有时间去思考如何更好地服务居民。" MZ 社区的 CLJ 书记认为："其实我们居委会在很早之前就已经开始了片区化服务的推进工作，不仅我们的'网格－片区（责任区）'很早就已经设置好了，而且我们的'指导员、片长、居民小组组长、楼道长以及热心人'等人员也是一直就存在的。这是我们的优秀传统，是从我们老书记（20 世纪 80 年代的社区书记）那里就形成的一种工作方法与传统。现在街道具体提出'扁平化管理、片区化服务'，其实就是对居委会这样一种已经存在并发挥作用的工作方法的一种承认与总结。"由此观之，"扁平化管理、片区化服务"在宜街社区中具有丰厚的历史底蕴和现实的需求，是路径依赖中社区的主动作为。

二　社区党建：党组织体系的"拓展与延伸"

社区党建如同社区网格化建设一样，是街道"自上而下"的工作安排。但与上述类行政关系不同的是，社区党组织与街道党工委是一脉相承的党组织体系的重要构成部分，是党在基层社区的组织载体。从国家的势位上看，社区党建其实就是党组织体系在社区场域的拓展与延伸，不仅社区党组织的功能职责由国家规定，[①] 而且社区党组织的性质定位也由国家

---

① 2004 年《中共中央组织部关于进一步加强和改进街道社区党的建设工作的意见》中指出，"社区党支部（总支、党委）的主要职责是：（1）宣传和执行党的路线方针政策，宣传和执行党中央、上级党组织和本组织的决议，团结、组织干部和群众，努力完成社区各项任务。（2）讨论决定本社区建设、管理中的重要问题。（3）领导社区居民自治组织，支持和保证其依法充分行使职权，完善公开办事制度，推进社区居民自治；领导社区群众组织，支持和保证其依照各自的章程开展工作。（4）联系群众、服务群众，宣传群众、教育群众，反映群众的意见和要求，化解社会矛盾，维护社会稳定。（5）组织党员和群众参加社区建设。（6）加强社区党组织自身建设，做好党员的教育管理和发展党员工作"。

规范。但从社区方位来看，社区党组织建设是社区工作的当然构成部分，是社区工作的重要"抓手"，更是"二次动员"的运作过程，客观上也是党的组织体系在基层的拓展与延伸。这就是说，虽然党组织体系的拓展与延伸是本体论意义上的存在，是社区场域中真实发生的事，但是社区党建在基层场域中也展开了方法论意义上的操演，特别是经过了社区的"浸染"，社区党建被嵌入社区工作的日常实践中，成为居委会开展工作的重要依托和动员手段，被消化在社区的治理想象中，获得了具有方法论意义的价值。

首先，组织网络建设是社区党建工作的重要模块。社区党组织建设既是社区工作的常规板块，也是社区工作的重心和核心内容。组织网络建设是社区党组织建设的主体工程，旨在实现党对基层社区治理的领导，其基本标志就是形成了"纵向到底"的党组织网络体系，即由"社区党总支（有的是支部，有的是党委）—小区党支部—楼组党小组—党员中心户"构成的四级网络体系（见图5-3）。这一党组织的四级网络体系，本质上是一种纵向的科层化的组织体系。其中社区党总支处于社区的领导核心地位，是社区各类组织和各项工作的领导核心。小区党支部是以小区（生活区）为单位的党的支部载体，主要协助社区党总支开展居民区的党建工作。楼组党小组则是党建工作中的一项制度创新，旨在延伸基层党组织的触角，增强党的影响力。作为社区党建工作中的制度创新，楼组党小组设立的基本原则是就近就便，在一个楼道、一幢居民楼或者几幢居民楼中视党员情况而设立，每个党小组不少于3名党员，由社区在册党员组成。其主要职责是：第一，在社区党组织的统一领导下，负责党员的教育和管理，保证党的路线方针政策及上级党组织的各项决议得到贯彻落实；第二，组织党员学习，不断提高党员的思想政治觉悟和业务素质；第三，组织、指导和监督党员认真贯彻上级党组织的决议，努力完成各项任务；第四，协助党支部做好对党员的经常性教育；第五，组织党员做好群众工作，及时向党支部反映群众的呼声和要求；第六，定期召开党小组生活会，组织、督促党员按时参加党组织的有关活动；第七，协助党支部做好入党积极分子的培养教育、考察等工作。在职党员则主要是协助党小组做好楼栋内社区服务、民主自治、环境卫生、物业管理等工作，发挥好"五大员"作用。"五大员"即政策法规的宣传员、社会治安的维护员、社情民意的收集员、矛盾纠纷的调解员、特殊时期的应救员。党员中心户则是以热心党员（离退休党员或在职党员）为主体的楼组党小组的核心构成要素。

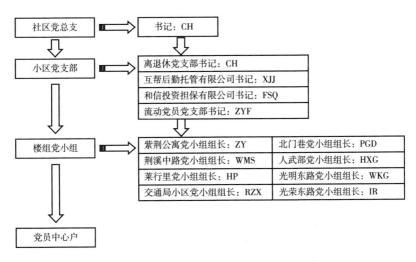

图 5 – 3　XH 社区党总支组织网络体系结构

其次，工作机制创新是社区党建工作的重要抓手。这主要指涉党建工作的机制创新。上述社区党组织的四级网络体系虽然实现了"纵向到底"，但是缺乏横向上的链接与整合，对区域内资源的整合不足，这必然导致难以在社区建设中形成治理合力，甚至会出现"条块分割""各自为政"的行政性积弊，造成资源的闲置与浪费，而社区反而会因为资源匮乏陷入治理困境。因此，为实现党组织网络体系的"横向到边"，社区党建开始了"区域化大党建"的统筹以及党建联席的机制创新，这也是来自基层治理实践的"民间智慧"和"主动创新"。其一，区域化大党建。其二，党建联席会的制度化。这两者是一体的，都是立足于社区的区域范围，通过党组织体系来进行的全域统筹与链接，将社区党总支、辖区单位党组织以及"两新"组织等以社区为空间载体进行统筹党建联谊，通过创建具体的党建联席会制度实现资源链接、服务整合。

就宜街的社区党建工作而言，XH 社区具有代表性。"XH 社区党支部（那时候还是支部）在 2002～2003 年创建了'无锡市第一家堡垒党支部'，当时的工作做得非常扎实。主要的成绩有两个：第一个就是探索了党小组的模式、党员中心户模式，我们的党小组和党员中心户的模式就是从那个时候发展起来的；第二个就是党员志愿者进社区，辖区单位、共建单位的党员志愿者进社区都是从那时候发展起来的。并且开始了党建联席会制度的探索，从 2001 年成立，到 2002 年、2003年创建堡垒党支部把它一下子提升上来。当时党建联席会的组长是人武部的 GZW，他曾是宜市的市委常委，对社区的党建联席工作相当重视，一下子就把这块工作给抓起来了。"这说明党建联席工作要进行宏观上的统筹。XH 社区书记 CH 认为，党建联席会制度是 XH 社区工作的重要支撑，通过党建联席和区域化党建工作的开展，实现了社区与辖区内单位之间的互联，也解决了社区工作中的很多问题。"从 2001年起我们就制定了党建联席会制度。每季度召开一次会议，后来做不到，一年基本上召开两次还是能做到的。每次党建联席会上还要有具体的活动内容，能够给每个单位具体做的事情，不能空，空了就觉得没什么东西。其实，党建联席会有什么效果呢？第一让他们了解我们社区，社区在做什么，需要他们做什么；第二不光加强了社区与单位的沟通，同时也加强了单位与单位的沟通。整个区域里单位间的沟通也特别重要。来的都是主抓党委党建工作的，在单位里至少是副书记，来了之后有什么事情相互交流一下也比较容易。所以这样一来，更认可我们的党建联席会。逐渐地我们社区的党建联席工作制度化、常规化，得到了街道领导的认可。"①

CH 也告诉笔者："由于我们社区只是党总支，但是有的辖区单位是党委。所以我们开党建联席会的时候街道至少要有一个副书记参加，也是一种尊重。联席会有两种形式：一种是正式的由街道党工委副书记、社区党总支书记、联席单位的党建负责人（一般是中层及以上领导）共同参加的区域党建大会，一般一年一次；另一种则是每个单位的党建联络员和我们社区共同召开的协调会，一年大概会开 3 次。一般有大的活动，我就跟联络员联系，有必要的话大家碰个头，来协商一下。"以下为 XH 社区党建联席会成员单位名单（见表 5–1）。

_____

① 来源于对 XH 社区 CH 书记就社区党建工作进行的访谈。

表 5 - 1　XH 社区党建联席会成员单位名单

中国人民解放军江苏省宜市人民武装部

宜市人民防空办公室

宜市工商行政管理局宜街分局

宜市建工建筑安装有限责任公司

宜市中医院

宜市天健医药连锁有限公司

宜市影剧有限公司

宜市交通局

宜市残疾人联合会

宜市公安局城北派出所

宜市宜街房地产开发有限公司

宜市华亭国际酒店有限公司

江苏大统华购物中心有限公司

宜市宜街 XH 社区居民委员会

XH 社区党建共建单位:宜市华源电力建设有限公司

　　此外，作为社区工作的重要抓手，社区党建活动也是与社区的各项工作协调、嵌套推进的。党组织网络建设和机制创新作为开展社区服务工作、居委会分配任务以及资源动员的重要载体存于社区场域中。从宜街 XH 社区党总支 2015 年工作计划中可以窥见一斑（见表 5 - 2）。

表 5 - 2　宜街 XH 社区党总支 2015 年工作计划

时间	活动内容	活动形式	负责人
1 月	1. 召开 2014 年度总结表彰暨居民代表大会	会议	党总支
	2. 支部党员开展"春节送温暖"走访慰问活动	走访慰问	党总支
	3. 学习日:提高党员干部法治思维和依法办事能力	学习	党总支
2 月	1. 制订 2015 年党总支学习活动计划	会议	党小组
	2. 小组讨论:全面推进依法治国重大问题	讨论	党小组
	3. 学习日:学习贯彻第十八届中央纪委第四次全会精神辅导专题	电话教育	党小组

时间	活动内容	活动形式	负责人
3月	1. 召开党总支会议,布置全年工作	会议	党总支
	2. 学习日:学习 2015 年全国"两会"重要精神	学习	党总支
	3. "践行党的群众路线,同心共建和谐社会"学雷锋广场志愿服务	片区活动	党总支
4月	1. 学习日:健康知识讲座	讲座	党小组
	2. 召开睦邻点工作会议	活动	党小组
	3. 推进落实社区转型发展"扁平化管理、片区化服务"工作	研讨	党总支
	4. 开展爱国卫生月环境整治活动	活动	党总支
5月	1. 学习周:开展"营造幸福美满家庭、构筑家庭拒腐防线"廉政宣传活动	活动	党总支
	2. 开展睦邻点党员"暖巢关爱"志愿服务座谈会	工作探讨	党总支
	3. "走出去"学习先进社区工作经验	参观活动	党总支
6月	1. 睦邻点、楼组党小组半年度工作交流	座谈	党总支
	2. 召开班子民主生活会	调研	党总支
	3. 开展第八届文艺会演	文艺活动	党总支
	4. 开展安全知识讲座	讲座	党总支
7月	1. 学习周:"坚定理想信念,服务社区居民"党性讲堂及"政治生日"活动	活动	党总支
	2. 召开辖区党建联席会议,探讨社区大党委成立工作	会议	党总支
	3. 开展在职党员"落户"社区睦邻点结对工作	活动	党总支
	4. 走访"两新"组织,听取党建工作意见	走访	党总支
8月	1. 开展"低碳家庭、节能生活"主题讨论活动	活动	党小组
	2. 法律法规培训:《中华人民共和国未成年人保护法》	讲座	党小组
	3. 学习日:开展"大手牵小手,共建新社区"志愿服务	活动	党总支
9月	1. 学习日:党风廉政文化宣传活动	学习	党总支
	2. 收看电教片	电话教育	党总支
10月	1. 学习日:开展迎国庆、庆重阳系列活动	文艺活动	党总支
	2. 开展"片区化服务"居民经验交流	讨论	党总支
	3. 老干部走访慰问工作	慰问	党总支
11月	1. 学习日:社区安全生产工作教育	讲座	党小组
	2. 反腐倡廉警示教育	报告	党小组
12月	1. 学习周:党员冬训	会议	党总支
	2. 法律知识培训	讲座	党总支
	3. 收看《支部党课》	电话教育	党总支

　　总之，XH 社区通过发挥资源整合作用，以社区党建创新带动基层社会管理创新，把各种社会力量紧紧凝聚在党的旗帜下，逐渐形成了"社区党总支—小区党支部—楼组党小组—党员中心户"四级组织网络，并通过区域化大党建和党建联席的机制实现了横纵的交叉链接，将纵向的四级党建网络和横向的区域单位、组织共同编织进党组织网络体系，这其实是党组织系统中的另一种"网格化管理"。此外，党组织的建设还尝试进行与"片长—党小组组长—居民小组组长—楼道长"扁平化管理、片区化服务的类行政化模式的桥接，这就使得社区党组织服务体系更优化、服务半径更合理，社区党建工作整体水平不断提升。正是这一党组织体系的拓展延伸，以及与社区工作的嵌套，使居委会在被编织进党组织网络的过程中也呈现了建构党组织网络的积极性和利用党建服务居民的主动性。

　　最后，动员路径重构是社区党建工作的重要方式。基层工作中存在两个主要困境：一是资源有限导致居委会工作难以展开，二是居民参与不足造成居委会唱"独角戏"。而社区党建则是突破这两大困境的"重要法器"。其一，互惠逻辑下的资源动员。社区党建通过区域化大党建的统筹协调以及党建联席会的工作机制有效地实现了社区场域中资源的链接与整合。比如，XH 社区在社区党建中按照"思想共育、资源共享、责任共担、机制共筑、活动共办、实事共做"的工作思路，建立健全了社区党建联席制度，形成了资源共享、优势互补、条块结合的社区大党建新格局，实现了辖区单位资源、社区资源在社区居委会平台上的汇聚与整合。这样就有利于实现社区与辖区企事业单位的合作共赢。"比如交通局评省级文明单位，都要辖区共建这一块资料的。我们的资料、照片丰富了他们的台账，提高了他们的信誉度，增加了他们的社会效益。再说，企业也有这种需求，像一家医药连锁，主动提出为老人服务，给老人上健身课，他们主要来宣传他们的服务。但是辖区单位的活动是经常性的，基本上每个月我们和辖区单位都有活动。我们居委会开展活动时会主动与共建单位沟通：挂名，我们出力，你'出名'，愿意的话出点钱。比如重阳节开展活动，他们愿意来嘛，他们提供小礼品，这样我一分钱不用花，活动搞得很好的。"[①]

　　经过这样你来我往的过程，社区和辖区单位之间的关系就变得更为融

①　访谈资料：20150607CH。

洽，围绕社区活动进行的合作也更加得心应手。CH 书记说："刚开始一般是我们社区找他们，后来他们主动找我们。一是我们社区能够为他们提供的平台多了，社区服务的方方面面多了，他们的上级对他们也是有要求的，他们要开展进社区为老人服务等活动，我们社区可以为他们提供平台，这是最主要的一个因素。二是他们每一次来，社区能帮他们安排好、搭建好、组织好这些平台，让他们有所收获，至少让他们感到不虚此行。这也是很重要的。一下子给单位带来多少效益，这些单位也是有算盘的，也要估量这些钱（出得）值不值。我的想法，多向党政机关开口，让企事业单位多做实事少出钱，它们的人力资源很丰富。比如上面说的医药连锁有限公司，我要开展活动的话，跟联络员说'我要开展什么活动，能不能提供礼品?'，（他们说）'好的，到时候你帮我挂名就好了'。就一句话。但是要一个党政机关提供小礼品，不可能。我们找这些单位要力量、活动（场所）。像超市，我们每年端午节组织居民骨干去参加包粽子比赛，所有的材料都是超市提供的，完了还送我们居民小组组长礼品。包完粽子都是送到我们社区困难户家里。"①

这样社区就借助党建的机会，在遵循互惠的逻辑中实现了社区与辖区单位资源的链接与整合，优势互补，使社区工作开展有了更多的资源渠道。XH 社区的 TXX 副书记也说道："党建联席是我们工作中经常会用到的方法。通过党建的平台我们与辖区单位之间逐渐相熟。这样遇到一些大型的活动，我们就会通过党建联络员争取辖区单位的支持。这其实就是让我们的社区工作有了更好的支持者。然后我们平时也会帮助这些单位做一些力所能及的事情。"她进一步说道："当我们的友好联谊单位与辖区居民发生冲突的时候，我们会第一时间进行调解，而且由我们出面事情很快就会得到解决。比如，上一次交通局由于停车位紧张占用了其所在小区居民的停车位，引发居民不满。我们得知情况后，立即在该小区召开党小组会议，讨论如何处理与解决这一问题。最终使事情得到了很好解决，交通局也很感谢我们。像这样的事情对于我们都是举手之劳的小事，我们帮他们处理下，以后再开展一些社区活动什么的，需要他们支持，他们很爽快就答应了。"②

---

① 访谈资料：20150607CH。
② 访谈资料：20150528TXX。

其二，党组织逻辑下的居民动员。这主要指的是通过"居委会—典型群众（党员积极分子）—居民"的路径进行的"二次动员"过程。这典型体现在社区的选举过程中，特别是在社区选举的准备阶段（见第四章），是一种典型的群众动员逻辑。

XH社区通过"党员的分类管理"来进行动员，实现党建工作对社区工作的引领。所谓"党员的分类管理"，就是对社区内的在职党员、在册党员、离退休党员、流动党员的管理，是充分利用和动员辖区内的党员资源的过程。CH书记告诉笔者："现在社区利用得比较好的就是社区的在册党员，还有离退休党员，关系已经转到社区的，这些党员相对好发动，自然就成为我们社区工作动员的主要对象。而对于在职党员的动员则相对有限。"XH社区通过楼组党小组的组织创新，将在职党员的职责限定为协助党小组做好楼栋内社区服务、民主自治、环境卫生、物业管理等工作，发挥好"五大员"作用，即发挥政策法规的宣传员、社会治安的维护员、社情民意的收集员、矛盾纠纷的调解员、特殊时期的应救员的作用。在全年至少做到：为邻里做一件有意义的事、为群众办一次服务活动、为社区提一条合理建议。而且，社区还通过党员设岗定责以及党员主动认岗的相互磨合，增强党员服务居民的自觉性和责任感。具体来说，就是由党组织给每个普通党员指定岗位、明确职责，让无职党员根据自身情况到不同的岗位上履职，使广大党员"无职有位，无职有责，无职有为"。其实就是发挥党员的先锋模范作用，让大家有事做、把事做好，更好地为人民服务，体现党员的先进性，充分展现"一个党员一盏灯""一个党员一面旗"的模范带头作用。经过这样的尝试与磨合，将社区140多名在册党员和90多名在职党员分散到包括政策宣传、健身娱乐、法律咨询、卫生保健、民事调解、环境监督、助残帮困、巡逻值班等方面的18个岗位上，使其肩负起服务居民的重任。设岗党员由于有了服务的平台，增强了责任意识。社区开展"党员示范岗""党员先锋岗""党员和谐之星"等创先争优活动，进一步焕发了党员的青春活力。

通过党员的分类管理，社区有效地调动了党员参与社区建设的积极性，发挥了党员参与社区事务、为社区居民服务的作用。这样党员的积极参与有力地带动了社区居民公共参与，社区党组织的凝聚力、战斗力得到了进一步的提升。

三　布局机关化：居委会的空间方位结构

空间，是一种结构的容器，也是一种功能的载体，还可以是一种价值意义上的表达。作为结构的容器，居委会空间呈现了不同的结构序列与布局安排；作为功能的载体，居委会空间则承载了不同的功能板块与任务组合；而作为价值意义上的表达，居委会空间则嵌含了不同的权力诉求与地位殊异。居委会的物理空间组成、空间场域规模以及空间结构布局与功能安排等构成了社区场域中居委会的物理存在与价值象征。由此，物理存在与价值象征就构成了笔者研析居委会空间方位机关化倾向的重要维度。

其一，物理场域与功能搭配的暗合。宜街社区居委会物理空间具有建设标准上的同一性、物理结构上的同构性以及功能构成上的趋同性。首先，建设标准上的同一性。这主要指的是2006年"撤镇设街"以来宜街统筹开展的以"六室四站二栏一校一场所"为中心的居委会硬件建设工作。宜街社区硬件建设由街道与社区按照7∶3的比例进行资金投入，社区具体进行设计与建设，这样社区居委会就具有极高的积极性来进行符合"宜街标准"的硬件建设，这本质上是一种资源依赖条件下居委会的积极策略化行为。其次，物理结构上的同构性。这主要指的是居委会的物理空间构成上的相似性。就笔者的观察与调研来看，社区居委会的办公场所基本上是一个独立的办公楼。一般有两层（条件比较好的社区则可能是整栋楼宇，比如XT社区①）：一楼主要是一些业务办理部门，由"一站式服务大厅"的服务窗口、民警服务室和一些为老服务的站点构成；二楼则包括居委会会议室、市民学校（党课教室）以及社区书记办公室、居委会主任办公室等。最后，功能构成上的趋同性。这是指居委会内部分工与职责上的类同性，也指涉按照上述"宜街标准"建设的"六室四站二栏一校一场所"所承载功能的一致性，这既是居委会被动行政化下的必然结果，也是居委会积极行动、主动建构的结果。

---

① XT社区是宜街经济基础最为雄厚的社区，该社区主要存在六大专业市场，是具有经济开发性质的社区。其硬件建设的标准完全赶得上中等发达地区的一个街道的标准。

其二，空间布局与权力分布的差异。空间本身是一种区隔与分离，背后存在的则是权力表达，空间作为特定的场域的载体，其本身就存在位置以及权力上的差异，这特别明显地体现在社区书记与社区工作者的不同办公空间上。首先是楼层分布的不同。社区书记的办公室一般设在二楼环境较安静之处，而且书记本人具有挑选的优先权。这里面的原因，可以用戈夫曼的"前台和后台"理论来分析：一楼相对开放，相当于居委会的"前台"，直面社区的居民，是与居民直接互动的公共区域；二楼在某种意义上则是居委会的"后台"，是居委会做出重大决策、讨论社区重大事务、部署社区工作任务的场所，是较少与居民直接互动的场域，相对封闭。其次是空间封闭、自由程度的不同。社区书记的办公室较封闭，远离干扰因素，也代表其自由度较高，更为根本的则是空间分布差异背后所呈现的权力不同。具体来说，社区书记是社区的"一把手"，是社区权力的中心；而社区工作者则是具体的工作执行者，彼此所拥有的权力不同，从这个意义上讲社区书记的办公室是一个可以规避前台干扰的权力空间，是社区场域中权力的象征。

第三节　服务吸纳、内生的互动实践
与居委会的主动行政化

居委会的积极行政化，不仅表征在其通过职责的同构所建构的社区场域中的运作架构上，也体现在居委会作为社区场域中主体之一与其他治理主体在关系实践的过程中所呈现的策略逻辑以及行为倾向上，这构成了居委会积极行政化的重要面相。就宜街的实践来看，其指涉的情景主要涵括两个方面。其一，居委会与社区自组织的内生性关系实践及其所展现的服务吸纳逻辑；其二，居委会与辖区单位等组织的跨越边界关系实践及其所呈现的资源汲取逻辑。

从研究方法的角度看，本部分的研究以关系实践为主，旨在通过对特定社区治理实践的"过程－事件"分析而展开研究。内生的互动实践，指的是居委会与社区场域中"自下而上"自发产生的社区自组织（准组

织形态）的互动实践过程。在宜街的场域中，XH 社区的睦邻点①是典型的"自下而上"形成的社区自组织形态，在社区的治理空间中发挥重要的作用，并已形成了品牌效应，成为 XH 社区的重要治理创新实践。2008 年 5 月，XH 社区在社区楼组党小组的基础上，首先建立了 4 个睦邻点，后来又增设了 3 个，这 7 个睦邻点基本是以楼幢、党小组、小区为范围设立的，覆盖 25 幢楼，960 户居民，占社区总户数的 43%，参与睦邻点工作的党员中，在册党员有 46 名，在职党员有 66 名，离退休党员有 92 名。睦邻点根据居民的需求，长期开展各类形式多样的邻里活动，有谈心聊天、讨论问题的活动，有读书看报、组织学习的活动，有唱歌健身、爱好交流的活动，也有出谋划策、关心公益的活动，这些活动在调解邻里关系、净化居民点环境、化解居民纠纷和家庭矛盾方面已经发挥或正在发挥着巨大作用。也正是这些日常的活动和密切的接触，拉近了邻里的距离，活跃了社区里的氛围，增进了居民间的感情，体现了邻里间的和谐。由此，笔者以 XH 社区的交通局睦邻点自治实践所生发的内生议题为切入点，通过对睦邻点在建设过程中与居委会的不同互动态势以及居委会的态度、逻辑前后变化的分析来透视居委会行政化议题。

从事件史的纵向历程看，XH 社区交通局睦邻点的发展经历了三个阶段，与之相对应的是，居委会与睦邻点的关系实践也呈现了阶段性的特征与不同。

一　需求推动与睦邻点介入：以"公共困扰"为契机登上"治理"舞台

交通局小区是 XH 社区里的一个单位型小区，一共有 2 栋楼，共 65 户人家，居民大部分是交通系统的在职或退休人员，由交通局自主开发、自主管理，住户以老年人居多。这里就是一个熟人社会，像一个村子，大

---

① "'睦邻点'顾名思义就是居民和谐相处的联系点，它是由社区居委会引导、居民自主发展，根据居民的需求和爱好，在不同的地段、各个区域设立的一个活动点，也正是这个'点'为邻里之间搭起了一个相互沟通的平台，它架起了居委会与居民之间、党员与居民之间、居民与居民之间的桥梁，有效地推进了居民自治，促进了社区稳定、和谐、文明、幸福。"——XH 社区睦邻点工作总结汇报。

家都很熟悉。但是作为老旧小区没有物业管理，进而造成很多矛盾，如小区卫生、邻里关系等。特别是随着生活水平的提高，私家车越来越多，交通局小区作为一个老小区，停车位非常有限，围绕着停车位的争夺与抢占事件层出不穷，邻里间不再和谐、关系不再融洽，开始由熟人社会变成普通邻里社会。

　　小区空间是一种公共空间，也是一种有限的资源，可以满足绿化、居民活动的需求，是提升居住质量的重要保障，是小区居民的共有产权空间。作为单位型小区，交通局小区的物业管理与服务最开始是由单位来提供的，但是随着住房市场的改革以及物业服务的市场化运营，交通局小区这类单位型老旧小区的物业服务就变成了"无人问津"的边缘地带。一方面，单位制改革，物业服务开始进入市场，单位不再具有托管小区物业的法定义务；另一方面，作为老旧小区，物业费收取存在重大障碍，这里面既有人们思维惯性（单位依赖）的因素，也有居民的构成性因素（多为老年人、外来流动人员等）。这样作为市场主体的物业管理公司难以进入小区提供服务，该小区处于无物业运转的境地。2003 年，宜市率先推动车改，交通局小区本身就是一个单位型小区，加之生活条件越来越好，私家车开始多起来，车主停车困难。刚开始的时候只有八九辆，小区内部有限的空间还可以承载。但是随着车辆的增多，2012 年停车位真正紧张起来，就连小区外面的路上也停满了车，小区内居民经常因为停车位的争夺而争吵。由于没有对小区内的停车位进行统一规划与划界，所以要"先到先得"，车主回来晚了就只能将车停放在小区外面，不仅需要走一段路才能到家，而且车子停在外面也不太安全（有车主有车子在小区外面被剐蹭和划花的经历），这样"见缝插针"、"到处乱放"以及"提前抢占停车位"的现象常有发生，居民围绕停车位的争吵以及因为车辆停靠太近而产生的剐蹭纠纷就成为"家常便饭"。

　　车主张先生就抱怨：

　　　　有一次我早上上班稍晚了一个多小时，还没到车跟前就远远地看到我的车子车门处被剐蹭了很大一块。我就想肯定是旁边那辆大众帕萨特剐到的，因为我昨天停车的时候也是勉强插进去的，实在也是没办法。后来我就找那个车主（王先生）理论，但是他完全不承认，我们当时还争吵了很久，吵得面红耳赤的。唉，其实也没多大的事，就是500元（修车的费用）的事情，但是像这种事情是经常会发生的。真想赶紧搬离这个小区（张先生已经在其他小区买了房子，只是还没有装修好）。①

"停车位抢夺战"由个人困扰上升为有关"社区和睦"的公众议题。上述因停车位抢夺而发生的纠纷刚开始还只是限于小区内的车主之间，但是随着车辆的增多以及争吵的日常化、摩擦的经常化，个人困扰开始越过边界，上升为小区的公众议题。其一，卷入的居民越来越多。不仅有相关车主及其家庭成员，也有因为车辆对小区公共空间的挤占而维权的非车主居民，他们认为小区的公共空间是全体业主的公共财产，小区的绿化以及环境整洁的重要性应该高于个别业主的停车权益。其二，涉及的议题越来越广。停车位不仅造成了对小区公共空间的挤占，因停车位而产生的纠纷也严重影响了小区的睦邻友好氛围，甚至很多居民都萌生了搬离该小区的想法。这就是说争论的问题已经从日常生活纠纷发展到公共空间的维权，再到社区凝聚力与归属感层面议题的衍生。其三，造成的后果越来越严重。抢停车位影响到人际关系。交通局小区不仅是一个老小区，还是一个单位型小区，是一个熟人小区，大家平时住在一个小区里面，低头不见抬头见，停车位问题不解决，必然会影响到居民之间的关系，以及对小区的认同感与归属感，进而影响到小区的和谐氛围。这就是说，不仅居民的争吵破坏了以往的熟人社会逻辑，而且随着个人困扰跨出边界，涉及小区文化以及归属感的公共议题也开始出现。如不妥善解决，小区终将沦为普通邻里社会，也将遭受经济上（房价跌落）以及文化上的损失。

但问题是，交通局小区是老旧小区，无物业来解决这个问题。这时睦邻点介入就具有了天时、地利、人和的巨大优势。天时，指的是因停车位问题而引发的各类问题困扰着小区的和谐发展，到了必须进行处理与应对的地步，而小区没有具体的组织载体来推进公共议题的解决，睦邻点作为内生于小区的准组织形式就被寄予了厚望。事实上，睦邻点在很早之前就

---

① 访谈资料：20150517ZB。

已存在于小区场域中，但基本上是处于"蛰伏"状态①的。地利有两方面含义。一方面，地利指的是睦邻点具体办公活动场所的出现，笔者调查了解到，现在的睦邻点办公活动场所原来是配电房，后来所有的高压电都走地下了，这个配电房就废弃了，经过睦邻点前负责人任局长（前交通局局长）与供电局的协商，这个配电房就变成了睦邻点的活动与开会场所。这是交通局睦邻点发展史上的重大事件，从此睦邻点就具有了固定的场所，成员可以进行面对面的讨论以及共同处理一些事情，而对停车位争端的商讨也是在这里进行的。另一方面，地利指的是睦邻点是生发于小区内部的，其骨干成员都是小区的居民，深切地经历了停车位事件由个人困扰到公共议题的演化，也真切地受到了其困扰，睦邻点具有解决争端的"地利"优势。人和，则指的是睦邻点成员，特别是前负责人任局长在小区中所具有的威望（当然这一威望具有随职位而来的"法理"性质），以及睦邻点在居民中所具有的较高认同度。

这样，在睦邻点这个平台上，党员和居民骨干在前负责人任局长的组织领导下，开启了睦邻自治下公共困扰的解决过程，也呈现了小区层面上公共事物的治理之道。

二　社区支持与睦邻自治：公共事物的治理之道

当睦邻点作为准组织形式开始参与到社区公共议题的治理时，它就必然会影响到居委会的"注意力分配"。而居委会的支持在"停车位困扰"解决过程中也发挥了重要作用，可以说睦邻自治与居委会支持的"共谋"完成了社区公共议题的治理。

为解决困扰小区居民的停车难问题，睦邻点开启的第一个实质性推进工作就是以"停车位困扰"为议题召开小区居民大会。起初，睦邻点

---

① 2008年以前，睦邻点基本上是由社区骨干（党员）发起的，活动场所就是居民家，以党员中心户为中心开展活动，党员是发起人也是负责人，主要开展一些读书看报学习类活动以及谈心、聊天等情感类活动，也有关爱独居老人的志愿性服务活动，满足了居民的交流需求。交通局小区睦邻点是在2007年左右建立的，由居民小组组长发起，当时也是设在组长家里，主要开展情感交流类活动、解决生活困难等互帮互助类活动以及自娱自乐类活动，并没有有效参与到小区治理中（由此笔者将其称为"蛰伏"状态）。直到2012年，睦邻点有了活动室之后才开始（在小区治理中）发挥作用。访谈资料：20150602WSH。

成员决心介入停车位问题，但一时间又不知道从何做起，也担心自己身单力薄不能担起这个担子。于是，睦邻点的几个负责人就找到社区 CH 书记，说明了自己的想法，希望可以得到社区的支持。而社区 CH 书记凭着自己的工作敏感性，马上拍板表示全力支持睦邻点的活动，并答应如果自己有时间就一定参加，如果没时间就派社区副书记参加小区居民大会。这样，睦邻点成员就像吃了"定心丸"① 一样，开始了会议的筹备与动员工作。睦邻点成员在每个楼道张贴通知，动员小区居民参与。经过动员，最终有 30 人参与居民大会，主要是社区退休党员和居民积极分子等，也有社区的工作人员列席会议。会议充分听取了非车主和车主代表关于停车位问题的意见，经过双方的深入讨论与沟通，就该议题达成了以下共识：第一，进行小区调研，搞清楚小区有多少辆私家车，有多少停车位；第二，成立由 6 个人组成的睦邻点"骨干团队"，具体推进停车位的相关事宜；第三，在调研的基础上，召开睦邻点会议，商讨具体的解决对策，制订规划方案；第四，就该方案的可行性进行充分的论证，并征求全体居民意见，通过后由睦邻点实施。具体过程如下。

第一，小区调研。主要是统计小区有多少辆私家车，并登记造册，统计小区有多少停车位，可容纳多少车辆，并进行规划与画线（避免乱停乱放）。调研后发现，小区有 28 个停车位，但是有 35 辆私家车，这就意味着问题的解决需要进一步的谋划。具体调研由楼组党小组成员、楼栋长、居民小组组长等负责。在居民看来他们都是代表居委会的，事实上他们也确实得到了居委会的许可。

访问员：交通局小区停车位的问题，咱们社区有没有介入？

TXX：介入了。

访问员：主要是在哪些方面？

TXX：一开始，主要是上门摸底。他们跟我们说了停车比较难，我们就发动组长，我们自己（社区工作者）也上门。全面排摸停车位有多少，是不是需要整改。最后发现确实是比较困难的，后来发现

---

① "刚开始我们萌发了召开居民大会的想法，但是我们也不知道这是不是合法的，也担心没有居民肯参加。这样找（社区）书记谈了之后，我们一下子放心了许多，就像吃了一颗定心丸。"来自睦邻点负责人访谈资料：20150603QXP。

他们小区正好有一块空地，我们就联系行政执法部门给他们画线。①

第二，成立骨干团队。睦邻点的运作以及停车位问题的解决都需要由热心社区公益的人来具体推进，小区居民大会上一项重要的内容就是在党小组和睦邻点的基础上成立了睦邻点工作的骨干团队，其成员主要是居民小组组长、党员、积极分子，骨干团队由 6 个人组成，其中 3 个人是车主。这佐证了居民的参与需要有利益上的契合。骨干团队成员间有明确的分工，各司其职，共同在睦邻点工作中发挥领导核心的作用（见表 5 - 3）。

表 5 - 3　XH 社区交通局睦邻点骨干团队人员构成

姓名	身份	主要作用
RZX	当家人	在他的带领组织下，小区变成一个文明互助、和谐幸福、充满活力的欢乐家园
QXP	组织员	积极参与睦邻点工作，组织居民学习，开展文体活动
WSH	联络员	她知晓每户居民情况，上传下达，联系居民，协调事务，为欢乐家园奉献力量
LYF	管理员	做好睦邻点的日常管理，维护睦邻点的整洁环境，配合联络员工作
CYF	助理员	交通局在职党员，热心睦邻点工作，收集台账资料，负责教育学习工作
SYD	管理员	做好睦邻点的日常管理，维护睦邻点的整洁环境，配合联络员工作

　　注：这里的联络员具体指的就是社区工作者。

第三，召开睦邻点会议，商讨具体对策。在前期调研的基础上，睦邻点召开了会议，商讨具体的解决对策，制订规划方案，居委会工作人员也参加了会议。其实，之前睦邻点也召开了一次全体车主会议，所有车主都参加了，承诺以后要文明停车，车主们也提议增加新的停车位，解决思路是比较清晰的。既然现有的停车位不够用，那就看看是否还有"开源"的空间。同时，商定规则，以后再有私家车增加，该如何处理。任局长提出可以将小区内的绿化带缩减，新建几个车位出来。这只是一个想法，但实际操作比这个想法复杂得多。会上大家进行了充分的讨论，认为新建停车位至少需要解决两个关键问题。其一，缩减绿化带需要征得小区居民同意，特别是无车业主的同意。众所周知，小区绿化带是小区居民共有的公共资源和空间，虽然车主占了小区居民的一大半，但是也不能不顾无车居

<hr />

①　访谈资料：20150528TXX。

民的利益。社区工作者也表示："'停车位改造'关乎小区每一户居民的利益，必须每一户居民都同意才行。"因此，社区发放征求意见表，就停车位改造问题征求每一户居民的意见，最后有95%的人同意，不同意的主要是无车居民，他们认为"绿化减少、尾气增多，不利于居民身心健康，也影响小区环境"。在睦邻点的求助下（其实在居委会看来，也需要支持睦邻点的工作），社区居委会针对不同意的居民发动骨干成员和居民小组组长上门做工作。同时所有车主主动提出来，车主每年交给睦邻点100元，这些钱主要用在门卫工资（每年补贴300元）和睦邻点的活动支出上。最后这些居民也都同意进行停车位改造。一方面，居委会认为，停车位改造必须征得所有居民的同意，不然就会引起新的矛盾与纠纷；另一方面，居委会在睦邻点的求助下也积极介入，帮助其做居民工作。很明显，由居委会出面上门做工作，比睦邻点合理得多。

> 访问员：100块钱是怎样收取的，用在哪里？
>
> CXP：车主提出来的，我们都同意。小组长通知一下，交钱了然后在表上签名，我带头交，党员也带头，最后在小区门口公示。主要用在门卫每年300块钱补贴，还有睦邻点上面，像买灯还有一些活动经费等。①

其二，市绿化局对每个小区的绿化面积是有一定的条文规定的，不能随意改变，缩减面积也需要得到市绿化部门的审批。这就意味着新建停车位也需要与市绿化部门进行沟通，以获得许可。因此，睦邻点也不得不借助社区居委会来与绿化办进行沟通、协调。社区居委会就绿化带缩减问题联系街道，在街道的支持下，与绿化办协调沟通，取得许可。停车位也是由居委会出面联系行政执法部门给小区新增停车位进行画线的。

此外，睦邻点也召开了多次小区车主会议，就规范停车、文明礼让等停车规则进行了反复商讨，达成了"流动管理、先到先停、规范停车"的共识。停车位总是有限的，私家车可能还会增加，故交通局小区停车位不实行占有制，严格按照停车位进行停放。并按照"先到先停、规范停

---

① 访谈资料：20150603CXP。

车"的原则进行管理，如果晚上回来太晚已经没有车位了，那么车主就将车停在路边上。这样睦邻点就做好了对停车位改造的准备工作，最后就是对方案进行公示，征求居民意见，并付诸实施。

由此可见，在睦邻点骨干成员的大力推进、小区居民的积极参与以及社区居委会的充分支持下，停车位问题得到圆满解决。可以说这是睦邻点作为社区自组织在社区治理场域中的一次成功亮相，是一个居民积极参与社区公共事务的过程，也是一个社区公共议题发育以及公共意识培育的过程。在解决停车位问题以后，睦邻点的治理示范效应开始显现。如今，睦邻点已经成为居民的"议事园"，在把个人困扰上升为公共议题、动员居民参与公共事务上发挥着重要的作用，有力地推动了XH社区的自治进程，具有治理创新的典型意义。从这个意义上讲，睦邻点不仅是一个公共平台，还是一个公共议题培育、商讨以及解决的载体与机制。

在上述公共事务的解决过程中，可以说居委会也发挥了不可替代的功能。其一，合法化的功能，即为睦邻点活动的开展提供合法化的资源。这主要体现为居委会开展居民需求调研以及作为参与者对睦邻点召开的各类会议的列席。社区工作者的出现就代表了居委会对睦邻工作的支持，而在居民看来这就意味着睦邻工作具有了合法性。其二，咨询智囊的功能，为睦邻点活动的开展与策划、问题的解决与规划等建言献策。体现为居委会对睦邻点就改造停车位征求居民意见的建议。其三，协调资源与沟通关系的功能。睦邻点作为社区内生的自组织形式，尚不具备与更多社会资源、部门机关进行直接沟通协商的位势，而居委会作为社区存续时间最长、组织化程度最高的组织形式可以实现关系上的沟通与资源上的链接。这体现在居委会与街道办事处、市绿化办等机关部门的沟通上，也体现在居委会协助睦邻点争取办公场所以及物品配置上。

三　相互嵌套中的全面统合：睦邻互助社中行政化的强化

停车位事件是交通局睦邻点发展史上的里程碑。一方面，睦邻点通过主导停车位问题的圆满解决，获得了小区居民的广泛认可，在社区治理场域中扮演着越来越重要的角色，发挥着越来越重要的作用，成为小区各项议题的汇聚地和自组织实践的"操演场";另一方面,随着睦邻点治理功能的发挥,居委会开始意识到其在社区治理中的无限可能性,并由前期的活动支持转向了积极的行为主导。睦邻点与居委会的关系也发生了微妙的变化,这主要体现在以下两个方面。

1. 从活动支持到积极作为:态度变化中的社区居委会

从 XH 社区层面上看,随着睦邻点在社区服务和社区发展中作用的凸显,社区逐步对其重视起来,CH 书记也认为睦邻自治具有可推广的巨大价值,可以成为社区的重要品牌和典型。这样,在社区的主导下,XH 社区于 2008 年孵化建设了 4 个睦邻点,在 2010 年又增设了 2 个睦邻点,2014 年又建立了 1 个睦邻点。截至目前,XH 社区共有 7 个睦邻点。社区对睦邻点的互动实践也开始跨越初期的活动支持,进入积极合作、引导发展的新阶段。第一,活动场地与资源的争取。在睦邻点发展过程中,居委会意识到要想让睦邻点发挥更大的作用,必须有一个公共参与和活动的地方,实现居民或骨干公共参与的常态化,进而实现睦邻点公共议题发育、议事论事以及自治功能发挥。鉴于公共交流空间在睦邻点发展中的重大作用,社区居委会在培育睦邻点的初期侧重于争取与协调公共空间,解决睦邻点的物理空间问题。其中,交通局睦邻点就是社区帮助协调场地和提供资金支持的。在社区的协调下,交通局在 2011 年底获得供电局的一个配电间,可以作为公共场所,并得到了停车位改造的一些资金支持。北门巷和光明东路睦邻点在 2014 年获得了市残联的一个仓库,也有了公共场所,一些设施由社区提供资金支持。

调研中,在睦邻点活动的居民告诉我们:"自从有了活动场所,每到睦邻点开门的时候,就会有居民过来玩。我也经常过来参加看看,或是和其他居民聊聊天,或是参与睦邻点的活动,或是讨论社区中的一些问题或困扰。"①

第二,组织与制度建设的积极引导。为了使睦邻点发挥更大的治理功能,实现自治的常态化、规范化以及可持续发展,进而为社区减负,居委会意识到睦邻点进行组织与制度建设的重要性。从这一意义上讲,居委会对睦邻点组织、制度建设的引导已经暗含了"为我所用"的主动意识。一方面,组织建设。2011 年,社区在原支部党小组的基础上又成立了楼

① 访谈资料:20150603J1。

组党小组，各个睦邻点的组织实体开始建立，逐步实现睦邻点、楼组党小组、党课教育实践基地、在职党员进社区志愿服务"四位一体"的组织架构。具体来说，发挥楼组党小组的整合功能，以"楼组"为单位建立党小组，把居住在社区的在职党员、离退休党员、在册党员组织起来，让睦邻点成为党课教育实践基地，楼组党小组、在职党员进社区服务的平台。关键是要发挥楼组党小组、睦邻点负责人的作用，调动区域内党员、积极分子参与睦邻点工作的积极性，这也是社区内的优势资源。由此，实现了居委会在社区内的组织架构（本章第一节）与睦邻点的互为嵌套。

另一方面，制度建设。社区直接介入制定睦邻点、楼组党小组、党课教育实践基地的各项规章制度，明确目标，明确职责；制定在职党员进片区、进睦邻点的活动制度，让在职党员真正"落户"社区，向活动制度化、参与规范化发展，让在职党员真正融入社区，为社区的各项建设添砖加瓦；建立党员设岗定责制，让每个党员在睦邻点都能发挥作用。XH社区根据居民需求在每个睦邻点设置有关政策宣传、健身娱乐、法律咨询、卫生保健、民事调解、环境监督、助残帮困、巡逻值班的岗位。由此可见，居委会基本上是将"社区一站式服务大厅"的服务窗口在睦邻点进行了直接的"复制"。在此基础上，为了保证活动开展，每个睦邻点也都进行了党员设岗定责。

楼组党小组职责如下。（1）楼组党小组活动以党员能做到为基础，不拘泥一定的形式，不求轰轰烈烈，但要实实在在。（2）要围绕做好"六个员"（宣传员、示范员、信息员、服务员、调解员、监督员）开展活动。（3）要发挥桥梁纽带作用，楼组党小组的每个党员要经常与居民群众交心谈心，了解社情民意，从而为社区建设出谋划策，推动和谐社区建设。（4）要关爱弱势群众，开展党员家庭与社区内困难家庭结对帮扶活动，从而进一步密切党群关系。

调研中，人武部睦邻点政策宣传员赵老师告诉我们：

我们每个睦邻点都进行了设岗定责，根据各自特点和兴趣爱好，每个人都有专门负责的领域。在我们人武部睦邻点上，我对政策宣传这块了解得多一些，我就负责政策宣传，还有负责法律咨询、民事调解、助残帮困、健身娱乐等方面的人员。睦邻点每天都有人轮流值班，还有工作记录本，需要记录每天发生的事情。平时睦邻点的人员也会聚在一起，聊一聊自己负责的领域的情况，互相交流、开阔视野。[1]

此外，为促进睦邻点彼此之间的沟通与交流，社区还制定了睦邻点定期召开交流座谈会、联谊交流等制度规章，以共同探讨睦邻点的建设和发展，引导睦邻点健康有序发展，最终形成了睦邻点运行在"三个层面"上的制度安排。社区层面上，表现为睦邻点、楼组党小组、党课教育实践基地的各项规章制度。睦邻点层面上，自定制度，旨在发挥每个睦邻点的自主能动性，引领小区的建设和发展。党员层面上，则是建立了党员设岗定责制，让每个党员都能在睦邻点发挥作用。

总之，2008年开始，在XH社区居委会的指导和支持下，各个睦邻点的场地、设施问题得到解决，组织与制度建设不断得到加强，在解决公共问题、带动居民参与上作用突出，但是运作还不够规范、制度化程度不高，睦邻点也比较分散，整合还不够，没有形成较大的品牌效应。[2] 特别是居委会对睦邻点的统合还不够深入。XH社区书记CH也向笔者表达了此种担忧。

> 笔者：睦邻点开展的活动，居委会都清楚吗？
>
> CH：非常清楚。指导员（社区工作者）作为睦邻点的顾问，都是很清楚的。活动前，先要跟每个工作人员交流，再跟我交流。现在大家关系比较近，睦邻点的负责人会先跟我交流再跟他们交流。
>
> 笔者：在睦邻点中，工作人员担任顾问，开展什么活动还是很清楚的。
>
> CH：既要放给他们自由，也要限制他们自由。过分强大，不听居委会的怎么办？这也是我们面临的一个问题，现在有些社会组织强

---

[1] 访谈资料：20150712ZYH。

[2] 在笔者对社区CH书记的访谈中，她也说道："在宜街大家都知道'睦邻点'是我们XH社区的特色，但是在街道看来，它的品牌效应还不明显，典型性不够。特别是与现在社区建设主流中的'社会组织'还有相当大的差距，而此也是我们睦邻点下一步发展的方向，还希望你们能给我们多提意见，多指导啊。"

大起来，不听你居委会的了怎么办？当然它做的也是公益活动，但是它跟居委会可能会有矛盾、冲突，这也是面临的一个新问题。①

因此，社区居委会又开始筹划睦邻点的下一步发展——建立"新华之家"睦邻互助社，以实现对睦邻点的全面统合。

2. 规划中的未来：成立"新华之家"睦邻互助社的努力

居委会的主动作为实现了居委会社区网络与睦邻点组织架构的相互嵌套，并进一步通过睦邻互助社的建构努力，实现了对社区自组织的全面统合与规引。这典型地体现在"新华之家"睦邻互助社的自治章程与功能定位上。其自治章程明确规定，"本团体的备案管理部门是宜街街道社事办，业务指导部门是宜街 XH 社区居民委员会"。现就睦邻互助社功能定位中的"五个明确"② 详列如下。

> 一是作用明确。社区党组织的引导领航作用。我们牢牢把握好睦邻点发展方向，利用居民爱家、爱院（楼）的热情，因势利导，调动身边人关心身边事的积极性，使他们热爱社区、服务社区。在社区党组织的指导下，充分发挥群众参与社会管理的基础作用、居民自治的主观能动作用。睦邻点由居民自觉发起，活动内容自行设计，成员自由组合，是新型社区居民自治模式。为了充分调动居民的积极性，把党性强、办事认真、甘愿为大家奉献的人选出来当"领头雁"，从而增强居民的自治意识和主人翁思想，做到千斤担子自己挑，消除了以往遇事推诿、扯皮和依赖想法，发挥成员提供服务、反映诉求、规范行为的作用。
>
> 二是目标明确。睦邻点是居民自发组织活动，除了有固定的场所、人员、活动形式和内容外，必须有一个总目标和规范行动。在建设"睦邻互助社"的实践中，我们归纳出七个"好"：社区党建党员带头好；邻里和谐道德规范好；社区建设环境保护好；文化娱乐大家心情好；居民自治作用发挥好；科普教育普及学习好；平安创建安全意识好。

---

① 访谈资料：20150607CH。
② 来自 XH 社区睦邻互助社的申请材料。

三是职责明确。睦邻点的工作繁多，成员根据各自特点开展工作，总结几年工作经验，初步认识到具有共性的职责范围主要有：（1）学习党的方针政策，提高思想觉悟，跟上形势发展；（2）开展党建创先争优，发挥党员作用，处处表率争优；（3）制定乡规民约，办事相处有章法；（4）开展群众文体活动，活跃身心，丰富生活；（5）结对帮扶，关爱老人办实事；（6）谈心聊天、增进感情、互帮互助；（7）化解矛盾，求同存异，邻里团结；（8）崇尚科学，传播文明，陶冶情操；（9）爱护小区环境，维护公共卫生。

四是方法明确。社区睦邻点工作是一项新工作，没有固定的模式和现成的路子，我们在不断探索、完善、总结、提高中，努力做到六个结合。（1）与居民小组行政工作相结合；（2）与党小组的党建工作相结合；（3）与社区布置的各项中心工作相结合；（4）与睦邻点之间特色工作相结合；（5）与社区共建单位在职党员形象相结合；（6）与把社区建成稳定、和谐、文明、民主、幸福社区的总目标相结合。

五是抓手明确。睦邻点作为居民参与社区工作的重要载体，也是居委会工作的有力延伸和得力助手，要将其列入社区工作的议事日程，并加以精心培育和呵护，使之茁壮成长、开花、结果，我们主要抓了五个环节：（1）组织学习，提高认识。我们每个月召开一次睦邻点负责人会议，通过宣传党的有关方针政策、社区中心工作或任务、外单位的经验及做法等进行辅导或导向，千方百计提高他们的政治水平、理论水平、协调水平，使睦邻点具有凝聚力、向心力、号召力、影响力。（2）座谈交流，取长补短。各睦邻点根据自己的特点开展工作，每季度专门召开座谈会，各自介绍情况、做法、效果、经验、教训。社区领导参加，发现问题及时指正，出主意想办法改进提高，使睦邻点看到成绩、看到前景、看到希望，互助学习、达成共识、发挥作用。（3）外出参观，拓展思路。定期组织睦邻点负责人外出参观学习，呼吸新鲜空气，接受新生事物，提高自治能力。参观都山村的新农村建设，学习江阴华西村坚持走集体化道路、发展工业经济，增强经济实力反哺农村建设的宝贵经验，兄弟社区特色工作，社区共建单位宝贵经验等，从而鼓舞斗志、增强信心、提高能力、拓宽工作思路。（4）及时总结，提高能力。半年召开一次总结表彰会，由各点负责人一分为二总结，既肯定成绩又寻找不足，大家认真反思畅所欲言，居民代表也列席会议，充分听取意见，提高社区居民参政议政能力。（5）滚动发展，争创实效。社区已有6个睦邻点，在巩固提高的基础上，积极稳定创造条件，以点带面，滚动发展，准备在菜行里、段家巷、仓屋里各搞一个睦邻点，形成规模，提高覆盖率，逐步适应居民的需求。

通过上述步骤，居委会实现了对睦邻点业务活动的指导与规引。作为社区内生性自组织的睦邻点，就成了社区居委会的"下属"，被居委会的"类行政化组织网络"所"收编"。从居委会的角度看，睦邻点在社区工作中发挥了重要的作用。其一，居委会将社区党务、居务公开向睦邻点延伸，有效地实现了居委会的减负。特别是睦邻点的很多活动台账记录，直接就可以拿来为居委会所用。其二，社区党建进行了拓展和延伸，内涵有所深化。其三，强化小区居民睦邻点创建意识，提高了居民的社区参与度，有力地推进了社区民主自治。其四，丰富活动载体，拓展便民利民服务内容。从睦邻点的角度看，睦邻点为居民搭建了一个自我服务、自我管理、自我教育的自治平台，也让社区服务有了更大的空间。居委会依托睦邻点将社区各项惠民服务政策向居民小区延伸，惠民服务进小区、睦邻友好遍小区，促进了社区和谐。实际上，从开展的工作以及发挥的作用看，睦邻点也确实扮演了居委会帮手的角色。

四　行为选择与服务吸纳：社区自组织运行中的居委会统合

整体来看，居委会与社区自组织的互动是一种制度化程度低、策略性强的关系实践。居委会由于其自身在社区场域中的位势、组织的完整性以及工作网络的延展性，在与社区自组织的关系实践中具有某种主动性，而上述研究为我们把握这一"主动性"提供了实践线索。因此，下面笔者将反身向后，重点从"停车位事件"的发生、演化和解决的完整历程以及睦邻点的功能拓展和未来规划来看居委会与社区自组织互动中潜藏的态度变化、策略逻辑以及行为选择。

从本章第一节提出的思路看，居委会在与社区自组织的互动中是否存在行为选择上的自由度，以及在这一自由选择的空间中其行为逻辑是否呈现了行政化的倾向，是判断居委会是否主动行政化的重要证据。

首先，从"停车位事件"的发生、演化和解决的完整历程看，居委会的态度与行为选择前后发生了较为明显的变化，积极性与主动性不断彰显。"停车位事件"作为社区的一种内生议题，其解决主要是由睦邻点来担纲的，这就是说居委会可以"置身事外"，放任其发展。居委会也就具有了一种选择与行为上的自由。换句话说，居委会可以介入，也可以不介入，而且也可以选择在什么时候介入、如何介入，存在行为选择上的巨大空间。从社区居委会的选择空间来看，要不要介入，以及何时介入，就成为居委会行为选择的空间集合。一方面，在出现作为"个人困扰"的停车位争夺事件时，居委会并没有介入的积极性，基本上处于"不知道有此类事情发生"的状态，而且社区副书记认为："即使知道有这些事情，我们（居委会）也没有介入的必要，因为太忙了，顾不上这些'小事'。"① 另一方面，停车位争夺演化为小区居民的"公共困扰"后，随着卷入人数的增多、事情影响范围的扩大，在睦邻点的求助下，居委会就具有了介入处理的积极性。② 由此可见，居委会由刚开始的"自由放任"到后面的"积极介入、提供帮助"，行为选择发生了极大变化，居委会有了介入的主动性。那么，为何会有这一变化呢？或者说居委会行为选择上的临界点在哪里？在什么样的情况下居委会会选择介入呢？

结合"停车位事件"的发展演化，笔者认为，居委会在与社区自组织的互动过程中具有主动选择的行为空间，其选择介入的时机是具有临界点的。而这一临界点的出现需要具备以下几个条件。③ 第一，社区议题由"个人困扰"向"公众议题"转化。具体来说，主要考虑三个方面。其一，议题卷入的人数要足够多，小区（社区）中大多数的人被卷入了该议题，也就是说议题与多数居民具有利益上的相关性。其二，议题涉及

---

① 访谈资料：20150528TXX。

② 睦邻点负责人 RZX 认为，居民的矛盾已经到了不得不解决的程度，而且停车位的改造涉及的面太广，牵扯的居民太多，单凭睦邻点几个人的力量未免过于单薄，特别是社区民意征集以及居民大会等如果没有居委会的参与，居民可能不会参与，而且也存在"合法性问题"。他担心以睦邻点的名义召开的居民大会被当作"非法聚会"。因此，希望居委会可以出面组织，这样上述担心就可以消解。访谈资料：20150518RZX。

③ 在笔者的调研中，居委会对社区公众议题的介入基本上可以用这些条件来加以分析。但是这些条件是否也适用于居委会与社区组织的互动，仍需要进一步观察与研究。

的问题包含层面多、复合交织，并且抽象化程度不断提升。议题中不仅涉及直接的物质利益的纠纷与矛盾，也包含邻里关系、社区认同以及归属感等方面的问题，而且有进一步演化与激化的趋势。其三，存在风险转换的可能，就是说矛盾纠纷存在转化为影响社区和谐、平安稳定的议题的可能性。"停车位事件"的前后演化基本上印证了上述论述。第二，公众议题中已经具备了矛盾化解的（准）组织化力量或机制。这就是说围绕着公众议题已经出现了尝试解决的行为主体，并取得了一定的成效，但是还面临"结构化的困难"，需要借助居委会的力量。第三，居委会介入后的成功可能性。这是居委会的理性思考。其对公众议题要能实现有效解决，一定不能"引火烧身"。这就需要居委会围绕议题进行充分调研、征求意见以及可行性的论证，之后才能决定是否介入以及如何介入。理性算计的过程必然也是一个主动的过程。

此外，就居委会的具体行为来看，其将社区党务、居务借助网格化的组织架构公开向睦邻点延伸与下放，将党组织建在楼栋的治理创新，以及其对睦邻点创建意识的培育与激励等一系列类行政化逻辑的复制与创新，无疑都实现了任务和意愿的嵌入，睦邻点中到处都出现了居委会的"身影"。

其次，从睦邻点的功能拓展以及未来规划看，居委会具有明显的通过服务进行吸纳以实现"收编"的策略主动性。而服务吸纳的逻辑内在地体现了居委会与社区自组织互动中的行政化倾向。随着睦邻点功能的拓展，特别是睦邻互助社的未来规划的推进，睦邻点已经成为社区场域中一支不可忽视的自组织力量。与这一过程相伴，居委会也通过策略的调整与行为的选择实现了对睦邻点的"收编"，其背后呈现出居委会对社区自组织力量的"服务吸纳"[①] 逻辑。服务，这里指的是社区自组织（睦邻点）在社区场域中提供服务的行为和能力。睦邻点在发展的不同阶段，服务行为和能力存在明显不同，治理的意涵也存在差异，并且可能引起的居委会

---

① 唐文玉通过对一个乡镇基层文联成立与运作的个案研究，发现了当前中国国家与社会之间所呈现的"行政吸纳服务"的模式。这里笔者借鉴其"行政吸纳服务"的分析思路。但笔者认为居委会与社区自组织的互动中所呈现的"服务吸纳"的逻辑与"行政吸纳服务"也存在明显的不同。后者强调国家与社会关系的"融合"，但笔者的研究发现的却是吸纳过来为我所用的过程，而不是相互统合的过程。可能随着社区自组织独立程度以及自主意识和能力提高，国家与社会的关系会走向"融合"。

的"注意力分配"也是不同的。① 而吸纳,则指的是居委会通过一系列手段和努力使社区自组织成为其开展与推进工作的依托,进而实现任务嵌入的过程。

就本书来说,"服务吸纳"就是居委会通过对社区睦邻点的支持,使社区自组织的公共服务资源和能力为其所用的过程。居委会主要是通过党组织体系构建、资金扶持以及给予各种类型的精神象征(聘书、会议表彰)等,将自组织与居委会在社区内的组织化网络相嵌套,进而将其收入自己的"麾下",成为自己开展工作的依托与帮手。"服务吸纳"是一种更为精巧的控制手段与策略逻辑,其结果就是居委会对社区自组织的"收编",将其变为工作开展与任务分解中的"下属"。这典型地体现在睦邻点活动计划的上报与备案(而且要得到居委会的许可后才能开展)、活动开展中的居委会"在场",以及居委会对睦邻点活动的宣传上。很明显在这一过程中居委会是处于主导地位的,具有选择的自由,其行为选择与策略逻辑典型地体现了居委会在与社区自组织互动过程中对行政化手段的"主动选择"。

此外,笔者在对宜街的调研中发现,对于类似睦邻点的具有内生性质的组织载体,居委会都表现出了相似逻辑——服务吸纳。而其基本的临界点就是社区议题由"个人困扰"向"公众议题"跨越,影响到了社区的和谐与稳定。而社区自组织由于资源的匮乏、力量的弱小而开始寻求社区居委会的支持与帮助,社区居委会此时就具有了较强的动机与刺激来完成与社区自组织在社区公共事务治理中的合作与共谋。进而随着社区自组织功能的拓展,居委会就会转向服务吸纳的逻辑,借助党组织的动员网络和社区内建构的网格化组织来将其收入"麾下",成为开展社区治理中的一个重要抓手。

就居委会的行为逻辑来看,一方面,涉及事件的性质是居委会策略行为的关键自变量;另一方面,随着社区自组织的功能拓展,居委会也进行了支持、干预与规范调控的行为转变。睦邻点自治中的居委会由不干预的放任导向转向相机嵌入、主动引导。正是在这一意义上,睦邻点自治与居委会工作出现了一定程度的交叉与耦合,居委会具有了选择上的主动权。

---

① "注意力分配"的不同,这里指的是居委会对睦邻点初期的放任、发展中的支持以及拓展后的吸纳。

睦邻点的活动开展通过备案的形式得到了居委会的许可，自治群体也获得了来自居委会的各类支持，活动的影响范围得以扩大、规范化程度得以提升，睦邻点逐渐被居委会"收编"。当然，居委会也乐见其成。

综上，服务吸纳的核心内涵在于居委会通过对社区议题的敏感把握、相机介入，通过提供服务和支持社区自组织的发展，继而通过吸纳的逻辑，使社区自组织为其所用，充当其开展工作的帮手，从而实现服务与利用的目的。并且居委会"服务吸纳"也使社区自组织成为"可控"的民间组织体系，进而避免基层社区中存在独立于居委会而运作的"自治性"民间组织可能会带来的隐患[①]，更为重要的是居委会通过吸纳社区的力量有效地满足了来自街道的要求——通过自治的手段来完成行政化的任务，也为居委会赢得了"民心"。从这一意义上来讲，居委会在与社区自组织的内生性互动实践中的主动行政化的逻辑就具有了必然性和合理性。

第四节　资源汲取、跨越边界的互动与居委会的主动行政化

跨越边界的互动，指的是社区场域中居委会与其辖区范围内的企事业单位因社区建设而发生的关系实践。本部分笔者以宜街的 MZ 社区为例，通过对 MZ 社区在争取辖区单位支持过程中所采取的行为策略的深描，尝试发现居委会行政化的痕迹。之所以选取 MZ 社区作为分析场域，很重要的原因是 MZ 社区辖区内存在较多的大型企事业单位，而且 MZ 社区在争取企事业单位参与社区建设中取得了较为明显的成效，已经形成了一些制度化的互动机制，这就为本部分的研究提供了极好的现实素材。

MZ 社区居委会地处宜市繁华的商业中心，成立于 1958 年 10 月，是宜市最早建立的八个居委会之一。辖区内有居民住宅楼 76 幢，现有 2628 户 6821 人，下设居民小组 32 个。辖区内有中国农业银行、建设银行、江

---

① 比如诈骗风险，政治性组织以及邪教组织等的"渗透"。

苏农村商业银行、宜市国土资源局、劝业广场、新东方百货、市文化馆、美术馆、宜市实验小学、宜市口腔医院、宜市皮肤病防治中心、宜市军队离退休干部休养所、宜街派出所、陶都饭店等 10 多个企事业单位。MZ 社区先后荣获江苏省和谐示范社区、江苏省绿色社区、江苏省老干部工作示范社区、江苏省优秀校外辅导站、无锡市文明社区、无锡市关心下一代工作先进集体等荣誉称号。由此，笔者以 MZ 社区空间中展开的居委会与企事业单位的关系实践为线索，通过对居委会在争取企事业单位支持过程中的成败经验分析来剖析居委会可能存在的行政化。

一 社区治理的域外之地：辖区单位

单位制解体打破了"总体性社会"的格局。一方面是各类单位将原来承担的社会福利、服务以及后勤保障等剥离到社会和市场领域，以便轻装上阵，实现改制后的增益；另一方面则是社会领域尚缺乏有效的组织载体和平台来承接单位剥离出来的社会服务功能，而市场领域在经济理性逻辑下的筛选必然将弱势群体排除在外。这样针对弱势群体的各类福利、服务经过一系列的剥离、排斥后沉积到社会的底层——社区。问题是，单位制解体后，社会特别是社区并没有充分发育；社会治理重心下移，权力并没有下移，而是止于街道；一系列任务通过压力体制的层层分解走向基层，资源并未一并下沉，而是被层层截留。这就是说社区要承担提供弱势群体各项服务的职责，但又严重缺乏相应的权力和资源来承担这一职责，这是社区居委会面临的最大困境。为缓解上述矛盾，国家开启了一轮又一轮的居委会改革，但改革的结果反而是居委会上述困境的不断再生产与强化。

同时我们不可忽略的是居委会自身为摆脱这一困境而进行的努力尝试。上一节笔者重点讨论了居委会在内生互动实践中对社区自组织的服务吸纳，而本节笔者将转向分析居委会主动对辖区企事业单位的资源汲取。之所以说居委会与辖区企事业单位间的关系实践是跨越"边界"的互动，是因为自单位制解体以来，企事业单位都剥离了其原来提供的很多后勤保障、小区物管等方面的服务项目，而居委会通过现有的社区整合手段与网络很难将辖区企事业单位整合，辖区企事业单位由此就游离于社区建设的主流阵地，成为驻于社区但与社区建设不相关的"域外之地"。这里的

"边界"是功能域意义上的边界，即居委会发挥功能的范围（比如居委会与社区自组织的互动就在社区边界之内）。[1] 当居委会跨越这一边界，与辖区单位进行互动时，会呈现不一样的行动逻辑，对该逻辑中是否嵌含行政化因素的研析应该是验证居委会主动行政化更为有力的维度。

MZ 社区 CLJ 书记告诉笔者："这些单位虽然从地域上看在我们社区，但是它们和我们的工作基本上是没有交集的，各自在自己的业务范围内运转，很少往来。但是从地域上看，我们也是会产生各种各样的关系的，毕竟都在 MZ 社区的范围内。那么，我们社区工作的出发点就是如何让地域上的相关转化为工作上的互动，实现共驻共建。"[2] 由此就展开了居委会跨越边界的互动。

二　失败的尝试：社区与辖区单位的初步互动

为老服务是 MZ 社区工作的一项重要内容，既有来自街道的考核任务要求，也有 MZ 社区居民的现实诉求。MZ 社区是一个城中老社区，现有人口 6821 人，其中 60 岁以上的老年人有 1372 人，约占社区人口的 20%，人口老龄化程度较高。此外，该社区 70 岁以上的老年人有 669 人，约占老年人总数的 49%，75 岁以上的空巢老人有 121 户，独居老人有 87 户，情况较为特殊，面临较大的为老服务压力。在社区层面上，其为老服务各项工作主要是通过 MZ 社区居家养老服务站来推进的。

MZ 社区居家养老服务站是街道居家养老服务中心（本质上是街道的一个部门）的下设机构，其站长由社区居委会主任 CLJ 兼任，同时由 1 名社区工作人员担任专职管理人员，并配有 1 名服务人员，负责服务站的日常运作。居家养老服务站主要职能为：组织服务队伍，为老年人提供专业化服务，并组织开展互助和义工、志愿者扶助工作。实际上，居家养老服务站也通过"服务吸纳"的逻辑将社区老年人协会（社区自组织）作为其为老活动的主要依托。但为老服务需要人、财、物的保证才能推进，这样社区就陷入了困境。为了筹集更多的资金，尤其是社会上（社区功能

---

① 其实更有意义的分析，可能是对居委会与社会组织在跨越专业边界意义上的分析。而本书在"田野场域"中并未发现专业边界意义上的社会组织。这也是一个有待笔者进一步研究与挖掘的学术场域。详见第六章。

② 资源：20150608CLJ。

域之外）的资金，以保障为老服务以及活动的开展，MZ 社区工作人员开始将眼光投向辖区的企事业单位。

时值街道日托服务中心推行养老服务的"冠名制"，MZ 社区就"依葫芦画瓢"，尝试在社区居家养老服务站引进"冠名购买"①。这时 MZ 社区负责养老服务的副主任 ZXG 就开始将辖区内的劝业广场和陶都饭店纳入其首先争取冠名的单位之列。②

ZXG 以社区居委会的名义在工作日拜访了劝业广场的经理 SQ，说明了来意，希望可以争取到劝业广场的资金支持，社区在开展一系列老年活动时，可以为广场宣传。SQ 以自己不能做主，需要提交股东大会讨论决定为由"委婉拒绝"。陶都饭店的经理也以同样的借口婉拒，承诺请示老板之后再给予答复，但之后就没有了下文。

另外一个事件是，社区动员市文化馆尝试进行社区文化建设联谊。社区文化建设是一项重要的工作。同样，社区缺乏开展大规模文化服务活动的场所和专业人员的指导，也缺乏开展丰富多彩文化服务项目的资源。社区 CLJ 书记认为："我们辖区内的市文化馆有这方面的丰富资源，可以弥补我们的不足。"由此，社区书记通过私人关系联系到了文化馆的一个副馆长，并就与文化馆联合开展社区文化建设活动的设想与该副馆长进行了交流与沟通。但是副馆长认为，活动涉及的人员过多、需要动用的资源以及审批程序较为繁杂，不具备现实的可行性。就这样"无疾而终"。

上述两个事件，都显示了社区在资源短缺的情况下，为争取更多资源开展社区服务而尝试与辖区企事业单位进行沟通、协商的努力，但都以失败告终。这就说明辖区企事业单位作为社区建设的"域外之地"，很难通过社区已有的工作思路和方法实现跨越边界的互动。

---

① "冠名"指冠名人可以对街道乐龄居家养老日托服务中心、社区居家养老服务站、小区（楼道）居家养老服务点进行冠名，冠名费一般为每年 3 万 ~5 万元，不低于 3 年。被冠名单位的资金须每年审计一次，不得移作他用，只能用于敬老事业，并向冠名人报告使用情况。"购买"则指由街道乐龄居家养老日托中心向社会推荐 10 项服务项目，社会爱心人士可以购买一项或几项服务项目。服务人数由购买人确定，购买服务期限最低不少于 3 年。据统计，自 2012 年 2 月开展"冠名购买"居家养老服务工作以来，已有 40 多个企业和个人先后以冠名和购买的形式资助居家养老服务项目，注入资金 300 多万元。

② 劝业广场是坐落于宜市繁华商业区的一个大型的商贸中心；陶都饭店是位于宜市最繁华的商业区的一个三星级饭店。两者都处于 MZ 社区的管辖范围内，是 MZ 社区的辖区友好单位。

三　成功的跨越：实践探索中的制度化

一次偶然发生的事件引起了居委会工作人员的注意，即劝业广场内新入驻商铺的装修事件。2012 年 9 月，劝业广场新入驻一家商铺，商铺在装修过程中产生的灰尘、噪声等影响了居民的正常生活。商铺装修不规范，没有进行封闭施工和相关的隔音处理，由于商铺就在居民区的前面，装修严重影响到了居民的生活作息。一方面，商铺规模较大，涉及主体改造以及水电改装等多项较大的工程，加之商铺要赶在"十一"国庆期间开业，装修公司就连夜赶工、加班加点，早上 6 点就开始施工，晚上 10 点还在施工；另一方面，在居民的多次反映与沟通下，装修公司没有做出实质性的改变，商铺负责人也没有做出正面回应，居民就找劝业广场的负责人进行理论。在商场负责人的协调下，装修工作做了调整，加上了一些隔音的设备，并进行了简易的封闭。但是噪声与粉尘的污染问题并没有得到完全解决。居民认为，商场与商铺是"一伙"的，不可能在它们这里将问题解决，于是就产生了矛盾。因此，劝业广场经理找到社区居委会，希望居委会可以出面调停。

CLJ 书记有十多年的社区工作经验，马上意识到这是一个绝好的时机。"一般我们与辖区企事业单位是没有交集的，好了，现在有矛盾，他们（辖区单位工作人员）就来找我们居委会。这样我就有工作上的主动权了，而且调解纠纷对于我们居委会而言就是家常便饭，是举手之劳。"[1]于是 CLJ 就以居委会的名义召集三方代表参加协调会，会上居民代表、商铺经理以及商场代表等围绕"商铺装修噪声扰民"事件进行了充分的协商，各方都表达了自己的诉求和意见。居委会居间调停，最后在充分协商的基础上，达成三方都认同的协议。协议内容如下。其一，装修单位规范施工。施工时间定为 8：00～12：00、14：00～18：00。其他时间必须以不产生较大噪声的施工作业为主（也充分考虑到了商铺的利益）。同时，进行封闭施工，避免粉尘扩散到居民区。其二，商场有责任和义务进行施工监督，确保不扰民。其三，居民停止干扰，并就施工材料运送以及垃圾处理为商铺提供便利（允许其将施工材料和垃圾通过小区后门进行运送

---

[1]　访谈资料：20150608CLJ。

与处理等）。总之，在居委会的积极介入与大力调停下，这一事件得到了圆满解决，居委会也获得了劝业广场的认同。在经历后续的一系列互动实践①后，居委会与劝业广场建立了较为良好的共驻共建关系。2014 年初，劝业广场经理以商场的名义与 MZ 社区居家养老服务站签订了三年期的养老服务"冠名购买"协议，承诺每年捐助 3 万元用于社区为老服务。而且居委会也在各种类型的活动、社区、对上级政府的工作汇报中以及新闻媒体上等对劝业广场的"冠名购买"进行宣传，劝业广场也由此获得了"社区共建友好单位"等多项荣誉称号。劝业广场经理对此表示非常满意，也表达了在下一个三年继续"冠名购买"的意愿。

类似的居委会与辖区企事业单位之间的跨越边界的互动还有很多，也基本上经历了相似的过程。CLJ 告诉笔者："你像皮肤病防治中心和口腔医院，他们需要做一些健康教育宣传推广。我就跟他们协商，两个地方的宣传专栏给他们做《健康之声》。是双赢的吧？还有陶都饭店，拖垃圾的、送水的车都到我们居民区，我们协调停车，还有排污排到我们社区，我们来共同联系，共同解决。叫排污公司来帮忙（把垃圾）排到排污管里面，也解决了矛盾。社区开一些表彰大会没有场地，陶都饭店肯定借给我们用，只是收一些茶水费，包括保险公司、新东方也提供给过我们（场地），轮流来。美术馆和文化馆，也为我们社区的文艺活动提供帮助指导、辅导等，都是通过这个党建联席会，将辖区内的单位都调动起来了。你像步行街、历史文化长廊、'低碳文化一条街'，免费提供灯箱、电等。还有如果我要搞活动，免费帮我们搭台（搭一个台要 8000 元）。人家凭什么免费帮助我们，就是因为我们把工作做在了平时，在平时的工作中就注重服务辖区企事业单位，做一些力所能及的事情。每当居民与企事业单位发生摩擦时，我们居委会都会第一时间去处理和解决。这样，你来我往，就与企事业单位建立了一定的联系。"②

由此可见，居委会也可以实现与辖区单位的跨越边界的互动，达成合作双赢。一方面，居委会开展工作需要辖区单位的积极参与，提供资源等支持；另一方面，居委会将功夫下在平时，在日常的工作中通过对辖区单

---

① 包括地下车库的规范管理、仓库住人的安全隐患问题排查，以及公共区域的卫生整理和安全检查等。

② 访谈资料：20150608CLJ。

位与社区居民间发生的矛盾与纠纷的调解来为辖区单位排忧解难，进而与辖区单位建立良好的关系。从而可以在社区建设的更深领域寻求进一步合作的可能。这是居委会的策略与智慧。

此外，2014 年 MZ 社区组织了一次辖区单位的联动活动，也取得了成功。为迎接"119"全国消防日，进一步加强社区消防安全工作，有效预防和减少辖区火灾事故发生，同时为贯彻执行全市乡镇街道"劳动密集型企业消防安全专项治理"行动的重大举措，2014 年 11 月 4 日下午，MZ 社区党总支在社区居委会召开了大型的以消防大演练活动筹划为主题的党建联席会。参加大会的有宜市公安消防大队、宜街办事处、宜街派出所、劝业广场、陶都饭店、蛟桥河步行街等单位代表、居民代表近 100 人。会上各代表就前期对宜市各二级重点单位（特别是 MZ 社区居委会辖区内的企事业单位）火灾隐患排查中发现的问题进行了沟通交流，同时研究并制订翔实的联动联防方案，就各单位间的联动、互动与合作达成了广泛共识，并指定了各单位的相关负责人组成工作小组，具体推进下一步的消防大演练工作。居委会是如何调动如此多的企事业单位共同参加党建联席会的？其过程是怎样的？就此笔者访谈了 MZ 社区的 CLJ 书记。

首先，在恰当的时机（全国消防日）通过街道与市消防大队取得联系，并就该次党建联席会的内容与形式向消防大队进行汇报和说明，争取消防大队的参加与支持。

其次，社区这边自己先把辖区单位排一排，然后以社区党总支的名义发邀请函。我一个单位一个单位地跑，统计联系人、联系方式等，一般都是单位内负责消防安全这一块的人，有一定职位的人才能来参加。

再次，辖区单位走访。与这些联系人约好时间，然后登门拜访。告诉他们社区要召开党建联席会，彼此之间要见个面，讨论下如何推进消防安全工作。而且特别重要的是，一定要说明有消防大队的领导参加（像我去年把这些单位组织起来搞了一次消防培训，辖区单位的人都来了，像陶都饭店、商场、步行街，这些单位都需要的。执法部门对它们都要考核和检查的）。所以说社区工作都是要靠"跑"的。你要争取这些单位的支持，社区书记肯定要上门去，哪怕是请（单位内的）一个普通的工作人员，你社区工作人员去就请不动，你书记去了就请得动。①

这其实已经形成了 MZ 社区的一个工作传统（也可见于宜街的很多其他社区）。一般社区会在年初召集辖区内企事业单位召开党建联席会，社区会邀请街道的主要党政领导参与，辖区企事业单位的相关领导也会出席。会议的主要内容有两个，一是当年的工作计划，二是上一年的工作总结。当年的工作计划怎么落实，如何推进，有什么工作安排，就需要社区向辖区单位汇报。"其实就是说明请他们来的目的是什么，然后把工作的打算跟他们说。他们的任务是什么，辖区单位有什么需要也可以跟我们说。"然后就是阶段性地召开小规模工作推进的联席会，将遇到的困难摆上台面商讨如何解决。其基本要求就是"年初共建计划，起点高、目标准、讲实效；年终总结讲实绩、看成果。平时做到互通信息、出谋划策，共商共建大事，共解共建难事，共担共建责任，共享共建成果"②。

> 区域化党建，就是要打破党建的辖区范围。社区建设光靠我们社区一个党组织是远远不行的。在整个社区辖区范围之内，你发挥党员的作用还是远远不够的。那么我们需要什么呢，需要整个区域，包括其他单位里面的党组织也能够参与到社区这块来，其实这个区域化党建已经打破了我们这个社区的范围。就是只要在我们整个社区辖区范围内的党组织都有这种责任和义务参加社区党组织的活动，支持社区党组织的发展建设。我们社区资源是微薄的，要动员辖区单位实现资源共享、活动联办。③

从上述内容中可以发现，社区工作中到处是居委会的智慧与策略，为达到目的，居委会可以说使出了浑身解数。既注重人情上的礼尚往来与尊重（书记上门），也注重对正式关系与部门（市消防大队以及街道部门）的策略性借用，还进一步通过制度化的党建联席会，将上述互动规范化，整合资源，形成社区建设的制度化机制。

---

① 访谈资料：20150608CLJ。
② 摘自 MZ 社区 2014 年区域化党建工作总结。
③ 访谈资料：20150613HH。

那么辖区单位为什么要参加社区的党建联席会呢？其实有两个原因：一是辖区企事业单位也有考核任务，也有与基层单位进行互动的现实需要。特别是各种类型的政府部门、事业单位。二是居委会通过与辖区企事业单位在社区内的多次互动（正如上述案例中的"商铺装修噪声扰民"），与之建立了良好的邻里关系，一旦居委会有需要，这些企事业单位就会提供一些力所能及的帮助。

由此观之，居委会发现在与辖区企事业单位的互动中，原来的那一套针对社区自组织的工作思路和抓手不是特别管用，出现了"失灵"。但是居委会在工作中主动作为，通过机制的创新与思路的转换实现了资源整合和跨越边界互动的成功。用社区 CLJ 书记的话讲就是："社区工作，一是要讲求方法，要有来有往，建立关系。二是要形成一个工作机制，并不断加以规范化和制度化，这样才能保障可持续。在辖区中每年召开一次党建联席会，通过党建联席会这个纽带，让社区居委会与辖区企事业单位在工作中相互支持、相互合作、相互协调，最后形成实事共办、活动连搞（的局面）。"① 通过交换与互惠建立良好的邻里关系，通过党建联席的工作机制整合辖区内资源，构建优势互补、条块结合、纵横联系的社区区域大党建新格局。

就是通过这个党建联席会，提高各单位对社区建设的支持、认可程度，最主要还是它们要参与进来，人力、物力、财力这三个方面都要参与进来，其实就是整合资源，整合社会资源。其实它们在我们辖区范围内就是我们的社会资源，不管你是政府单位也好，企业单位也好，对我们的社区来说，除了上级领导之外，其他的都是我们的社会资源。②

四　互惠合作与资源汲取：跨越边界关系实践中的逻辑呈现

以外生议题为媒介建构关系与汲取资源的努力，与上述内生性议题的

---

① 访谈资料：20150608CLJ。
② 访谈资料：20150607CH。

互动不同，居委会通过党组织网络的"服务吸纳"难以发挥作用。这时居委会作为组织主体，通过实践中的探索逐渐在互惠合作的基础上发展出了与辖区企事业单位建立关系、整合资源的有效方法，最终将社区功能域之外的不同社会力量拉上社区治理的舞台，各种分散在辖区单位中的资源得以组织化和秩序化，并被整合和传递到社区服务中。

就居委会的行为选择空间而言，从"失败的尝试"到"成功的跨越"，无不体现了居委会的主动选择，是其主动尝试的结果。辖区单位不在社区工作的功能域之内，居委会起初没有充分意识到这一前提，从地域的角度出发，尝试通过社区共建共享来实现对辖区企事业单位的吸纳。显然，这一策略对处于市场领域的劝业广场是不具有整合效力的，对处于行政序列中的市文化馆也因为地位的不对等而宣告失败。而"成功的跨越"背后则鲜明地体现了居委会的策略调整，其行为的逻辑典型地体现为与辖区企业"在互惠合作基础上的关系的建立"以及对辖区党政事业单位"在党建联席基础上的资源汲取"，并通过区域化大党建的政治话语与格局建构实现了对辖区企事业单位的再整合。

就前者而言，互惠合作是一个利益交换与达成一致的过程。居委会通过调解矛盾、为辖区企事业单位提供便利以及在各种活动场合与空间中对辖区企事业单位进行宣传等，为企事业单位建构了一个良好的"单位形象"，辖区的企事业单位也就具有了参与社区建设的积极性。在你来我往的互动中，居委会也不失时机地借助与援引政府（街道）的权威来强化自己的合法地位，赋予互动更多的官方色彩（这也是企事业单位在合作互动中比较看中的方面），最终就建构了一种"社区是我家，建设靠大家"的共建与大局意识。从后者来看，党建联席，是一个资源整合与活动联动的过程。通过党建联席，居委会在社区场域中新建了"纵向到户、横向到单位"的党建网络，形成区域化党建新格局，实现了对辖区内企事业单位资源的整合，实现了"资源共享、行为联动"。这一过程也鲜明地体现了居委会为开展工作而借助于体制内的力量——党政，主动对党政力量进行援引，而嵌入后的党政力量就沉淀为基层社区场域中处处可见的"国家身影"。

由此观之，居委会在行为的选择上具有一定的自由空间，并在探索的过程中呈现了互惠合作的逻辑以及对更高层面上党政资源的借用，在多重逻辑的嵌套使用中实现了与辖区企事业单位的成功互动。互惠关系的建立服务于资源汲取的目的，而资源的汲取与整合主要用于弥补居委会工作中的资源不足。而且从党建联席会的议题来看，基本上是街道及政府职能部门任务布排、党建等方面的内容。从下面一篇关于 MZ 社区召开党建联席会的报道中可以窥见一斑。

MZ 社区召开党建联席会

为加强基层党组织建设，构建和谐稳定的社会局面，MZ 社区党总支于 5 月 27 日上午召开了党建工作联席会，社区辖区单位、共建结对单位共 10 个单位参加了此次会议。

会议由党总支书记 CLJ 主持，CLJ 书记首先将前一阶段社区党建工作开展情况和主要活动向参会人员做了简要汇报，并对共建单位、辖区单位长期以来对社区的支持和帮助表示衷心的感谢。接着 CLJ 书记结合"二学一做"学习教育活动和"撤镇设街十周年"庆典活动对下一阶段工作进行了周密的安排和部署。最后与会人员共同交流了党建工作经验，对下一步党建工作提出意见和建议，并达成今后开展双向服务、加深彼此沟通、增进共建关系的共识，大家踊跃发言，会场气氛热烈。

社区结合"二学一做"学习教育活动，把服务居民群众、服务辖区单位作为工作主题，整合辖区资源，使基层党建工作向社区建设、社区服务等领域渗透，切实形成了以社区党组织为核心、社区全体党员为主体，辖区各类党组织共同参与的社区党建新格局。

综上，居委会在与辖区企事业单位的互动过程中呈现了资源汲取的逻辑，其核心内涵在于居委会通过与辖区企事业单位的跨界互动，在互惠合作以及党建联席的基础上对企事业单位内可以挖掘的、可用于社区建设的人、财、物等资源的整合过程。在这一过程中，一方面，居委会具有行为的主动性和可选择的空间。其中既包括居委会在汲取资源过程中的策略选择与尝试空间，也包括其在对争取到的资源的使用上的选择空间，还包括居委会对正式权力（党政部门）与非正式权力（企业）的策略性使用空间。另一方面，在这些空间选择中，居委会为实现资源的汲取而具有对行政化权力与逻辑的行为偏好，这显著地体现在党建联席的制度机制，以及联席会的议题选择、会议的召开形式以及措施的后续落实上。可以说，互惠合作与党建联席都只是居委会主观意图中的工具性使用，是居委会为成功跨越边界互动而进行的主动选择。

第五节　科层为体，自治为用：居委会主动行政化的一个初步解释

居委会不是偶然出现的，也不是天生就有的。缺乏政治、文化、历史等诸多社会因素的捭阖互动与历史性流变，居委会的产生是不可想象的。同样，如果研究者对居委会作为主体和行动者所具有的"行为主动"和"内生逻辑"缺乏足够的敏感性，那么居委会行政化的"事实"就是被遮蔽的。

本章假设居委会是一个理性的"组织"，其行为选择与逻辑策略要实现组织对效率的追寻，以最小的投入获得最大的收益；同时要满足制度环境的诉求。就前者而言，居委会作为组织，为了生存，必须回应技术环境对效率的要求，实现完成街道下放任务以及满足居民需求的组织目标。街道下放的任务具有不确定性、时间紧迫性以及行政压力性的特点（比如各种类型的中心性工作），居民的需求也具有多样性、异质性以及动态性（比如停车位纠纷、幼业广场的装修噪声事件等）的特点，而居委会在权责不对等以及资源匮乏的情况下，必然转向对高度动员手段以及行政性权力在基层社区的移植与重构，导致居委会行政性的强化，本章第四节是对居委会为满足技术环境的效率要求而一步步走向行政化的实践展演。从后者来看，居委会与制度环境的互动则较为复杂。典型地表现为居委会在法律界定、社会期待的自治属性中走向了"行政化的实然"。

作为组织的居委会内在嵌含了技术环境所要求的"效率"与制度环境所建构的"合法性"之间的张力，而且在技术环境与制度环境的博弈中存在技术的优先性，以及技术对制度所塑造的"合法性"的挤压、占据与侵蚀。这种张力在居委会中就呈现为"两重属性"的张力，在现实中表征为"行政"与"自治"间的游移。一方面居委会具有行政化之"实"，另一方面居委会也不能舍弃自治之"名"。这一名实的

分离，在政府的默许与"授权"、居民淡漠以及居委会自身的主动中成为"常态"①。

换句话说，居委会也通过名实的分离与转换完成了对上述张力的消解。从宜街实践来看，居委会对效率的追寻，导致其对睦邻点等社区自组织的"服务吸纳"，以及其对辖区企事业单位的"跨越边界的整合"。但是居委会对制度环境的合法性要求则呈现了各种"未预期结果"下的行政化，为保持其对合法性的回应，不得不走向"去行政化"的改革之路。从另一维度来看，居委会在对社区自组织的支持与服务中，在对辖区单位的整合中也实现了对居民需求的回应，尽管是以行政化的方式，也基本上实现了服务居民与应付街道的折中，遵循了"科层为体，自治为用"的行为逻辑。

需要说明的是，"体"和"用"是一个非常复杂的哲学范畴。魏晋时期王弼较早使用，19世纪60年代初与当时社会改良思潮相结合，演化为"中体西用"的社会思潮。但本书对"体""用"并非此哲学本体上的使用，而是将其作为一种分析性策略使用。"体"非本体，而是架构和网络；"用"非表象，而是功用和策略。这就是说本书所言"科层为体，自治为用"并非"体"和"用"的二分，而是两面或两重属性，主要用来解释和说明居委会对技术环境和制度环境的因应策略，是以居委会为主体和中心的行为逻辑解读，实质上是为解释居委会在行政化中的策略性主动而进行的建构尝试。居委会主动行政化才是本体，是需要被解释的对象。"科层为体"具体指居委会在社区治理场域中对（类）科层体制的复制与重构，对（类）行政化权力的偏好与延续，并且构成了居委会行为惯习中的常态，成为其主动选择的"居委会意识"，主要对应居委会对"效率"的回应。"自治为用"是指居委会在社区治理场域中为回应制度环境所塑造的合法性要求以及对各种自治性、服务性组织和资源的吸纳与整合而呈现的行为策略，主要对应居委会对"合法性"的诉求。而宜街居委会的策略性行动就表现为在行政优先下将居民自治性事务建构到行政考核指标体系中的主动，并且在社区场域中发展出了对行政组织的拟制和对科层化权力的延续。

---

① 这一"常态"是与居民以及社会的预期不符的"病态"，是作为"病态"而存在的"常态"。

"科层为体，自治为用"的逻辑背后也鲜明地体现了"国家中的社会"① 逻辑，即国家在面对原子化、碎片化的基层社会时，借助居委会有效地实现了对基层社区的治理，并通过具体的组织机构和工作机制以及"服务吸纳""资源汲取"的策略逻辑实现了对基层的有效统合。居委会行政化是社会治理重心下移与国家能力建设的未预期结果，国家的统合也进一步推动了居委会行政化。由此，单纯指向"居委会去行政化"的改革必然走向现实中的"去行政化之悖",② 即居委会去行政化的改革又作为过程和结果不断进行着居委会行政性的生产与再生产。由此我们要反思的应该是居委会行政化这个"事实"本身，对居委会行政化的多重面相③要保持足够的敏感性。从这一意义上看，基层社会治理的深度转型关键不在于居委会的行政化抑或去行政化改革，政府行政管理体制的系统改革与以服务性为轴心的居委会转向的协同才是出路所在。

行文至此，笔者通过对居委会在社区场域中关系实践的展演，验证了本章开篇所提出的研究假设——居委会作为自治组织具有主动行政化的面相。也完成了对居委会在关系实践中（包括与街道的互动以及社区层面的互动，即第四章和第五章的内容）行政化倾向的总体性研究。总体上看，处于技术环境与制度环境所塑造的不确定性环境状态下的居委会出现了对行政组织的拟制以及对科层权力效率的延续，实际上是对以往单位体制的一种惯性运行，也是现实中在既有科层序列中因资源匮乏而产生的对上依赖，更是居委会在社区空间中的主动作为，致使其行为逻辑呈现了行政化的主动与被动双重面相，实际上被动中有主动的成分，主动中也存有被动之意。

需要注意的是，本书不打算也没有对居委会行政化的历史渊源、制度背景以及压力驱动的全域面相做横截面的系统研析。本书的贡献在于发掘了居委会行政化的主动面相，即居委会的行政化也是居委会在行动场域中

---

① 与米格代尔提出的"社会中的国家"不同，"国家中的社会"指的是"社会"嵌含在"国家"势力中的中国现实，国家在社区治理中是时刻保持"在场"的，体现为现实中国家性与社会性的彼此互动与融合、交互作用和因果影响，同时，还是一种随着时空、场域的转换而不断变化的"关系实践"。具体可参见侯利文《国家与社会：缘起、纷争与整合——兼论肖瑛〈从"国家与社会"到"制度与生活"〉》，《社会学评论》2018 年第 2 期。

② 侯利文：《去行政化的悖论：被困的居委会及其解困的路径》，《社会主义研究》2018 年第 2 期。

③ 这里指的是居委会行政化的"三重面相"，即历史面相、被动面相和主动面相。

主动选择、积极实践的结果，是一个主动选择的过程。与以往诸多研究不同，本书没有将居委会置于街居制传统和压力型体制的传导中来分析其行政化的被动逻辑，而是转向基层社会的生活空间和治理场域来观测居委会的日常工作实践和行为逻辑，以发现其主动行政化的组织实践和生成逻辑。事实上，居委会行政化的历史缘起与现实逻辑之间存在前后的承续和继替，其行政化中的被动与主动成分不是截然分开的，更多地呈现为两者的胶着或粘连状态，没有绝对严格的界分；被动中有主动为之的因素，而主动中也常有被迫之意。

第六章 结论与讨论

第一节 居委会行政化的三重面相

脱离了历史的厚重、现实的变迁以及体制的背景，对居委会行政化的理解以及去行政化改革都是不可想象的。因此，为实现对居委会行政化议题的再认识，我们需要基于历史的起源、现实的肌理以及主体的策略去重新考量居委会的行政化。研究表明，居委会行政化是一个制度化的过程，其行政化是历史积淀、现实情势以及制度建构的非预期后果，具有历史上的必然性与现实中的存续性，是基层场域中多元主体在理性权衡、策略博弈基础上的"合谋"，单纯从某一个维度分析不能窥见居委会行政化的全貌。由此，本书以时空为经纬，从居委会的历时变迁、结构运作与现时互动所编织的"真实网"出发，创造性运用"结构－主体－关系"分析框架，以基层社区所存在的"多元主体"互构协变的关系实践为表述场域，通过对社区治理实践中不同主体（国家、组织、个人）、不同界面、不同领域的互动逻辑、策略构成以及行为选择的深描，发现了居委会的困境，并通过居委会行政化的三重面相来透析该现象的发生。具体研究结论如下。

其一，历史的面相——居委会行政化的历史嬗变。从居委会发生学的角度看，居委会是在承续保甲制核心理念基础上的一种国家建构。本书是对新中国成立以来居委会产生、发展、改革与完善过程"知识系谱"的历史检视，发现居委会的发展演化是与现代国家政权建设同频共振的，在其发展的不同阶段，国家通过政权建设的逻辑、革命的逻辑以及改革的逻辑实现了对居委会的统合。新中国成立初期，新政权秉持"强国家－弱社会"的理念，采取国家改造和城市邻里重构的政治策略，清除里弄旧组织以纯化里弄空间，改造里弄群众，并借助街居制——国家行政权力的基层"代理人"，将国家权力和意志传至邻里空间，实现了国家权力对基层社会的有效统合。人民公社时期，与宏观层面上的计划经济体制相匹配，国家进一步通过"以单位制为主，街居制为辅"的社会管理体制建构了一种"总体性社会"格局，有效地实现了对基层社会的统合。"文革"时期，居民委员会被改造为革命委员会。改革开放以来，特别是1990年以来，随着单位制的解体以及城市社会治理重心的下移，在政企分开与政社分开的改革尝试中，国家权力结构与治理方式开始了主动调整与创新的尝试。但是囿于国家政权建设逻辑的始终存在以及计划经济的体制惯性，在政府提高街道、居委会的治理势位与能力以延缓单位制解体导致的国家对城市社区统合能力下降的努力中居委会再次被行政化，成为基层治理的基本单元。

其二，被动行政化的面相——行政传导、压力型体制与居委会的被动行政化。居委会的被动行政化缘起于压力型体制，其本质是街道实现对居委会全面统合的一种制度设置。本书通过对居委会在压力型体制下的互动实践的展演发现，宜街通过自上而下的激励设计，在将数量化的任务分解下放到居委会的过程中，将数量化的考核指标一并转嫁到社区，并通过对在开展工作过程中具有的对常规模式与动员模式选择的主动权的运用，保证压力型体制中行政任务的传导以及考核指标的实现；宜街还通过"居财街管"的制度创新以及公益创投的项目导向，复制或者说再现了压力型体制下的财政制度，使居委会的自治权进一步弱化，不得不更加依赖和服从于街道办事处，现实中就呈现了"低度的自主性"以及对街道的"高度依赖性"。同时，宜街也建构了选聘结合下社区工作者的选用与考核培训机制，进一步保障了对社区工作者的行政化管理与体制性使用。以上环节层层相扣，较为全面地展现了"居委会被动行政化"的现实命题。

其三，主动行政化的面相——服务吸纳、资源汲取与居委会的主动行政化。从组织角度看，居委会具有行为上的主动和选择上的空间。在与社区自组织的内生互动以及与辖区单位的跨越边界的互动中，居委会都呈现了主动的行政化偏好，这就构成了笔者论说居委会行政化的又一重要维度，与上述被动行政化一起完成了对居委会行政化命题的呈现。具体来看，本书通过对以居委会为轴心的内生互动与跨越边界实践的故事性展演，发现居委会在对效率的追寻中，主动地选择了对睦邻点等社区自组织的"服务吸纳"，以及对辖区企事业单位的"资源汲取"，并且在对制度环境合法性要求的回应中，不得不走上"去行政化"的改革之路，在现实中呈现了"行政化的实然"与"去行政化"改革的"治乱循环"。宜街居委会的策略性行动就表现为在"行政优先"下将居民自治性事务建构到行政考核指标体系中的"主动"，并且在社区场域中发展出了对行政组织的拟制和对科层化权力的延续。一方面，居委会通过正式权力与非正式权力的转换实现了自身诉求与行动的合情、合理与合法，基本上实现了对"效率"与"合法性"要求的折中；另一方面，居委会有效运用服务吸纳、党建联席等各种策略以整合、链接相关群体与资源，实现合纵连横、为我所用。在"科层为体，自治为用"的行为逻辑中实现了其自身运作逻辑中行政化的生产与再生产。

本书的基本结论是，居委会不是偶然出现的，也不是天生就有的。如果缺乏政治、文化、历史等诸多社会因素的捭阖互动与历史性流变，居委会的产生将是不可想象的。同样，居委会的行政化不是历史的偶然与现实的巧合，缺乏对居委会行政化的历史由来、路径依赖以及在现实关系场域中的行为逻辑与策略选择的全面研析与审慎思辨，居委会去行政化现象是很难得到理解的，进而居委会的去行政化改革也是很难有效推进的。笔者也是在这个意义上论述"居委会行政化是一个制度化过程"的理论命题的。其一，居委会的行政化具有深刻的历史渊源和路径依赖，剥离居委会产生与演化的历史背景而做出的对居委会行政化现象的理解是缺乏效度的；其二，居委会的行政化是国家政权建设逻辑进入基层，社区居委会在压力型体制下不断行政化的产物，即被动行政化的过程；其三，居委会的行政化也是居委会主动选择、积极实践的结果，是一个主动选择的过程，具有积极行政化的因素，因为国家逻辑最终也要通过居委会的实践才能作用于基层社会的整合。

由此观之，国家力量的影响与融合是贯穿居委会产生、发展以及改革变迁过程始终的一个常设变量。与居委会的行政化过程相伴随的是"行政性"作为居委会内在构成和行为惯习的嵌入与积淀，并且在不断嵌入的过程中成长为居委会行为逻辑与关系实践中的本体构成要件。也就是说在"化"的过程中，行政性已演化为居委会的本质属性，成为嵌入在居委会实体中的"性"。具体来说，国家的力量不再是居委会存在与发展过程中的一个外在的因素，而是"镶嵌"进居委会之中的一个"属性"，本身就成为居委会组织肌理的一部分。换句话说，国家力量或结构性要素对居委会的属性产生了重要的制约，但是国家因素也是作为居委会的构成性因素参与到其对居委会的建构过程中的。一方面，国家（压力型体制，行政化的过程）是作为居委会建构性力量而存在的，时刻保持对居委会的引领与统合；另一方面，国家（行政性）也是作为居委会的构成性因素而参与到居委会的运转之中的，是作为居委会的根本属性与行为惯习而存在的。这也体现在居委会对"体制身份"的迷恋上，行政化已然作为一种"组织意识"在居委会成长起来，本质上是对以往单位体制所塑造的科层思维的一种惯性运行，也是现实中在既有科层序列中因资源匮乏而产生的对上依赖，更是居委会在社区空间中主动作为、策略展演的结果。因此，从这一意义上讲，居委会的去行政化在现有的体制背景与资源约束下其实就是消解居委会，使其走向边缘化的过程。

第二节　相关讨论

一　研究反思

首先，迈向居委会的服务性改革。从实用主义哲学的"存在即合理"维度看居委会在行政化议题下的去行政化改革的神话，居委会在改革中陷入的"去行政化之悖"以及"国家中的社会"都预示了居委会的行政化具有现时存在的合理性和现实的必然性。目前，居委会仍然是国家联通基层、实现与群众联结，进而也是组织化表达居民诉求的最为重要和有效的通道。郭圣莉的研究也表明，"无论社区类型如何，社区书记、居委会主任都是社区权力的核心。其权力的来源是职位而不是个人，说明国家在社区的控制力虽然有限却也有效"。① 而宏观层面看，"国家中的社会"也预示了现时自上而下的"居委会去行政化改革"的失败与低效，特别是缺乏"自下而上"问题倒逼机制所产生的互动型构。因此，换个思路，不从居委会去行政化的预设出发，而是基于居委会功能进行反思与改革侧重的调整，或是破解居委会困局的关键。进而言之，居委会改革的服务性转向可能是摆脱"去行政化之悖"的恰切路径。随着居委会服务性功能的凸显，其行政性就会走向边缘，或者至少说行政性会被置于服务性功能实现的过程中，成为居委会功能重构以及主体能力建设的重要资源与依凭，进而助推"国家中的社会"向"社会中的国家"转变。为此，我们需要进行认知前提的转换、已有改革逻辑的反思以及改革价值目标的置换。

其一，有关居委会改革的认知前提。居委会去行政化并不意味着行政属性在居委会组织运行中合理性成分的完全丧失，相反其应该成为新时期重构居委会的历史起点与资源依凭。行政性是伴随居委会的出现而衍生的，贯穿了居委会的整个生命历程，是已经嵌含在居委会的行为惯习中的构件，这就意味着其具备了某种程度上的合理性。而且改革从来不意味着对传统居委会体制的全盘否定，更不可能完全走向相反的方向。所以，我们在进行基层社会治理创新时，一定要从居委会特有的历史逻辑、空间场域以及社会记忆中找寻突破的切点，切不可将现有的居委会体制全盘否定。从这一意义上来讲，我们应该将行政性作为居委会改革与作用发挥可以借助与依凭的重要资源而不是当作此时此刻就需要拿掉的"历史包袱"。

其二，已有居委会改革的逻辑前提。居委会去行政化，其本体预设便是居委会已然行政化了；其前提性的价值论述便是居委会要进行去行政化的改革，回归自治性，这是共识。但是已有研究对此共识存在偏颇性认识，是人们意识中的"误识"。通常意义上的居委会行政化，大概指涉的是居委会在压力型体制下的被动化过程，缺失了对作为主体的居委会的主动面相的关注，进而形成了现实中居委会改革的"行政化路向"，即通过行政力量自上而下地推进居委会改革②。这就缺失了对行政力量性质以及存在利益可能性的估计，必然造成改革中的"低效循环"——现实居委

---

① 郭圣莉：《国家的社区权力结构：基于案例的比较分析》，《上海行政学院学报》2013 年第 6 期。
② 已有的上海模式、沈阳模式以及江汉模式等无不如此。

会改革中的"网格化管理"与"居站分离"就是明证。① 这一"低效循环"，一方面源于作为主导居委会去行政化力量的政府（而且是差异化的不同层级的政府），特别是作为基层政府派出机构的街道办事处，本身就存在促使居委会行政化的动机，而且也是现实中的核心形塑力量。从更高层级政府的角度看，国家大量政治、社会动员该通过什么样的基层组织形式来传导、嵌入基层社会网络——这是一个永恒的话题，是国家渗透能力建设的过程。这就意味着在国家还没有找到有效的组织载体来实现对基层社会的整合的前提下，居委会的去行政化改革注定是低效的。这样，寄希望于行政力量的改革与行政力量本身的诉求就存在严重的矛盾，不解决这一矛盾——体制改革，该路向推进的居委会改革就很难取得实质性的进展。另一方面居委会也是具有利益立场的治理主体，其对行政化的"迷恋"以及在主动与被动中走向行政化的过程也预示了居委会本身存在抵制去行政化的内在力量，不理顺这些力量产生的根源以及彼此间的互动与叠加，居委会去行政化改革的深入推进也是不可想象的。这就是说，在体制改革不彻底、政府职能未转变、基层社会组织发育不成熟以及相关制度建设不完善的背景下，居委会"去行政化之悖"就具有持续存在的空间。

其三，重服务性而非去行政化：认知重建中居委会改革的再出发。居委会存在高度行政化的积弊，要进行改革，这是基层治理场域中的共识。即使要改革，其改革的目标也绝非"去行政化"，而应该是增强"服务性"。须知，行政和自治本质上只是居委会运作过程中的组织方式与行为策略，并且在居委会的发展演化中沉淀为居委会的属性表征，但其本身并不具有价值意义上的赋值，服务性才是居委会该有的价值定位。从这一逻辑出发，居委会的行政性可能会成为居委会重构与改革的重大优势与资源，而非必须割弃的"包袱"。只要居委会的行政化运作有利于居委会服务性功能的实现，其存在与发挥作用就具有价值上的合理性，进而就不应该被当作必须剥离的"包袱"，或者我们需要反思的是在对居委会的改革中去行政化不应该被作为"价值目标"来进行强调与重视。正如金桥在对上海居委会运作逻辑考察后发现，居委会在"提供服务和开展工作的过程中其行为逻辑体现了鲜明的'行政性'的策略意义，对其'服务性'的强调则有助于实现居委会的自治转向。从现实来看，与其一味强求镜花

水月的'自治性'，不如先从居委会的'服务性'踏实做起。实际上，对居委会服务性的强调与关注，反而可以使其逐渐摆脱行政性的色彩，也有利于各类社区组织、社会团体以及社会组织的发育与成长"。①

这就意味着居委会的去行政化可能不是问题的重点，在基层场域中建立在对普遍规则、价值认可与认同基础上的互动与协商更为关键。政府要将重点放在对此种规范的培育和保护上。居委会与街道以及社区自组织等建立在契约、规范基础上的互动才可能是更持久的形塑力量，而稳定的社会秩序也才可能出现。行政性因素应该成为居委会转型与功能重构的重要依凭，而非此时此刻必须马上舍弃的东西。须知，宏观层面上的管理体制不变革而求助于基层的去行政化改革必然是低效的。

事实上，价值论意义上的居委会去行政化改革具有规范导向与认知建构的重要价值。但问题是价值论意义上的居委会去行政化改革在指向居委会去行政化的应然性的同时，却忽略了居委会去行政化的价值性。无疑，其应然性来自制度环境所塑造的"合法性"神话，但是缺失了对居委会为什么要去行政化的价值层面上的思考与想象，居委会现实实践中的去行政化改革必然会走向盲目的境地，有可能会出现为了"去行政化"而"去行政化"的局面，即目标与手段出现倒置，抑或手段本身替换目标成为改革的最终目的，这样居委会的服务性功能就会被遮蔽。因此，实现居委会行政性对服务居民的嵌入，以服务性为轴心展开居委会的改革，或许可以产生一种倒逼机制，进而有利于社会宏观体制改革的深入推进。当然，这是另一个重大的研究课题，也是笔者后续深化研究的方向。

其次，不得不说的就是本书的研究方法——个案研究。对个案研究总是会存在外在效度的质疑，即依据个案研究所得出的研究结论是否存在一定程度上的"普适性"问题。从这一意义上讲，本书也是存在外在效度局限的。以宜街为个案得出的居委会行政化的结论是否可以反映抑或在多大程度上可以代表居委会行政化的实际，笔者不敢断言——当然这是定性研究普遍存在的短板。但是如果换个角度，也可以说这就是本书的特色。学术界已有的关于此问题的回应，大致可以归纳为两种思路。其一，费孝通的"类型化"回应思路。在社会实地研究领域中，费先生创立了以"典型"来把握类型，进而通过一个个类型来达到对整体性复杂社会进行

---

① 金桥：《基层权力运作的逻辑 上海社区实地研究》，《社会》2010 年第 3 期。

认识的目的的研究方法。其方法论思想，概而言之，就是通过对社会现象存在的类型的梳理与比较，逐步接近对整体社会现象的认识。在这一方法论思想的指导下，费老开创了中国社会学研究的"社区学派"。比如，为实现对中国社会的认识，费老主张应用比较方法"逐步地扩大实地观察的范围，按着已有类型去寻找条件不同的具体社区，进行比较分析，逐步识别出中国农村的各种类型"①，并进而通过对一个个类型的研究，最终实现对中国社会的整体性认知。从这一意义上讲，笔者并不关心宜街是否以及在多大程度上可以作为中国基层社区的代表，笔者只希望通过深入的个案研究拓展中国基层治理研究图景，以及增进读者对居委会行政化的复杂性面相的认知与领悟。而且，宜街也典型地代表了基层社会的一个地域类型，本书基于宜街的研究结论是可以实现一定程度的"类型化"抽象的，进而也可以进行同类街区的认知推演与比较。其二，王铭铭"局部作为整体"的回应思路。王铭铭的研究表明，"作为更大的社会体系整体中的局部，社区在嵌入社会的过程中不仅获得了一定程度上的整体的'形'，而且也在不断完善与发展中具备了整体的'质'。从这一意义上看，对作为局部的社区的考察也就意味着或者说嵌含了对整体的洞察"②。作为"局部"的社区必然是嵌入更为广阔的基层社会空间的，社区是基层场域中的重要构成部分，是基层社会治理的重要主体与平台，也是国家与社会力量彼此角力与互动的直接场域，本质上是局部性与整体性的合一。这就要求，一方面，要实现对宜街社区的深入研究，必须采取民族志的研究方法，同时辅之以历史学的视角，对它的文化层次和社会生活的方方面面都加以整体上的考察。另一方面，宜街作为一种个案类型，也是作为国家社会建设进程中的一个局部而存在的，它有可考察的形成年代、发展脉络，其社区在发展的历程中，深受非当地势力（这里指的就是具有普遍性的压力型体制）的形塑，具有国家政权建设与统合的鲜明印记。从这一意义上讲，宜街可以作为理解与认识基层社会治理体制的重要切口，也可以作为透视更为宏观的国家与社会关系的理想平台。

现有的研究虽然在分析居委会去行政化时解释路径不一，但它们都或多或少地共享了"国家与社会"分析框架的理论观点。对理论视角的系统

---

① 费孝通、张之毅：《云南三村》，天津人民出版社 1990 年版，第 8 页。

② 王铭铭：《局部作为整体——从一个案例看社区研究的视野拓展》，《社会学研究》2016 年第 4 期。

梳理以及"居委会去行政化之悖"的困局都昭示着"社会中的国家"可能只是西方话语映射下国家与社会关系的虚幻图景，与中国的历史实践和现实经验不符。而从中国的基层社会来看，可能"国家中的社会"是更为真实的存在。

所谓"国家中的社会"是相对于"社会中的国家"的一种隐喻，指涉在基层社区中国家力量作为一种主导性力量，形成了对社会的形塑与约制，呈现"单向度的国家"。但不同于"国家中心说"中国家力量的一元主体，也与"社会中的国家"中国家对社会的"嵌入"不同，"国家中的社会"指涉一种国家具有绝对形构力量的情形，社会的各种因素虽已发育，但是也被编织进国家的整体逻辑，成为国家权力生产与再生产的媒介与载体。这就意味着国家的影响被置于社会之上，抑或说社会因素与力量被国家所统合，不是国家"嵌入"社会的应然，而是社会被国家围困的现实，而这一过程主要是通过国家统合能力建设而完成的。其结果就表征为两个方面。一方面，从国家的势位来看，国家时刻保持了在基层的"在场"和"到场"，基层社会中也存在"看得见"和"看不见"的各种国家状态，国家通过多元化的途径与手段（与以前的刚性控制不同的形式）实现了对基层社会的"选择性培育"和"间接化把握"。另一方面，从社会的空间来看，现时"社会"不是独立成长起来的制度空间，而是国家内部让渡出来的制度空间，在"国家"观照下"依附性成长"和"寄生性生存"，尽管社会表现出了一定的"策略性博弈的空间"。从这一意义上讲，学术界关于"嵌入性"的概念难以描摹这一关系的来源，存在理论的效度与边界。

具体来看，在"国家与社会"的理论观照下，一方面，居委会的行政化本质上就是"国家中的社会"所形塑的实践图景。但在这一解释中居委会行政化的"社会事实"具有不完整性。作为本体论意义上的居委会行政化是一个"社会事实"，我们透过"国家与社会"的理论视野，发现了处于压力型体制下的居委会行政化的社会事实。居委会因承担了过多的行政工作而被认为是代表国家基层政府派出机构对基层社会进行管理的高度行政化的组织载体，呈现为在国家结构性力量约束下"被动行政化"的居委会形象，是一个被国家统合的、代表政府的自治性组织。居委会作为组织载体的主动性被遮蔽了。因此，已有的研究对居委会行政化"社会事实"的理解是不完整的，其错误就在于将国家与社会的分野作为不证自明的预设，也把居委会的自治属性当成了现阶段就要实现的目标，割裂了居委会的历史积淀、现实逻辑以及在基层场域中的关系实践。在对居委会的改革中尝试对国家与社会的张力做"单向度"的制度解释的同时，"国家"和"社会"作为两个重要的分析单位又被"整体化和实体化"了，其内部的差异、分歧、冲突、互动等被遮盖。事实上，虽然高度行政化了，但处于国家与社会张力中的居委会也是具有一定利益诉求的、可以选择行动策略的基层行动者。从这一意义上来讲，本书中对居委会作为行动者的预设以及对国家与社会关系在中观"结构－主体－关系"维度中的操作化就具有了较好的分析效度。也正是在两者的整合意义上我们可以说实现了对居委会行政化"社会事实"的完整透视。

另一方面，居委会"去行政化"改革的理论逻辑建立在国家与社会关系重建的社会本位观念之上，问题是社会本位观在中国现时基层场域中是一种"想象中的虚构"。无论是从社会治理创新的角度，还是从居民自治的角度，其基本的逻辑都被解释为，居委会是一种高度行政化的组织，代表政府进行基层管理与服务。对居委会的这一定位和判断，导致现实中居委会的去行政化改革，处于转变中的居委会遭遇了去行政化的悖论，陷入困局。

再次，从具体研究过程来看，笔者是在讲述一个"故事"。叶启政认为，社会学家原本只不过是一个编织故事的"艺匠"而已。① 从这一意义上讲，笔者是在讲述一个发生在宜市（"百强县"）基层场域中的关于治理的故事，而且故事的主题还是一个老生常谈的话题——居委会的行政化。由此笔者的研究重点就是，如何把这样一个老生常谈的故事讲出点新意。为此笔者做了两个方面的努力尝试（也即研究的创新之处）。一是讲故事的方式要有新意。这里主要指涉两个方面：其一，"国家与社会"作为分析与研判居委会行政化议题的理论视角的引入，并通过中观层面"结构－主体－关系"分析框架的操作化，实现了对居委会行政化议题的理论透视，进而使这个故事讲述得更为深刻；其二，历史视角和关系实践的结合所构建的分析路向，实现了对居委会行政化的源与流、途与径，以及危与机的全方位认知，使得故事更为丰满。二是故事要讲出新意，这主要是从研究结论与观点的角度看。本书通过深入的个案研究发现以下两

———————————————

① 叶启政：《社会学家作为说故事者》，《社会》2016 年第 2 期。

点。其一，居委会的行政化是一个制度化的过程，即压力型体制下被动行政化的过程，也是"科层为体，自治为用"下的主动行政化选择。两者的结合才是这一"社会事实"的完整呈现。其二，在对现实中居委会"去行政化的制度神话"以及"去行政化之悖"学理剖析的基础上，本书认为居委会的行政化具有历史的合理性和现实的存续性，去行政化不应该成为居委会改革的"价值目标"，走向居委会的服务性改革才是未来的方向。

讲故事的过程，其实也是一个与自我不断对话、沟通与反思的过程。在这一过程中笔者会不断反思"居委会行政化"这一故事是否"讲"出来了，是否"讲"清楚了。因为"讲"绝不仅仅是一种修辞的夸张运用抑或事实的简单描述，"讲"的过程实际上是在社会理论与史料之间不断往返以达至耦合的过程。① 那么其中，讲什么不讲什么，如何取舍；详讲什么略讲什么，如何操作；如何建立史实与理论之间的关联，都是需要有丰富的"社会学的想象力"的积淀的，而此也是笔者的理论关怀与研究关切之所在。但问题也就随之而来：一是讲什么不讲什么，其中就会存在按照研究目的与研究内容而出现"选择性使用经验材料"的现象；二是详讲什么略讲什么，也会受限于研究思路与行文逻辑，进而出现"观念裁剪现实"的问题；三是就经验与理论之间的逻辑关联与耦合而言，其也会囿于笔者的学术训练与研究功底，进而呈现"阶段性的差异"。虽然在行文中笔者不断穿梭于实践与理论之间，不断进行着自我的肯定与否定，但在反思对话的过程中笔者没有完全被自己说服，这样或是那样的"悬置"与"空间"没有得到很好解释。也正是在这一意义上才有了下一步的研究空间和学术累进的可能。

最后，"普适论"所强调的居委会去行政化改革的大方向或许是对的，但用于指导当下的居委会改革以及街居制调整的政策选择很有可能不适合，四十多年的改革实践基本已经证明了"去行政化之悖"的存在。所谓"居委会去行政化之悖"，指的是旨在祛除居委会行政化的改革反而在实践中不断导向了居委会"再行政化"以及行政性再生产的现象。一方面是居委会行政化事实下的去行政化改革神话，即居委会的去行政化改革是不容置疑的推进方向，甚至本身就具有价值上的优先性和意义。另一方面则是去行

---

① 应星：《质性研究的方法论再反思》，《广西民族大学学报》（哲学社会科学版）2016 年第 4 期。

政化改革中循环出现的行政性不断强化与再生产的未预期后果。作为手段的去行政化改革实践在现实中反而变成了居委会行政性不断强化的媒介与载体。

这就是说，居委会去行政化改革在现实中呈现了非理性的行政性不断强化的未预期后果；而随着居委会行政性的不断强化，进一步导致了去行政化改革的诉求与行动。如此循环继替，陷入了"居委会的行政化—去行政化改革—居委会行政性的再生产与强化—新一轮的去行政化改革"的治乱周期律怪圈。

居委会的行政化是一个实然意义上的论断，具有历史、现实的具实性。居委会去行政化的改革因缘于居委会的自治组织的属性定位与制度环境所塑造的合法性要求，其本质就是让居委会回归自治属性，从一个过度行政化的组织转变为社会性的自治组织的问题。主张居委会改革去行政化的悬置与利用的"特殊论"者所发现的或许是现时真相，但用于规引未来的方向性选择同样可能陷入严重困境。但正因为如此，研究才能在张力中走向深入，这就是学术魅力之所在，也是吾辈学人在前辈研究基础上继续前行的动力之所在！

二　研究拓展

第一，本书以居委会的行政化为研究主题，以基层场域中居委会作为主体的关系实践过程为分析逻辑，发现了居委会"去行政化之悖"。宜街空间中社会组织的缺失（宜街尚未出现真正意义上的"专业社会组织"。实际上，在社区场域中，社会组织的缺位是常态现象），造成了对居委会在关系实践中与社会组织互动维度的观测困难。从上海以及广州的实践经验来看，居委会与社会组织的互动是一个更有意思的现象，特别是两者在有限的社区空间中围绕"服务"而展开的争夺与竞争的过程，是否会构成居委会去行政化的一种"倒逼"力量，抑或促进居委会行政化的再生产？更有意思的观察是当社区场域中的社会组织开始跨越边界提供服务时，其对居委会与其互动逻辑、策略，以及对国家与社会的关系都将产生一种独特的影响效应，这也是可以深化的一个研究方向。实际上，该维度的关系互动也是考察国家与社会关系更为精彩的"试验场"，是丰富居委会行动逻辑图谱，以及在新时期分析居委会的策略调整与功能再构非常重要的维度，更是观察"三社联动"以及专业意义上的社会工作者与社区工作者的重要向度。

第二，从研究内容来看，居委会在历史中的行政化、在压力型体制下的被动行政化以及在社区内生议题中的主动行政化，存在路径上的依赖和逻辑上的继替与转换。但本书并没有提供关于路径的内在沿革与结构的切换和嵌含等的精致的因果演化模型。比如，对居委会行政化的历史缘起是否以及在多大程度上造成居委会现时行政化，居委会的被动行政化是如何具体地向主动行政化进行传导的，以及主动行政化在既有的"国家中的社会"框架下"主动"的空间与程度是如何呈现以及不断发育的等问题未进行深入拓展，无疑，这就构成了进一步深化与拓展的方向。

此外，在研究居委会与社区自组织的互动中，笔者提出了"科层为体，自治为用"的解释框架。但对于该框架的具体体制、机制以及解释效度等尚缺乏深入的分析。

第三，居委会作为一种文化，作为一种研究范式，也是一个尚未充分展开的研究领域。作为文化，需要展开对居委会文化主体性、文化变迁以及文化自觉的研究，特别是对居委会作为历史的产物在现实存在中的"变"与"不变"以及行为惯习需要进一步深化研究。而作为研究范式，需要提炼居委会所承载的理论视域（国家与社会关系）、治理价值以及服务转向等分析维度方面的理论自觉。特别是面对目前中国学术界存在的居委会去行政化改革神话以及居委会现实改革中的"去行政化之悖"，笔者认为：居委会改革的服务性转向，作为一个刚刚开启的议题，存在极大的理论空间和实践价值。具体的研究问题可以是：居委会的服务性转向意味着什么，如何实现服务性的转向。特别是在服务性转向中如何实现对行政性的利用和吸纳等，既是理论上需要进一步思考、辨明的问题，也是实践中需要深入探索的未知方向。

参考文献

一 中文著作

《马克思恩格斯全集》（第1卷），人民出版社2012年版。

《马克思恩格斯选集》（第2卷），人民出版社2012年版。

《中共中央关于全面深化改革若干重大问题的决定》，人民出版社2012年版。

《中华人民共和国城市居民委员会组织法》，1989年版。

《中华人民共和国宪法》，中国法制出版社2004年版。

阿列克西·德·托克维尔：《论美国的民主》，董果良译，商务印书馆2009年版。

安东尼·吉登斯：《社会的构成》，李康、李猛译，生活·读书·新知三联书店1998年版。

安东尼奥·葛兰西：《狱中札记》，曹雷雨等译，中国社会科学出版社2000年版。

北京市档案馆、中共北京市委党史研究室编：《北京市重要文献选编（1953）》，中国档案出版社2002年版。

从翰香主编《近代冀鲁豫乡村》，中国社会科学出版社1995年版。

邓正来：《国家与社会：中国市民社会研究》，北京大学出版社2008年版。

邓正来：《市民社会与国家——学理上的分野与两种架构》，载邓正来、J. C. 亚历山大主编《国家与市民社会：一种社会理论的研究路径》，中央编译出版社2002年版。

邓正来：《中国发展研究的检视——兼论中国市民社会研究》，载邓正来、亚历山大主编《国家与市民社会》，中央编译出版社1999年版。

杜赞奇：《文化、权力与国家——1900—1942年的华北农村》，王福明译，江
　　苏人民出版社1993年版。

费孝通、张之毅：《云南三村》，天津人民出版社1990年版。

符平：《市场的社会逻辑》，上海三联书店2013年版。

哈贝马斯：《公共领域的结构转型》，曹卫东等译，学林出版社1999年版。

何海兵主编《和谐社区：上海和谐社区建设报告》，学林出版社2010年版。

何艳玲：《都市街区中的国家与社会：乐街调查》，社会科学文献出版社2010
　　年版。

黄六鸿：《福惠全书》卷21，周保明点校，广陵书社，2018。

江苏省民政厅第二科江苏保甲编辑室：《江苏保甲》，江苏省民政厅第四科
　　1935年版。

林尚立：《社区民主与治理：案例研究》，社会科学文献出版社2003年版。

林尚立、马伊里：《社区组织与居委会建设》，上海大学出版社2000年版。

刘建军：《单位中国：社会调控体系重构中的个人、组织与国家》，天津人民
　　出版社2000年版。

刘志伟：《在国家与社会之间——明清广东里甲赋役制度研究》，中山大学出
　　版社1997年版。

洛克：《政府论》（下篇），叶启芳、瞿菊农译，商务印书馆1964年版。

马克·尼奥克里尔斯：《管理市民社会》，罗豪才、陈小文译，商务印书馆
　　2008年版。

迈克尔·曼：《社会权力的来源》（第二卷·上），陈海宏等译，世纪出版集
　　团、上海人民出版社2007年版。

麦克尔·爱德华兹：《公民社会》（上），陈一梅译，载王名主编《中国非营
　　利评论》（第二卷），社会科学文献出版社2008年版。

潘泽泉：《行动中的社区建设》，中国人民大学出版社2014年版。

彭真：《彭真文选》，人民出版社1991年版。

乔尔·S.米格代尔：《社会中的国家：国家与社会如何相互改变与相互构
　　成》，李杨、郭一聪译，江苏人民出版社2013年版。

屠基远编写《城市居民委员会工作》，上海人民出版社1955年版。

王邦佐：《中国政党制度的社会生态分析》，上海人民出版社2000年版。

王邦佐等编著《居委会与社区治理——城市社区居民委员会组织研究》，上海
　　人民出版社2003年版。

王名：《中国民间组织 30 年——走向公民社会》，中国社会科学出版社 2008 年版。

王信贤：《争辩中的中国社会组织研究》，韦伯文化国际出版有限公司 2006 年版。

王颖、折晓叶、孙炳耀：《社会中间层——改革与中国的社团组织》，中国发展出版社 1993 年版。

徐永祥：《社区发展论》，华东理工大学出版社 1997 年版。

亚里士多德：《政治学》，颜一、秦典华译，中国人民大学出版社 2003 年版。

杨贵华：《转型与创新："村改居"社区组织建设》，社会科学文献出版社 2014 年版。

杨贵华：《自组织：社区能力建设的新视域——城市社区自组织能力研究》，社会科学文献出版社 2014 年版。

杨晓方主编《宜城志》，方志出版社 2010 年版。

俞可平：《治理与善治》，社会科学文献出版社 2000 年版。

詹姆斯·N. 罗西瑙主编《没有政府的治理》，张胜军、刘小林等译，江西人民出版社 2001 年版。

张静：《法团主义——及其与多元主义的主要分歧》，中国社会科学出版社 1998 年版。

张静：《基层政权：乡村制度诸问题》，浙江人民出版社 2000 年版。

张静主编《国家与社会》，浙江人民出版社 1998 年版。

张乐天：《人民公社制度研究》，上海人民出版社 2005 年版。

中共中央文献研究室编：《建国以来重要文献选编》（第十三册），中央文献出版社 1996 年版。

中国人民政治协商会议北京委员会文史资料研究委员会编：《北京的黎明》，北京出版社 1988 年版。

朱健刚：《国与家之间：上海邻里的市民团体与社区运动的民族志》，社会科学文献出版社 2010 年版。

二 中文期刊

白益华、张孝敢、张永英：《鼓东街道加强居委会建设的情况调查》，《中国民政》1995 年第 7 期。

陈辉：《新中国成立 60 年来城市基层治理的结构与变迁》，《政治学研究》
　　2010 年第 1 期。

陈辉、谢世诚：《建国初期城市居民委员会研究》，《当代中国史研究》2002
　　年第 4 期。

陈家建、张琼文、胡俞：《项目制与政府间权责关系演变：机制及其影响》，
　　《社会》2015 年第 5 期。

陈伟东：《中国城市社区自治：一条中国化道路——演变历程、轨迹、问题
　　及对策》，《北京行政学院学报》2004 年第 1 期。

陈伟东、张文静：《合约理论视角下居委会的制度安排与实践逻辑》，《社会
　　主义研究》2011 年第 2 期。

陈云松：《从“行政社区”到“公民社区”——由中西比较分析看中国城市
　　社区建设的走向》，《城市发展研究》2004 年第 4 期。

单德申：《我国城市基层群众性自治组织自治性研究——以上海市 W 社区群
　　众自治的实践考察为例》，博士学位论文，华东政法大学，2007。

邓正来：《国家与社会——中国市民社会研究的研究》，《中国社会科学季刊》
　　（香港）1996 年第 15 期。

邓正来、景跃进：《建构中国的市民社会》，《中国社会科学季刊》（香港）
　　1992 年第 1 期。

丁惠平：《“国家与社会”分析框架的应用与限度——以社会学论域中的研究
　　为分析中心》，《社会学评论》2015 年第 5 期。

丁惠平：《中国社会组织研究中的国家 - 社会分析框架及其缺陷》，《学术研
　　究》2014 年第 10 期。

费孝通：《居民自治：中国城市社区建设的新目标》，《江海学刊》2002 年第
　　3 期。

复旦大学课题组：《上海居委会等社会基层组织权责问题调研》，《科学发展》
　　2014 年第 12 期。

格里·斯托克、华夏风：《作为理论的治理：五个论点》，《国际社会科学》
　　（中文版）1999 年第 1 期。

葛道顺：《中国社会组织发展：从社会主体到国家意识——公民社会组织发
　　展及其对意识形态建构的影响》，《江苏社会科学》2011 年第 3 期。

耿敬、姚华：《行政权力的生产与再生产——以上海市 J 居委会直选过程为个
　　案》，《社会学研究》2011 年第 3 期。

顾骏：《"行政社区"的困境及其突破》，《北京行政学院学报》2001 年第
　　1 期。

顾昕、王旭：《从国家主义到法团主义——中国市场转型过程中国家与专业
　　团体关系的演变》，《社会学研究》2005 年第 2 期。

桂勇：《邻里政治：城市基层的权力操作策略与国家－社会的粘连模式》，
　　《社会》2007 年第 6 期。

桂勇、崔之余：《行政化进程中的城市居委会体制变迁——对上海市的个案
　　研究》，《华中理工大学学报》（社会科学版）2000 年第 3 期。

桂勇、黄荣贵、李洁瑾、袁静：《直选：是社会资本开发还是行政推销民
　　主?》，《上海城市管理职业技术学院学报》2003 年第 6 期。

郭圣莉：《城市社会重构与新生国家政权建设——建国初期上海国家政权建
　　设分析》，博士学位论文，复旦大学，2005。

郭圣莉：《国家的社区权力结构：基于案例的比较分析》，《上海行政学院学
　　报》2013 年第 6 期。

郭圣莉：《阶级净化机制：国家政权的城市基层社会组织构建——以解放初
　　期上海居委会的整顿与制度建设为例》，《甘肃社会科学》2007 年
　　第4 期。

郭圣莉、高民政：《建国初期上海市居民委员会创建的历史考察》，《上海行
　　政学院学报》2001 年第 4 期。

韩全永：《建国初期城市居民组织的发展及启示（之二）政体初定　居委会
　　终结保甲制历史》，《社区》2006 年第11 期。

何海兵：《"国家－社会"范式框架下的中国城市社区研究》，《上海行政学院
　　学报》2006 年第 4 期。

何海兵：《我国城市基层社会管理体制的变迁：从单位制、街居制到社区
　　制》，《管理世界》2003 年第 6 期。

何艳玲：《西方话语与本土关怀——基层社会变迁过程中的"国家与社会"
　　研究综述》，《江西行政学院学报》2004 年第 4 期。

何艳玲、蔡禾：《中国城市基层自治组织的"内卷化"及其成因》，《中山大
　　学学报》（社会科学版）2005 年第 5 期。

侯利文：《被围困的居委：基层社会治理中的组织、社会与国家——基于宜
　　街的实地调查》，《公共行政评论》2017 年第 6 期。

侯利文：《国家与社会：缘起、纷争与整合——兼论肖瑛〈从"国家与社会"

到"制度与生活"〉》，《社会学评论》2018 年第 2 期。

侯利文：《国家政权建设与居委会行政化的历史变迁——基于"国家与社会"视角的考察》，《浙江工商大学学报》2019 年第 1 期。

侯利文：《基层社会治理中的"国家与社会"：变迁、现状与反思》，《华东理工大学学报》（社会科学版）2016 年第 4 期。

侯利文：《去行政化的悖论：被困的居委会及其解困的路径》，《社会主义研究》2018 年第 2 期。

侯利文：《社会中的国家：迈向国家与社会的综合性范式——评乔尔·S. 米格代尔〈社会中的国家：国家与社会如何改变与相互构成〉》，《社会学评论》2016 年第 6 期。

侯利文：《行政吸纳社会：国家渗透与居委会行政化》，《深圳大学学报》（人文社会科学版）2019 年第 2 期。

侯利文：《压力型体制、控制权分配与居委会行政化的生成》，《深圳大学学报》（人文社会科学版）2020 年第 3 期。

侯利文、文军：《科层为体、自治为用：居委会主动行政化的内生逻辑——以苏南地区宜街为例》，《社会学研究》2022 年第 1 期。

侯利文、张宝锋：《网格化与居站分离：逻辑、困局与反思》，《学术论坛》2014 年第 12 期。

华伟：《单位制向社区制的回归——中国城市基层管理体制 50 年变迁》，《战略与管理》2000 年第 1 期。

江华、张建民、周莹：《利益契合：转型期中国国家与社会关系的一个分析框架——以行业组织政策参与为案例》，《社会学研究》2011 年第 3 期。

金桥：《基层权力运作的逻辑　上海社区实地研究》，《社会》2010 年第 3 期。

敬乂嘉、刘春荣：《居委会直选与城市基层治理——对 2006 年上海市居委会直接选举的分析》，《复旦学报》（社会科学版）2007 年第 1 期。

康晓光、韩恒：《分类控制：当前中国大陆国家与社会关系研究》，《社会学研究》2005 年第 6 期。

康晓光、韩恒：《行政吸纳社会——当前中国大陆国家与社会关系再研究》，《中国社会科学》（英文版）2007 年第 2 期。

考伍乾：《南京国民政府的保甲制度与地方自治》，《法商研究》2001 年第 6 期。

李剑：《转变中的"强"国家—国家能力的理论逻辑及其演进》，《国外理论动态》2014 年第 6 期。

李璐：《制度与价值：解读社区组织管理创新的两个视角》，《云南行政学院学报》2010 年第 2 期。

李世书：《国家与社会关系的历史嬗变及其发展趋势》，《理论月刊》2005 年第 12 期。

李伟中：《南京国民政府的保甲制新探——20 世纪三四十年代中国乡村制度的变迁》，《社会科学研究》2002 年第 4 期。

李友梅：《城市基层社会的深层权力秩序》，《江苏社会科学》2003 年第 6 期。

练宏：《激励设计、上下级互动和政企关系》，《公共行政评论》2013 年第 1 期。

刘安：《当代中国城市基层的国家与社会关系研究及其学理反思——基于政治社会学视角的分析》，《社会学评论》2015 年第 5 期。

刘安：《网格化社会管理及其非预期后果——以 N 市 Q 区为例》，《江苏社会科学》2014 年第 3 期。

刘春荣：《中国城市社区选举的想象：从功能阐释到过程分析》，《社会》2005 年第 1 期。

刘晔：《公共参与、社区自治与协商民主——对一个城市社区公共交往行为的分析》，《复旦学报》（社会科学版）2003 年第 5 期。

卢爱国、陈伟东：《社区行政化的反思：现实与选择》，《内蒙古社会科学》（汉文版）2008 年第 2 期。

卢福营：《协同服务：农村基层社会管理的创新模式——浙江省舟山市岱西镇调查》，《学习与探索》2012 年第 1 期。

卢汉龙：《单位与社区：中国城市社会生活的组织重建》，《社会科学》1999 年第 2 期。

罗远道：《试论保甲制的演变及其作用》，《中国历史博物馆馆刊》1994 年第 1 期。

马剑银：《从生活世界到公共领域：哈贝马斯公民社会理论的话语基础》，《中国非营利评论》2011 年第 1 期。

马卫红、桂勇：《从控制到治理——社会转型与城市基层组织框架的变迁》，《华中科技大学学报》（社会科学版）2008 年第 5 期。

马卫红、桂勇、骆天珏：《城市社区研究中的国家社会视角：局限、经验与发展可能》,《学术研究》2008 年第 11 期。

石发勇:《城市社区民主建设与制度性约束 上海市居委会改革个案研究》,
《社会》2005 年第 2 期。

史普原:《科层为体、项目为用:一个中央项目运作的组织探讨》,《社会》
2015 年第 5 期。

孙柏瑛:《城市社区居委会"去行政化"何以可能?》,《南京社会科学》
2016 年第 7 期。

孙立平:《"过程—事件分析"与当代中国国家—农民关系的实践形态》,《清
华社会学评论》2000 年第 1 期。

孙立平:《国家与社会的结构分化》,《中国社会科学季刊》(香港)1992 年第
1 期。

唐利平:《国家与社会:当代中国研究的主流分析框架》,《广西社会科学》
2005 年第 2 期。

唐文玉:《行政吸纳服务——中国大陆国家与社会关系的一种新诠释》,《公
共管理学报》2010 年第 1 期。

陶传进:《控制与支持:国家与社会间的两种独立关系研究——中国农村社
会里的情形》,《管理世界》2008 年第 2 期。

田毅鹏:《城市社会管理网格化模式的定位及其未来》,《学习与探索》2012
年第 2 期。

万鹏飞:《我国行政案例研究的现状和未来发展》,《中国行政管理》1994 年
第 5 期。

王汉生、吴莹:《基层社会中"看得见"与"看不见"的国家——发生在一
个商品房小区中的几个"故事"》,《社会学研究》2011 年第 1 期。

王建生:《西方国家与社会关系理论流变》,《河南大学学报》(社会科学版)
2010 年第 6 期。

王名、刘国翰:《公民社会与治理现代化》,《开放时代》2014 年第6 期。

王铭铭:《局部作为整体——从一个案例看社区研究的视野拓展》,《社会学
研究》2016 年第 4 期。

王绍光:《大转型:1980 年代以来中国的双向运动》,《中国社会科学》2008
年第 1 期。

王巍:《国家、社会互动结构中的社区治理——一个描述性案例研究》,《武
汉大学学报》2008 年第 2 期。

王星：《"居站分离"实践与城市基层社会管理创新》，《学海》2012 年第 3 期。

王云骏：《民国保甲制度兴起的历史考察》，《江海学刊》1997 年第 2 期。

韦俊华：《居委会行政化倾向的原因分析》，《中山大学研究生学刊》（社会科学版）2007 年第 4 期。

魏娜：《城市社区建设与社区自治组织的发展》，《北京行政学院学报》2003 年第 1 期。

文军：《从单一被动到多元联动——中国城市网格化社会管理模式的构建与完善》，《学习与探索》2012 年第 2 期。

吴建平：《理解法团主义——兼论其在中国国家与社会关系研究中的适用性》，《社会学研究》2012 年第 1 期。

吴永红：《非对称性依赖结构下的居委会及其行动策略——上海市 L 街道居委会减负的个案研究》，博士学位论文，上海大学，2009。

向德平：《社区组织行政化：表现、原因及对策分析》，《学海》2006 年第 3 期。

项飚、宋秀卿：《社区建设和我国城市社会的重构》，《战略与管理》1997 年第 6 期。

萧功秦：《重建公民社会：中国现代化的路径之一》，《探索与争鸣》2012 年第 5 期。

肖林：《国家渗透能力建设：社区治理挑战下的国家应对策略》，《哈尔滨工业大学学报》（社会科学版）2013 年第 6 期。

肖瑛：《从"国家与社会"到"制度与生活"：中国社会变迁研究的视角转换》，《中国社会科学》2014 年第 9 期。

徐勇：《论城市社区建设中的社区居民自治》，《华中师范大学学报》（人文社会科学版）2001 年第 3 期。

杨爱平、余雁鸿：《选择性应付：社区居委会行动逻辑的组织分析——以 G 市 L 社区为例》，《社会学研究》2012 年第 4 期。

杨光飞：《"脱嵌"与"重塑"：转型期社会中介组织的治理逻辑》，《人文杂志》2007 年第 5 期。

杨丽萍：《新中国成立初期的上海里弄整顿》，《当代中国史研究》2010 年第 5 期。

杨荣：《北京市基层管理体制的历史变迁》，《北京社会科学》2004 年第

1 期。

杨雪冬：《压力型体制：一个概念的简明史》，《社会科学》2012 年第11 期。

应星：《质性研究的方法论再反思》，《广西民族大学学报》（哲学社会科学版）2016 年第 4 期。

余冰：《国家与社会交互关系：社区及其组织研究的一种路径》，《学术研究》2007 年第 5 期。

俞可平：《治理和善治引论》，《马克思主义与现实》1999 年第 5 期。

郁建兴、周俊：《论当代资本主义国家与社会关系的变迁》，《中国社会科学》2002 年第 6 期。

郁建兴、周俊：《中国公民社会研究的新进展》，《马克思主义与现实》2006 年第 3 期。

张济顺：《上海里弄：基层政治动员与国家社会一体化走向（1950—1955）》，《中国社会科学》2004 年第 2 期。

张江：《居委会行政化：根源、动力与强化因素分析》，《法制与社会》2007 年第 6 期。

张紧跟：《从结构论争到行动分析：海外中国 NGO 研究述评》，《社会》2012 年第 3 期。

张磊：《业主维权运动：产生原因及动员机制——对北京市几个小区个案的考查》，《社会学研究》2005 年第 6 期。

张磊、刘丽敏：《物业运作：从国家中分离出来的新公共空间　国家权力过度化与社会权利不足之间的张力》，《社会》2005 年第 1 期。

张钟汝、范明林、王拓涵：《国家法团主义视域下政府与非政府组织的互动关系研究》，《社会》2009 年第 4 期。

郑杭生：《社会建设和社会管理研究与中国社会学使命》，《社会学研究》2011 年第 4 期。

郑士源、徐辉、王浣尘：《网格及网格化管理综述》，《系统工程》2005 年第 3 期。

郑卫东：《"国家与社会"框架下的中国乡村研究综述》，《中国农村观察》2005 年第 2 期。

周雪光、练宏：《中国政府的治理模式：一个"控制权"理论》，《社会学研究》2012 年第 5 期。

朱健刚：《城市街区的权力变迁：强国家与强社会模式——对一个街区权力

结构的分析》，《战略与管理》1997 年第 4 期。

朱宇：《19 世纪中叶至 20 世纪中叶中国乡村治理结构的历史考察》，《政治学研究》2005 年第 1 期。

卓彩琴、陈亦欢：《中国新型城市社区居委会的角色冲突与重构——基于 S 与 D 社区居委会的比较分析》，《社会工作》2007 年第 8 期。

三　英文著作和期刊

Bennettand Gordon A. , *Yundong*：*Mass Campaigns in Chinese Communist Leadership*, Berkeley：Center for Chinese Studies, 1976.

Berger P. L. and Luckmann T. , "The Social Construction of Reality：A Treatise in the Sociology of Knowledge", *Sociological Analysis*, Vol. 131, No. 2, 1990, pp. 400 –403.

Bestor T. C. , *Neighborhood Tokyo*, Palo Alto：Stanford University Press, 1989.

Chamberlain Heath, "Civil Society with Chinese Characteristics", *The China Journal*, *MEMO*, No. 39, 1998, pp. 69 –81.

Chan Kinman, "Commentary on Hsu：Graduated Control and NGO Response：Civil Society as Institutional Logic", *Journal of Civil Society*, Vol. 6, No. 3, 2010, pp. 301 –306.

ChirotDaniel, "The Corporatism Model and Socialism：Notes on Romanian Development", *Theory and Society*, Vol. 9, No. 2, 1980, pp. 363 –381.

Chunrong Liu, The Emerging Community Regime：A Case Study of Neighborhood Governance Formation in Shanghai（1996—2003）, Ph. D. dissertation, City University of Hong Kong Department of Applied Social Studies, 2005.

Chunrong Liu, *The Political Construction of Community Power*：*A Comparative Case Study of Neighborhood Governance Formations in Shanghai*（1996 – 2003）, City University of Hong Kong, 2005.

Hsu Carolyn, "Beyond Civil Society：An Organizational Perspective on State-NGO Relations in the People's Republic of China", *Journal of Civil Society*, Vol. 6, No. 3, 2010, pp. 259 –277.

Karl Polanyi, Conrad Aresberg and Harry Pearson eds, "*The Economy as Instituted Process*" in Trade and Market in the Early Empires：*Economics in History and*

Theory, Chicago: Henry Regnery Company, 1957.

Karl Polanyi, *The Great Transformation: The Political and Economic Origins of Our Times*, Boston: Bearcon Press, 1944.

Lu Yiyi, "The Autonomy of Chinese NGOs: A New Perspective", *An International Journal*, Vol. 5, No. 2, 2007, pp. 173 – 203.

Ma Qiusha, "The Governance of NGOs in China since 1978: How Much Autonomy", *Nonprofit and Voluntary Sector Quarterly*, Vol. 31, No. 3, 2002, pp. 305 – 328.

Pearson Margaret, "The Janus Face of Business Associations in China: Socialist Corporatism in Foreign Enterprises", *The China Journal*, MEMO, No. 31, 1994, pp. 27 – 46.

Philip C. C. Huang, " 'Public Sphere' / 'Civil Society' in China? The Third Realm between State and Society", *Modern China*, Vol. 19, No. 2, 1993, pp. 216 – 240.

Read Benjamin L. , "Democratizing the Neighborhood? New Private Housing and Homeowner Self-organization in Urban China", *The China Journal*, MEMO, No. 49, 2003, pp. 31 – 59.

Read Benjamin L. , "Revitalizing the State's Urban 'Nerve Tips' ", *China Quartley*, Vol. 1, No. 163, 2000, pp. 806 – 820.

Read, Benijamin L. , State, Social Networks and Citizens in China's Urban Neighborhoods, Ph. D. dissertation, Harvard University Department of Government, 2003.

Saich Tony, "Negotiating the State: The Development of Social Organizations in China", *The China Quarterly*, Vol. 161, No. 161, 2000, pp. 124 – 141.

Sandra Halperin, "Dynamics of Conflict and System Change: The Great Transformation Revisited," *European Journal of International Relations*, Vol. 10, No. 2, 2004, pp. 263 – 306.

Schofer, Evan and Wesley Longhofer, "The Structural Sources of Association", *American Journal of Sociology*, Vol. 117, No. 2, 2011, pp. 539 – 585.

Shieh Shawn and Guo Sheng Deng, "An Emerging Civil Society: The Impact of the 2008 Sichuan Earthquake on Grass-roots Association in China", *The China Journal*, Vol. 65, No. 65, 2011, pp. 181 – 194.

Spires Anthony, "Contingent Symbiosis and Civil Society in an Authoritarian State: Understanding the Survival of China's Grassroots NGOs", *American Journal of Sociology*, Vol. 117, No. 1, 2011, pp. 1 –45.

Teets J. C, "Post-earthquake Relief and Reconstruction Efforts: The Emergence of Civil Society in China", *The China Quarterly*, Vol. 198, No. 198, 2009, pp. 330 –347.

White Gordon, "Prospects for Civil Society in China: A Case Study of Xiaoshan City", *The China Journal*, MEMO, No. 29, 1993, pp. 63 –87.

Yu Jianxing and Jun Zhou, "Local Governance and Business Associations in Wenzhou: A Model for the Road to Civil Society in China", *Journal of Contemporary China*, Vol. 22, No. 81, 2013, pp. 394 –408.

附　录

附录1　访谈提纲

社区干部访谈提纲

1. 简要介绍下社区的基本情况（小区、人口、单位、特点等）。现在社区的主要服务对象是哪些人？大概有多少（比例）？主要开展的服务情况（社会保障、计生服务、社区征兵、社区关工、优抚社救、社区老龄）。

2. 社区工作者的构成与分工情况是怎么样的？在社区中书记和主任是如何分工的？

社工的工资数字与补贴情况（构成、多少），是如何发放的？街道对社区（社区书记）的奖励都有哪些方式？

3. 一般而言，围绕街道的"中心工作"，我们社区是如何配合的？请举例说明。

4. 街道是如何考核社区的？近年来（3年来），考核的标准是否有变化？街道是如何调动社区工作者的积极性的？

5. 在过去一年里，您是否经常到街道开会？一年大概有多少次？平均每月多少次？主要是哪方面的会议？除了开会，社工经常到各条线部门去办事吗？最多是去哪几个部门？找哪些人员？主要办什么事情？

6. 对社区工作中的"减负"情况，您怎么看？近年来，街道有没有出台"居委会减负"的举措？效果怎么样？您认为居委会减负该如何进行？

7. 在过去一年里，街道大概下发了多少文件？都是哪方面的文件？社区是如何落实的？

8. 现在各个社区都在搞创建，这是街道的任务吗？（考核的内容呢？）您社区是怎么开展创建工作的？取得了哪些荣誉？有什么效果？

9. 作为社区书记（主任），过去一年里投入时间、精力比较多的是哪些工作？请您依次说明您工作量最大的三项工作，并与3年前的情况做简要比较。在过去一年里您最忙的是哪一段时间？忙什么事情？现在您正在忙什么事情？在过去一年里，工作方面您感到最高兴的是什么事情？最不满意的是什么事情？您觉得现在居委会社区工作最难的是什么事情？

10. 您作为书记是街道任命的吗？做社区工作多久了？社区居委会主任是不是居民选举产生的？具体是怎么选举的？您认为是选举好，还是任命好呢？为什么？街道领导的调整对社区工作有什么影响吗？

11. 简要介绍下社区的收支情况。是街道办事处财政托底吗？包括社区（去年和今年）的总收入与支出情况（是否有集体收入？）。在过去一年中社区有哪些重要的支出？是如何支出的？在财务方面您有什么权限？

12. 在过去一年里，您主动去找过街道书记或主任吗？都是因为什么事情？街道书记或是主任单独找过您没有？为什么事情？

13. 在过去一年里，社区是否经常有人来参观学习？大概有多少人次？平均每个月多少？是否会影响社区的正常工作？

14. 2006年街道撤镇设街时，您在哪里工作？撤镇设街前后社区工作是否有明显的不同？对社区工作有没有什么影响？今年正在开展的"社区转型发展"对我们社区有什么影响？社区有什么行动与改变？

15. 街道书记提的"扁平化管理、片区化服务"您是怎么理解的？在社区工作中是如何开展的？现在有什么效果？有什么困难？

16. 现在社区的主要矛盾与问题是什么？有没有上访等群体性事件的发生？请详细说明。

17. 现在有几种看法：居委会是居民的"头"；居委会是政府的"腿"。您是怎么理解的？您认为居委会的主要功能是什么？您认为居委会应该做什么工作？作为社区书记，您认为您的职责是什么？您对谁负责？

18. 总的来说，现在社区工作是越来越好做了，还是越来越难做了？为什么？请展望下未来的社区工作是什么样子的？要理顺社区与街道的关系，真正做到"减负"，您认为最重要的是采取什么样的改革措施？

2015 年 5 月

附录2 访谈编码

序号	对象	编号	身份	备注
1	陈书记	20150320CP	宜街党工委书记	宜街"一把手"
2	许主任	20150326XWB 20150416XWB	宜街街道办事处副主任	主管社区建设工作,2016年12月底退居二线
3	贾委员	20150325JHY	宜街组织委员	
4	陈主任	20150406CLR 20150417CLR	宜街宣统办主任	原宜街残联主席,善于写作,得到重用
5	徐主任	20150416XWM 20161210XWM	宜街社区建设办公室主任	原物业管理办公室主任
6	欧主任	20150414OXX	宜街老龄委主任	
7	许所长	20150604XWH	宜街财政所所长	
8	陶站长	20150507TJ	宜街文化站站长	
9	徐校长	20150709XLT	宜街党校校长	
10	谈主任	20150402TM	宜街居家养老中心主任	曾任社区书记
11	王书记	20150603WF	CD社区书记、主任	
12	马阿姨	20150616MSJ	原DT社区书记	1992年进入社区居委会工作
13	黄阿姨	20150422HH 20150506HH 20150613HH	XH社区紫金名都睦邻点负责人,党小组组长,社区老书记	1993~2006年任XH社区书记
14	储书记	20150415CH 20150509CH 20150607CH	XH社区书记、主任	2015年8月年调任HP社区书记
15	韦书记	20150706WQ 20161210WQ	XH社区书记、主任	2015年8月接替CH担任XH社区书记,2016年6月选任为社区主任
16	唐主任	20150528TXX	XH社区副书记、副主任	
17	张书记	20150614ZLP	20世纪90年代HP社区老书记	1977年高中毕业,约1978年的时候到居委会工作
18	魏书记	20150512WJH	YB社区书记	

序号	对象	编号	身份	备注
19	陈书记	20150522CLJ 20150608CLJ 20161210CLJ	MZ 社区书记、主任	
20	赵主任	20150522ZXG	MZ 社区副主任	负责养老服务
21	蒋书记	20150420JLP	BD 社区书记、主任	
22	郑书记	20150730ZLJ	TJG 社区书记	
23	朱阿姨	20150606ZQZ	HP 社区老工作者,居委会委员	2012 年因为年龄的原因,从社区居委会中退出来,但还在从事着社区老年团队的歌唱工作
24	钱阿姨	20150603QXP	交通局睦邻点组织员	
25	蒋同学	20150331JQ 20150602JQ	XH 社区大学生村官,社区主任助理	2016 年 12 月拟任 XH 社区副书记
26	万阿姨	20150603WSH	XH 社区工作者,交通局睦邻点联络员	
27	任局长	20150518RZX 20150602RZX	交通局睦邻点负责人,党小组组长	原宜市交通局局长
28	潘阿姨	20150505PGD	北门巷睦邻点负责人,党小组组长	
29	吴校长	20150615WXZ	光明东路睦邻点负责人	原中心小学校长
30	吴爷爷	20150408W	图书阅览室看报老人	
31	谢经理	20150617WYX	紫金名都物业经理	
32	张先生	20150517ZB	交通局小区车主	
33	赵叔叔	20150712ZYH	人武部睦邻点政策宣传员	
34	李经理	20150617LMR	勠业广场经理	
35	顾经理	20150623GXY	陶都饭店经理	
36	居委会 1	20150603J1	XH 社区居民	
37	2015 年 5 月 18 日交通局睦邻点围绕"停车位改造问题"的座谈会			
38	2015 年 4~8 月,随街道办事处副主任 XWB 的多次社区走访、座谈			

附录3 2014年XH社区工作计划安排

一 社区党建

1. 社区党员日常管理、党费收缴、建档立卡、组织活动；2. 开展党员联谊会、党员联席会；3. 党组织廉政建设；4. 党支部"三会一课"（每月一次）；5. 党员远程教育站点接收、组织支部党员学习培训（每月三次）；6. 党员志愿者团队建设；7. 困难党员帮扶结对；8. 党员为民服务岗位认领、党员志愿者为民服务结对；9. 党员双管双责、在职党员进社区等；10. 共驻共建、双述双评、互学互评；11. 夯实基础年活动；12. 党员作为年活动；13. 创先争优活动；14. 五项主题实践活动；15. "知民情、办实事、当先锋、促和谐"主题实践活动；16. 党性讲堂；17. 在职党员进社区；18. 党建联席会。

各种活动学习会议、活动记录档案，做好党建试点工作。

二 民政工作

1. 弱势群体：最低生活保障的申请、注销，动态管理的每季入户、走访，困难家庭、困难学生的救助，做到入户了解实际情况，走访邻里确定困难程度，每年两次爱心捐款的发放，医疗救助，困难家庭临时救助申报，困难学子结对工作。2. 残疾人：残疾人的帮扶、救助，残疾证的办理发放，鼓励残疾人自主创业，申请创业扶持基金，残疾人的需求及时给予援助，各类残疾人的手术治疗意向，残疾人康复，各类培训班的报名，每年5月助残日活动，残疾人的档案整理，办理残疾人医疗卡，残疾人特别生活补助。3. 老年人：60岁以上老年人的档案管理，孤寡、贫困老年人的走访结对帮扶，无职业老年人的粮油补贴的发放，老人节活动，百岁老人的申报服务，80岁以上老年人长寿补贴发放，电子保姆的登记发放，居家养老互助 [6789X为老服务：60周岁以上老年人重病慰问（一人仅限一次），70周岁以上老年人重阳节发面，80周岁寿星和金婚50周年老人重阳节庆祝（蛋糕、金婚照、寿字），90周岁以上老年人走访慰问，X社区残疾、失独、独居老人等弱势群体的帮扶]。4. 优抚工作：烈军属、伤残军人、现役军人、复员军人、志愿兵、参战人员、退伍战士的各类档案管理，每月的走访，随时了解各类人员的增加、减少以及家庭情况的变更，及时给予帮助，春节、元旦、"八一"活动并上报活动信息，每年一次的慰问信、光荣牌的发放，每年的兵役登记及入伍政审。5. 慈善义工：义工的申请与管理，组织义工参加社区公益活动，每季度的活动情况、数据都要报表。6. 居家养老：居家养老的申请与注销，定期入户走访服务人员的服务情况，调查居家养老的满意程度。7. 其他：每年联系辖区单位与弱势群体帮扶结对，定期走访、看望并在节假日期间送去礼品与祝福。8. 品牌社区建设（6789X为老服务、社区睦邻点）。

三　卫生工作

1. 保洁员管理（全天保洁），每天4次检查督导；2. 定期清理卫生死角、乱堆乱放；3. 定期清理街面及居民楼道野广告、"法轮功"宣传品；4. 开展经常性除"四害"活动，发放老鼠药、蟑螂药（每年2次）；5. 联系解决辖区内的污水外溢、井盖丢失、公共设施的损坏（社区最难解决也是最上火的事情之一）；6. 辖区单位、门头网点卫生食品防疫检查，安全、卫生督导；7. 冬季扫雪，恶劣天气的预防宣传通知；8. 开展健康教育，普及卫生科学知识，组织居民学习卫生知识（每季度1次）并有记录；9. 垃圾处理费收缴；10. 做好灾害后的卫生防疫工作。

四　计划生育

1. 流动人口、常住人口的管理。建档立卡、网上微机录入、纠错。2. 辖区单位计生督导检查、门头网点育龄妇女管理、签订计划生育合同。3. 为育龄妇女办理生育手册，补办独生子女证、新婚落实、小孩出生落实。4. 育龄妇女独生子女费的统计、落实、发放。5. 育龄妇女每年组织查体、当年生育计划的统计上报，避孕药具发放，使用药具育龄妇女随访（每月）。6. 每月的各种报表 10 份（包括辖区单位）。7. 计划生育有奖举报信入户送达、楼栋张贴 3 次（办事处、区、市计划生育委员会内容相同），向育龄妇女（包括流动人口）发放宣传品、开展"双进""双建"活动（每年 4 次）。8. 育龄妇女的晚婚率、合法生育率、统计准确率、公安落户、医院接生、幼儿园儿童信息达到规定标准。9. 社区计生协会向辖区单位募集计生特困家庭定向捐款，必务达到上级考核要求。

五　劳动保障

1. 建立退休人员基本信息库，完成退休人员领取养老金资格认证工作（每年一次）；2. 失业人员的管理，零就业家庭、就业困难群体的申报、帮扶、援助、结对帮扶；3. 为下岗职工办理失业证、再就业优惠证，并且每年进行一次年审并录入微机上报；4. 为居民求职提供用工信息、用工介绍；5. 完成社会保险的扩面计划（居委会人员每人每年 4 人）、企业书审；6. 每月的各种报表、微机输入、各种台账的建立整理（7 本）；7. 完成新增城镇就业再就业计划，组织开展困难群体再就业援助活动，落实再就业优惠政策；8. 完成辖区城镇居民医疗保险调查统计工作，收缴保费，宣传政策，发放医疗保险证、卡（动态办理）；9. 小额贷款办理；10. 创业补贴申报、审核、办理；11. 基础养老金的办理；12. 其他养老保险政策宣传和办理；13. 开展劳动保障政策宣传，落实劳动监察风格化管理。

六　信访工作

1. 每月的不安定因素排查、调解信访纠纷，涉军上访人员的稳控及帮扶解难工作、重要节假日的监控（火车站、汽车站等值班）；2. 特殊时期，每日信访人员动态上报，每周不安定因素周报，每月汇总有关信息。

七 宣传、文体、群团、工会工作

1. 每年组织社区文化活动 4~5 次；2. 每年举行小型体育竞赛或表演活动，每年各 2 次；3. 社区全年需上报社区信息 48 条，每年需在区级以上新闻媒体正面宣传报道 40 篇；4. 每年需完成党报党刊硬性征订任务：《解放日报》《人民日报》《求是》，动员辖区单位征订《祝你幸福》《人口导报》《统战宣传》《工会》等并列入年终考核；5. 成立关心下一代工作委员会（每季活动学习一次）；6. 辖区网点工会组建及督导，对新驻辖区单位摸底，并登记造册。

八 综合治理

1. 调解工作：社区内的民事纠纷、婚姻纠纷、邻里关系，辖区单位、网点与居民发生的各类矛盾以及环境、噪声污染、工地施工所引发的各类纠纷的协调、解决并上报信息，每年最少写两篇和法院程序一样的调解卷宗，法律援助；2. 治安保卫：社区内的治安状况，每季度和辖区单位一起召开治安形势分析会议，并有记录；3. 科普与普法：定期利用黑板报、宣传栏进行宣传，召开普法会议，并有记录，每年进行一次普法考试；4. 新闻宣传 20 篇；5. 戒毒、劳改释放人员的帮教，每月至少与本人见面两次，并有记录；6. "法轮功"及其他邪教组织宣传品的检查及清理；7. 做好社区内消防设施的维护记录和保修工作；8. 做好社区犬类登记及管理工作。

九 安全生产

1. 建立健全各项安全生产规章制度、档案、台账建设管理规范；2. 每月到辖区单位督导检查安全生产情况，包括消防设施、安全设施，并与单位签订安全生产责任状；3. 安全生产教育培训；4. 出租房屋管理；5. 事故管理；6. 完成上级交办的其他事项；7. 东风巷危房巡查工作，做好每季度的巡查网上登记；8. 社区消防网格化管理，定期做好消防检查工作。

十　统计及其他

1. 辖区情况的各种图表的绘制，城市人口 1% 的抽样调查必须入户，白天不在家的晚上、周六、周日加班入户。2. 城镇居民住户情况调查，居民每月记账报表，居委会核对后每月将账送到统计局（抽到的社区为期 3 年）。3. 经济普查：所有门头网点、大小单位的普查，业户提供工商、税务执照登记，微机录入（不定时）。4. 经济适用房资料审查汇总及上报。5. 辖区内新注册企业及门头网点动态管理。6. 房源普查：房主情况、房屋面积、租金（不定时）。7. 人口普查（全国统一）。8. 居民住房情况调查（不定时）。9. 垃圾处理费的收取（2007 年底开始）。10. 污染源普查：入户看税务登记证、营业执照、卫生许可证、有无上下水、有无排水设施。11. 参加被拆迁工程的入户摸底、动员搬迁工作（休班日、晚上、中午加班加点）。12. 社区工作者双休日、节假日全天值班、各种市区大型活动会议、创建文明城市、党建、卫生、计生、安全、综治等工作加班加点。13. 法院、检察院强制执行的社区案件，需居委会人员全程陪同作证。14. 公安机关搜查本辖区的犯罪嫌疑人家庭，居委会人员全程陪同作证。15. 有关部门要求居民开的各种证明信（如银行、医院、房管、公证、学校、单位、保险、公安、工商等）。16. 随时参加市区各部门组织的不定时的座谈、调研、参观、各种会议、开幕仪式、签字仪式、会演、讲座、报告等；17. 工会、妇女、统战、科协、共青团、残疾人协会，创建文明社区、绿色社区等所有的都要求有详细完整的学习、活动记录（准备随时检查）。18. 人大换届选举工作。19. 商会换届联系会员单位。20. 完成各级部门下达的各项临时性任务，往往时间紧任务重。21. 党政、民政、计生、政法、安全、文体等多部门新闻宣传报道任务。22. 党报、党刊及各口报刊征订按规定数量完成。23. 各类公章使用情况记录及开具各类证明。24. 各类市级、街道和社区创建工作。

社区需做的工作现分为十大类 106 大项，细分小项则更多。

附录 4　宜街 2015 年社区工作百分考核细则

项目	考核内容	考核标准	标准得分	加减分说明
社区建设	1. 创建五好型班子，加强党组织建设，建立楼道党小组，党员中心户。 2. 建立基层党组织和"党员统一活动日"制度并扎实开展活动。 3. 勤政廉洁，遵纪守法，作风严谨，无违法乱纪现象。 4. 各类群团组织健全，并发挥积极作用，当好党的助手。 5. 居民委员会和居民代表会组织体系健全，制度完善，社区重大事项需经两会集体讨论决定。 6. 培育发展社区社会组织。 7. 积极推进义工（志愿）服务。 8. 虚心听取群众意见，自觉接受群众监督，热心为群众办事，办事效率高，各项任务全面完成。 9. 积极组织开展各级文明社区、村的创建活动。 10. 开展社区综治办和警务室"办室合一"规范化建设。 11. 基础设施建设（六室四站一校一栏一场所）齐全，布局合理。 12. 加强社区服务中心建设。	1. 符合要求得 1 分。 2. 活动有计划，有台账记录，有总结得 1 分。 3. 领导班子团结协作，班子成员严于律己，密切联系群众，树立好形象得 2 分。 4. 组织健全，活动经常，作用明显得 2 分。 5. 社区两会机构健全，活动正常，民主意识强，社区重大事项无决策失误得 2 分。 6. 社区社会组织达 10 个以上（其中体育类 1—2 个），得 2 分。 7. 社区有义工服务站，各项制度齐全，有专人负责且志愿活动台账记录完整得 2 分。 8. 按照要求及时完成上级各项中心工作，社区所办实事群众满意得 2 分。 9. 创建工作扎实，成效明显得 2 分。未通过当年度文明社区，村扣相应分。 10. 符合要求得 1 分。 11. 设置到位，体制健全得 1 分。 12. 办事大厅制度齐全，管理规范，服务周到，群众满意，无投诉得 2 分。	20	年度综合表彰获得： 国家级荣誉加 8 分，省级荣誉加 5 分，无锡市级加 2 分，宜兴市级加 1 分，单项同时获得多得荣誉的，只享受最高档次的加分。 1. 开展四级网络党组织取得较好成绩的加 1—2 分，队伍建设不落实的扣 1 分。 2. "党员统一活动日"落到实处的加 1 分，活动没有开展，无台账的扣 1 分。 3. 接受无锡市以上党建工作检查，成绩较好的加 1—2 分。 4. 开展党组织设置升格试点工作的加 1—2 分。 5. 纪律检查委员会成纪律监督小组作用发挥明显加 1 分，班子成员中出现一个违纪党员扣 2 分，其他因教育管理不严出现党员违纪的有 1 分。 6. 社区登记和备案社会组织达 10 个以上，少 1 个扣 1 分，扣完为止。达 15 个以上加 1 分。 7. 义工活动有计划，有特色，有影响且开展志愿活动记录的加 2 分。注册义工达常住人口的 2% 以上的加 1 分。无义工站，全年未开展活动记录的扣 1 分。 8. 未按照要求完成社区综治办和警务室"办室合一"规范化建设的扣 1 分。

续表

项目	考核内容	考核标准	标准得分	加减分说明
社区管理	1. 各项管理制度健全，上墙公示并严格执行。 2. 积极开展居民义务群联防活动，健全群防群治组织。 3. 做好外来人员和私房出租户的登记管理工作。 4. 加强社会管理综合治理，积极开展治安和平安示范社区（村）创建活动，努力加强小区"四防建设"。 5. 加强社区大类整治的长效管理工作。 6. 搞好计划生育管理与服务。 7. 按市卫生办要求，定期开展"除四害"活动。 8. 完成爱卫办下达的献血任务。 9. 加强街道对外出党员的管理，认真做好党费收缴。 10. 积极开展"在职党员进社区活动"，并建立党员服务区，成立党员志愿者队伍。 11. 加强社区服务要求，管理到位。 12. 全面做好物业管理属地工作，并做好"美丽家园、平安小区"的创建工作。 13. 做好安全生产和食品药品安全检查工作。 14. 社区档案年度归档按市要求及时规范。 15. 加强组织领导，各社区确定1名领导分管社区文化（体育），选好3—5名文化（体育）辅导员。	1. 达到要求得2分。 2. 无发生重大失窃等案件得1分。 3. 底数清，台账全得1分。 4. 按照要求创建得1分。 5. 符合要求得1分。 6. 基础工作扎实，人口信息准确得1分。0—3岁早教亲子课程和科学育儿讲座得1分。技术公开政策知晓率达到上级要求，开展计划生育服务无遗漏得1分（月度考核占70%，年底考核占30%）。 7. 符合爱卫要求得1分。 8. 完成任务得1分。 9. 有台账记录，党费及时收缴得1分。 10. 开展设岗定责常态化管理并收缴得1分。 11. 符合要求得1分。 12. 符合要求得1分。 13. 无发生重大伤亡事故和食品药品安全事故得2分。 14. 符合要求得1分。 15. 按照要求建立健全各项规章制度得1分。	20	1. 处置不力导致发生刑事案件扣2分，出现一个民转非事件扣2分。 2. 外来人口和私房出租户登记达到95%以上加1分。住宅小区治安防范和群防群治综合考评成绩突出的加1—2分。 3. 社会管理综合治理有创新的加1分。 4. "十二五"验收过程中，成绩突出，加1分。定片社工能开展计生基本服务，加1分。街道早教体验活动开展有序，加1分。创新工作举措，成为上级试点项目的单位，并在一定范围内予以推广，加1分。建立健全居村计划生育协会建设，并完善自治章程，加1分。无计划外孕对象处置得力，违法生育得到有效遏制，加1分。出现一个计划外生育扣2分。 5. 献血人数增加4人以上加1分。 6. 流动党员台账资料不齐扣1分，党费未按时收缴的扣1分。开展在职党员进社区志愿活动少于4次的扣1—2分。 7. 在职党员进社区志愿活动开展不正常，党员服务社区作用发挥不明显的扣1分。建立党员志愿者队伍作用发挥不明显的加2分。 8. 物业管理大整治，综合考评成绩突出的加1—3分。按照物业管理市场化要求，每一个小区加1—3分。成功运行市场化运作的每个小区加1—2分。 9. 安全事故在2小时内未及时上报的扣1—2分。全年未开展安全知识宣传的扣1—2分。 10. 出现重大伤亡事故和食品药品安全事故加2分。

续表

项目	考核内容	考核标准	标准得分	加减分说明
社区服务	1. 对下岗失业、待业人员情况明，底数清，并建好台账，实时更新劳动力资源库。 2. 多渠道了解掌握就业信息，千方百计为有劳动能力的下岗失业和待业人员解决就业和再就业。 3. 做好低保年检和定期核查工作，并实行动态管理，强化规范和信息化管理，严格掌握居民最低生活保障线准入标准。 4. 主动为孤、老、残、困对象排忧解难，开展各类结对帮扶活动，对辖区内流浪乞讨人员、协助有关部门做好救助工作。 5. 做好拥军优属工作，开展对伤残军人和烈属家庭的志愿服务。 6. 深化社区统战工作，开展双向服务。 7. 全面完成街道下达的城乡居民住院医疗保险投保任务。 8. 配合社区卫生服务站做好基本医疗、公共卫生服务。 9. 积极做好残联工作，组织机构健全、助残服务及信息管理维护到位，促进残疾人就业、康复设施完备。 10. 认真开展深化社区扁平化管理，全面实行片区化服务工作。 11. 认真做好居家养老和居家助残服务各项管理。 12. 积极开展开民生系列保障工作。	1. 有完整的台账得3分。 2. 完成上年下达任务数得3分。 3. 各类制度健全，资料齐全，居民无意见得2分。 4. 切实关注孤寡、空巢、困难老年群体，创新结对形式，对孤寡、空巢、困难老人要每天必访，对空巢老人要结对走访，对困难老人要深入居民结对帮扶，各种活动有组织开展深受居民欢迎得2分。 5. 完成征兵任务，并经常开展开优属义工活动得2分。 6. 社区统战组织机构健全，统战成员及信息资料完整，开展经常性活动得2分。 7. 完成任务得2分。 8. 按照要求完成任务的得1分。 9. 组织机构健全到位得0.5分，助残服务及促进残疾人就业、康复设施完善得1.5分，计3分。 10. 按照街道转型社区发展队伍建设，经常深入住户，了解社情民意，并及时处理有关问题，同时认真做好社工民情日志记录工作得2分。 11. 组织老年人开展各类文体活动，加强服务点建设，做好服务站互动各项任务得2分。	30	1. 每增加5人就业加1分，加分最多不超过3分。 2. 劳动保障工作有创新有试点的加1~2分。 3. 各项制度建设不健全，进入不规范操作，把关不严，不实行动态管理，有瞒报收入、编保的扣2分。 4. 医保率每下降10个百分点扣1分。 5. 开展统战进社区特色活动，有明显成效加1分。 6. 居委职责范围内能妥善解决而未能解决，造成上访的扣2分。 7. 推荐入托"宜兴市托养中心"1人以上加1分，信息管理系统维护不到位扣1分。 8. 无社区卫生服务站的扣1分。 9. 对社区老年人的防治与随访工作70%并能做好精神病病人的片区化管理扣1分。按照要求认真开展各项创新举措加2~3分。社工民情日志未记录扣1分。 10. 关心弱势群体和双拥工作做得突出，群众满意无越级上访加1分。 11. 社区未按照要求及时对进行数据更新的扣1分。有服务平台未建立的扣1分。 12. 经发办布置的各项工作完成出色，投诉处置率达100%的加1分。 13. 居家养老服务点内涵丰富，服务达3万元以上加1分，爱心储备银行社区支行建有助老活动加1分。冠名购置金额达3万元以上加1分，爱心储蓄银行社区支行建有助老服务志愿队伍50人以上加1分。

项目	考核内容	考核标准	标准得分	加减分说明
社区服务	13. 积极推进社区信息化平台建设，提升管理水平。 14. 认真做好科技、科协、科普宣传、质量技监、物价、环境保护以及商务等工作。	12. 按照市民政局的要求做好城乡居民自然灾害责任保险、和谐家园综合险以及户籍居民住房财产保险工作得2分。 13. 社区建有网站或QQ平台并定期更新基础数据和实行动态管理得2分。 14. 能按照要求及发办的要求及时完成任务得2分。	30	1. 支部未开展四级网络建设，支部台账不健全的扣1~2分。 2. 在党员教育管理上有创新、推广并发挥作用的加1分。 3. 廉洁教育基础工作扎实且有新意加1分，全年廉洁教育宣传栏（橱窗）出刊少于4期扣0.5~1分；在线学习单位答题率低于60%的扣2分。
社区教育	1. 坚持党员"三会一课"制度，定期开展多种形式的党员教育，尤其抓好网络党组织、抓好流动党员、下岗党员管理，探索党员在职党员发挥社区党员作用的新路子，探索党员发挥社区作用的新方法新途径。 2. 继续深化学习型社区和单位的创建工作，抓好下岗失业人员的再就业技能的培训工作，并落实专人负责。 3. 按市健教所的要求抓好居民健康知识行为教育。 4. 社区教育机构设施齐全，教育计划周密，活动多样，形式新颖及时，成效明显。 5. 认真做好关工委工作，开展各种形式的青少年夏令营、暑假教育。 6. 健全党员活动室、老年活动室、图书阅览室和社区党校、社区文明学校、市民文明学校等社区教育的教育设备和必要设施。	1. 符合要求得2分。 2. 按照要求开展工作得2分。 3. 符合要求得1分。 4. 符合社区教育中心要求得2分。 5. 活动多、形式新颖得1分。 6. 各种活动阵地和必要的设施健全得2分。 7. 机构健全，活动正常，注重党建工作，交流，年内完成发送报送不少于5篇得2分。 8. 紧跟形势，内容新颖，贴近居民得2分。 9. 符合要求得1分。 10. 全年上报街道宣传信息不少于24条得1分。 11. 各种进社区活动深入开展得1分。 12. 无民转刑，民转非得1分。 13. 无越级信访得1分。 14. 按照要求开展工作得1分。	20	1. 支部未开展四级网络建设，支部台账不健全的扣1~2分。 2. 在党员教育管理上有创新、推广并发挥作用的加1分。 3. 廉洁教育基础工作扎实且有新意加1分，全年廉洁教育宣传栏（橱窗）出刊少于4期扣0.5~1分；在线学习单位答题率低于60%的扣2分。 4. 举行一场大型广场文化活动加1分，限3分，未开展文化走亲活动的扣1分，开设道德讲堂或省级讲堂加1分，无活动的扣1分。 5. 在无锡市级各类媒体自主宣传报道加1分、省级2分、国家级3分，限加8分；没有在宜兴市级媒体宣传报道的扣1分。 6. 因信息报送不及时，造成群访、集访、非访和赴京上访的扣2分。 7. 没有落实矛盾纠纷排查信息周报制度的扣1分。 8. 化解信访积案，化解一起加1分。

续表

项目	考核内容	考核标准	标准得分	加减分说明
社区教育	7. 继续巩固和完善社区党建、精神文明建设、共驻共建、联席会议制度，整合资源，营造环境，服务社区。 8. 社区宣传栏、黑板报、画廊，居民楼道小黑板保持完好及时更新，根据形势需要和阶段工作要求，营造宣传氛围。 9. 深化社区文化建设，积极开展全民健身活动，完善社区公共文化建设，文化型小区，开展社区特色文化创建文化型社区，文化型小区，开展社区特色文化楼道、家庭和标兵的活动。加强社会主义核心价值体系建设，开设社区、村道社会主义德讲堂或党性讲堂。 10. 做好对外宣传和舆情信息上报工作。 11. 配合市有关部门开展文化、科技、法律进社区活动，大力普及科学文化知识，努力提高居民法治意识。 12. 做好社会矛盾纠纷的排查和化解工作。 13. 积极做好信访维稳工作。 14. 积极做好社区戒毒康复、刑释帮教、社区矫正以及对弱势群体的法律服务和援助工作。		20	9. 对"三类"特殊对象无重新犯罪，且就业率达100%加1分。
社区经济	1. 切实提高社区拨款资金的使用效益，实行收支预算制度，坚持量入为出，把有限的资金用在刀刃上，节约开支增加居委会收益，严禁赤字，严禁白条入账，使用累据统一规范。 2. 能发动和组织骨干企业和驻社区单位、个人	1. 做到专款专用，非生产性支出跟去年持平得2分。 2. 社会支助资金到账5万元以上得3分，10万元以上支出居委会收益，严禁不得分。 3. 实现净资产增值得2分，出现资产流	10	1. 经营性资产没有公开拍租视情况扣1—3分。 2. 社会支助或对上争取资金达5万元以上的加1分，10万元以上的加2分，20万元以上加3分。

续表

项目	考核内容	考核标准	标准得分	加减分说明
社区经济	给予必要的支持和资助，增加居委会收益。 3. 固定资产登记造册和确定保管人，每年底进行盘点清查，确保账、卡、物相符。 新增资产进人市场运作，确保资产的保值增值，增加居委会收益。 4. 无分发挥城区优势，大力开展无偿、低偿、有偿等不同形式的服务型经济，增加居委会收益。 5. 配合护税办公室做好经营房出租、个体税收的征管工作。	失和使用资金违规不得分。 4. 经营性资产出租实行全面公开拍租的得2分。 5. 配合护税工作积极，征税工作成效明显得1分。	10	
执行制度	加强制度和纪律建设，严格执行中央、省、市有关文件精神和街道的有关管理规定。严格执行财务制度、用人制度。津补贴发放制度以及严格控制三公经费支出等制度。	1. 按照街道财务管理要求，严格执行财务制度、三资管理制度和财务纪律。 2. 按照街道《关于加强社区（村）干部队伍建设的意见》等有关精神，严格遵守社区入制度。 3. 严格执行街道《关于进一步规范社区（村）津补贴发放通知》的有关精神。 4. 按照街道纪工委有关文件精神和关于公经费开支的有关规定和关于用人方面的纪律要求。		1. 公务费用不得突破规定额度，支出严格按照中央八项规定及省、市、街道各级相关纪律执行。 2. 各项规章制度都能按照要求严格执行到位的视情况酌情加分。 3. 不严格执行相关制度的视规定情况扣5—10分。

后　记

　　本书是在我的博士学位论文基础上修改完善而成的，是对自己自2015年进入宜街场域调研工作的一个非连续性总结，也是对自己2017年留校工作以来社区治理方向研究的一个阶段性总结和"告别"。

　　所有的回顾都始于初心，在我的社区治理研究中，有两位老师对我的学术生涯产生了重大影响，是我走入以及继续在学术道路上成长的引路人。一位是我的博士生导师 徐永祥 教授；另一位是我的本科老师张宝锋教授。正是徐老师的指导与助襄，我才有可能顺利完成博士学位论文撰写；正是张老师的引介与力荐，我才得到投入徐老师门下的机会。因此，在书稿即将付梓之际，首先就是要感谢恩师们的谆谆教导、鼎力支持。

　　再忆我心中的徐老师，他的师恩于我有着强大的精神力量，如灯照耀明其前路，如火腾跃知其温暖。攻读博士学位的三年间，在老师的引导下我一直努力，希望不辜负老师的"知遇之恩"，但感觉与老师的期望总是存在距离，可能这就是来自"慈父"威严下的自我预期距离，而这也构成了我不断成长的动力之源，不断地激励着我走学术之路。还记得初见老师是在2013年6月，我到上海拜见老师，表达想跟随老师读博士的心愿。就在老师的办公室里，当时我的"胆战心惊"一下子被老师那平易近人、蔼然可亲的样子所打消，临走时老师还顺手拿起《社区发展论》题字"利文指正"赠给初次相见的我，这就是老师的人格魅力之所在。老师的学识、慈爱、大度、包容等终将成为影响我一生的宝贵财富。三年很长，有1095天，过了一天，又一天，也只是一天；但三年也很短，只有三年，过了一年，再一年，就三年。第一年在研修博士课程的同时，也有幸参与了老师在苏南宜市的横向课题项目，机缘巧合也好，命中注定也罢，这也成为我博士学位论文实证资料的调研地，延续了老师一贯的学术方向，使我继续向前迈进。第二年通过老师力荐，我获得了到美国休斯敦大学访学的机会，这无疑开拓了我的视野和见识。而当我在国外遭遇困难之时，老师又倾尽所能帮我渡过难关，并通过各种不同的途径、方法帮我减轻压力，助我成长。第三年博士毕业，又是老师的坚持与肯定，才使我有了留在上海工作的勇气和底气。

然而，尤为遗憾的是老师的故去。博士学位论文从选题、构思、设计、调研到写作等各个环节都渗透有老师的教导、释疑与解惑，每每思路不畅、焦灼急迫之时总会被老师的智慧所启迪，在云淡风轻间获得如沐春风般的"峰回路转"。跟着老师学习的时光总是短暂的，但也是人生中最有收获的时光。社区发展与社会治理作为恩师所开研究的学术内容，本书中一些内容也是和老师的合作成果。他赠予《社区发展论》一书的场景仍历历在目，数载倏忽而过，我一直将本书的出版视为赓续老师学脉、传袭老师风范、告慰老师的行动。书稿的出版虽是告别，但也是重新梳理、再次起航。学生定当沿着老师所开创的学术传统持续深耕、砥砺前行。

本科四年，八个学期，四个寒暑，虽过去很久，但对老师们的感情却历久弥新。感谢张宝锋老师、闻英老师、栗志强老师对学生的引导和抬爱。特别感谢他们对我进入学科领域的引导和影响，对我工作选择提供的各种帮助。硕士研究生两年，四个学期，两个春秋，短暂而充实。感谢硕士生导师万江红教授、钟涨宝教授对我的指导和帮助。

更要感谢本书的主角，宜街的社区书记、社区主任、社区工作人员，以及在宜街社区恬然生活的居民。他们是真正值得被记录的主人翁。你会发现书稿中鲜活的故事、灵动的人物、多样的社区、组织的智慧等都是他们以及他们的生活世界和工作日常。同时也要感谢宜街街道办事处的诸位领导对我实地调查与访谈的大力协调、支持与帮助。出于匿名的考虑，请恕不能将你们的名字一一列出。

诚然，博士学位论文的构思、写作以及成文是一个极为复杂、困难和漫长的过程，是一个不断自我肯定，然后质疑、否定，之后再肯定、否定以及肯定的过程。其间苦痛孤寂之情与独上层楼之感，或许只有经历之后才能甘之如饴！无疑，这一过程也需要有师兄弟、师姐妹、同窗好友和亲戚家人等的鼓励和支持。因此，每每到这个时候都有一长串的名字需要感谢，但这绝不是"例行公事"，经历之后你会发现这是自然而然的真情流露，是不假思索的跃然纸上。在我的博士学位论文写作和成书过程中，毫无疑问他们值得出现在这里。

我要感谢华东理工大学社会与公共管理学院的曹锦清教授、何雪松教授、张广利教授、唐有财教授、杨发祥教授、张昱教授、费梅苹教授、范斌教授、朱眉华教授、郭圣莉教授（郭老师对居委会的相关研究给了我很大启发）、曾守锤老师、赵环老师对我学习的指导与帮助；感谢马西恒老师及夫人缪姐对我论文思路前后多次的指导，以及对我在美国期间生活上的照顾与帮助；也要感谢美国休斯敦大学的 Patrick Leung（梁毓熙）和 Monit Cheung（张锦芳）教授夫妇对我访学的支持及其间无微不至的关怀。

感谢师门。感谢曹国慧师姐、徐选国师兄、胡兵师兄、朱媛媛师姐、唐晓蓉师姐、解鹏飞师兄、王罗清师兄、刘东师兄等对我学习上的鼓励、生活上的关照及工作上的扶持。感谢非常有爱的徐门大家庭。师门永祥！

特别要感谢文军教授和何雪松教授对我成书过程的指导帮助以及在书稿申请"中国社会科学博士后文库"时的大力推荐。感谢"中国社会科学博士后文库"为本书出版提供的慷慨资助，也要感谢社会科学文献出版社的谢蕊芬、胡庆英等诸位编辑老师，毫无疑问他们为本书的出版付出了大量的心血和智慧。

感谢我的家人，你们的支持和陪伴让我神定、心安，充满动力。

最后，对于本书中的疏失之处，也请读者们不吝赐教。愿以本书为媒，共同延续社区治理的学术之脉。

2017 年 3 月 2 日凌晨于智库办公室

2021 年 11 月 30 日晚于团结楼 317

第十批《中国社会科学博士后文库》专家推荐表 1

《中国社会科学博士后文库》由中国社会科学院与全国博士后管理委员会共同设立,旨在集中推出选题立意高、成果质量高、真正反映当前我国哲学社会科学领域博士后研究最高学术水准的创新成果,充分发挥哲学社会科学优秀博士后科研成果和优秀博士后人才的引领示范作用,让《文库》著作真正成为时代的符号、学术的示范。

推荐专家姓名	何雪松	电　话	
专业技术职务	教授	研究专长	社会工作学
工作单位	华东理工大学社会与公共管理学院	行政职务	院长
推荐成果名称	被围困的居委:基层社会治理中的组织、社会与国家——以苏南地区的宜街为例		
成果作者姓名	侯利文		

（对书稿的学术创新、理论价值、现实意义、政治理论倾向及是否具有出版价值等方面做出全面评价,并指出其不足之处）

　　"国家与社会"的视角是基层社区治理最常用,也是最有洞察力的一个分析视角,以"社区为方法"可以实现对国家与社会关系的有效观测。侯利文博士在与米格代尔对话的基础上创造性提出"国家中的社会"来阐释居委会行政化的故事,也通过基层场域中政治、文化、历史等诸多社会因素的捭阖互动与历史性流变,丰富与发展国家与社会关系的理论空间,实现了理论建构与实践阐释的统一,具有一定的学术创新价值和实践意义。

签字：

2021 年 1 月 27 日

说明:该推荐表须由具有正高级专业技术职务的同行专家填写,并由推荐人亲自签字,一旦推荐,须承担个人信誉责任。如推荐书稿入选《文库》,推荐专家姓名及推荐意见将印入著作。

第十批《中国社会科学博士后文库》专家推荐表 2

　　《中国社会科学博士后文库》由中国社会科学院与全国博士后管理委员会共同设立，旨在集中推出选题立意高、成果质量高、真正反映当前我国哲学社会科学领域博士后研究最高学术水准的创新成果，充分发挥哲学社会科学优秀博士后科研成果和优秀博士后人才的引领示范作用，让《文库》著作真正成为时代的符号、学术的示范。

推荐专家姓名	文军	电　话	
专业技术职务	教授	研究专长	基层社会治理、社会工作理论
工作单位	华东师范大学社会发展学院	行政职务	院长
推荐成果名称	被围困的居委：基层社会治理中的组织、社会与国家——以苏南地区的宜街为例		
成果作者姓名	侯利文		

　　（对书稿的学术创新、理论价值、现实意义、政治理论倾向及是否具有出版价值等方面做出全面评价，并指出其不足之处）

　　居委会行政化是基层社会治理中的一个老问题。如何将一个"老问题"讲出新意，则是一个挑战。侯利文博士对该议题从理论视角创新以及核心维度拓展上进行了富有创造力的推进，更新了对居委会行政化以及居委会去行政化改革的理论认识，具有重要的学术创新意义和现实参鉴价值。我乐意为其推荐。

签字：文军

2021 年 1 月 25 日

说明：该推荐表须由具有正高级专业技术职务的同行专家填写，并由推荐人亲自签字，一旦推荐，须承担个人信誉责任。如推荐书稿入选《文库》，推荐专家姓名及推荐意见将印入著作。